T0243907

TU NOMBRE ANCESTRAL ES ABUNDANCIA

VIAJE A LA CONCIENCIA DE UNIDAD

Enric Corbera Sastre

EL GRANO Đ MOSTAZA

Título: Tu nombre ancestral es Abundancia
Subtítulo: Viaje a la conciencia de unidad
Autor: Enric Corbera Sastre

Primera edición en España, septiembre de 2023
© para la edición en España, El Grano de Mostaza Ediciones
Diseño de portada: Enric Corbera Sastre

Impreso en España
ISBN PAPEL: 978-84-126913-7-5
ISBN EBOOK: 978-84-126913-8-2
DL: B 11623-2023

El Grano de Mostaza Ediciones, S.L.
Carrer de Balmes 394, principal primera
08022 Barcelona, Spain
www.elgranodemostaza.com

TU NOMBRE ANCESTRAL ES ABUNDANCIA

VIAJE A LA CONCIENCIA DE UNIDAD

Enric Corbera Sastre

Dedicatoria

Un día apareció un ángel en mi vida,
no sé si él o ella era consciente,
pero yo sentía que me cuidaba,
me protegía y velaba por mí.
A Sara Pallarés, con todo mi amor y agradecimiento.

Índice

Dedicatoria 7

Declaro 15

Conceptos: Aclaraciones previas 17
   Dios 17
   Metáfora: el elefante y la pulga 18
   Jesucristo 18
   Espíritu Santo, Inspiración Universal 19
   La Curación 19
   La Expiación 19
   Con relación a la enfermedad 20
   La Rendición 20
   El Observador 20
   El Mundo, la Gran ilusión 21
   Sobre el Perdón 22
   Santa Comprensión 22

¿Qué hay que entender por abundancia? 23
   La riqueza del *sannyasi* 23

Prólogo. La Encrucijada de la Vida 27

Prefacio 33

Introducción 37

ÍNDICE

CAPÍTULO I. El campo creativo 43

Introducción 43

¿De dónde vienen las ideas? 45

Demarcaciones y trazar líneas 50

Abrirse al Campo Creativo 54

La Autoindagación 58

El milagro, la puerta al Campo Creativo 60

Desarrollar la Presencia 63

Deja de pedir, empieza a dar 67

Recapitulando 73

CAPÍTULO II. No te creas 75

Introducción 75

No querer soltar mi historia 77

La gran mentira: creer que soy lo que pienso que soy 83

Hacer las paces con nuestro *alter ego* 85

Las historias que me cuento 90

Vivir una vida sin mentiras 91

Cuida tus palabras 97

Tu mundo es tu realidad 98

Las creencias 103

El Infierno 106

A modo de resumen 108

Recapitulando 109

CAPÍTULO III. Mi vida 111

Introducción 111

La espiritualidad 113

Aterricemos: el drama de que todo está bien 119

La Toma de Conciencia 121

El gran tesoro: utilizar la proyección 128

Diferentes órdenes de realidad 133

Vivir en un universo polarizado 133

La Resistencia 136

Recapitulando 141

CAPÍTULO IV. Crear nuestra realidad. El poder de la atención . 143

Introducción 143

De lo que se trata es de dar............................ 145

Dar y recibir 146

La importancia de la Percepción 148

La práctica de la Atención 156

La percepción y el significado.......................... 160

Tu Yo es el creador de tu universo...................... 161

La importancia de la Gratitud.......................... 162

Las propiedades emergentes 164

Recapitulando 166

CAPÍTULO V. Tu esencia. En el universo solo existe abundancia. 167

Introducción 167

Solo existe una Fuente con infinitos canales.............. 170

Vivir con Conciencia 172

La esencia universal: la Consciencia 174

Hay que resucitar 175

Tu esencia es la Abundancia........................... 177

Recapitulando 181

CAPÍTULO VI. El tiempo. El instante santo................... 183

Introducción 183

El cerebro, un universo. 188

El tiempo es holográfico.............................. 189

El instante santo (I.S.)................................ 192

La conciencia total 197
Coherencia interna 199
Reescribiendo mi vida. Reescribiendo mi realidad 202
El tomador de decisiones 207
Recapitulando 211

CAPÍTULO VII. Oración y gratitud 213
Introducción: el mundo inocente 213
La justicia de Dios 215
El sufrimiento, una adicción o una liberación 224
Liberarse del sufrimiento 229
La respuesta a tus oraciones 235
La adoración 243
La oración 247
Recapitulando 249
Aviso al lector 251

CAPÍTULO VIII.
La enfermedad, la puerta que te lleva a la curación 253
Introducción 253
La Expiación 256
El cuerpo 259
La resistencia a sanarse 269
Convertir la enfermedad en un tesoro 271
La curación. La sanación de la mente 284
La alquimia de la vida 287
La empatía 289
El perdón 291
Recapitulando 296

CAPÍTULO IX. El despertar ... 299
Introducción ... 299
La apertura de la mente ... 300
Vivir en la incertidumbre ... 311
Las relaciones interpersonales: Tierra Santa ... 312
La comprensión, el camino a la santa comprensión ... 314
La transformación ... 318
Recapitulando ... 320

EPÍLOGO ... 321

La abundancia de todas las cosas ... 321

Referencias bibliográficas ... 325

Declaro

Que mi principal meta en esta vida es enseñar a las personas a tener una mente abundante en todos los niveles del SER.

He escogido el camino de las enseñanzas de UCDM y llevar estas al nivel más asequible de las mentes que viven con miedo, con culpa, con preocupación, con sacrificio y sufrimiento. Sé que enseñándoles a liberarse me libero a mí mismo. Todos somos UNO.

Tengo absoluta certeza de que la vida me dará todo cuanto necesite para realizar mi obra. Certeza de poder realizar mi función, y de que tendré la abundancia en todos los estados del SER, pues estoy al servicio, sabiendo que no soy el hacedor y sí un canal de expresión de La Fuente.

Por todo ello, declaro: yo SOY la abundancia en acción. ¿Me acompañas?

Conceptos:
Aclaraciones previas

Los conceptos se alimentan de las creencias y nos hacen vivir un estado de hipnosis. Determinan nuestra realidad.

Los conceptos se aprenden. No son naturales ni existen a menos que se aprendan. No son algo que se te haya dado, de modo que tienen que haberse forjado. Ninguno de ellos es verdad, y muchos son el producto de imaginaciones febriles, que arden llenas de odio y de distorsiones nacidas del miedo. ¿Qué es un concepto, entonces, sino un pensamiento al que su hacedor le otorga un significado especial? Los conceptos mantienen vigente el mundo.
—*UCDM* (T-31.V.7:1-7)

Veamos algunos:

DIOS

Para dejar claro el concepto de Dios, veamos una metáfora de Anthony de Mello. Pero no sin antes dejar claro que Dios es la fuerza creativa e inteligente que está detrás de la creación. No importa el nombre que se le dé: Brahma, Tao, Dios, Yahvé, etc.

Hay que tener siempre presente que Dios no está en nosotros, sino que nosotros estamos en Dios. Dios es la Consciencia, la Inteligencia Universal y cada uno de nosotros somos gotas, células de esta Consciencia Universal que nos da Vida.

METÁFORA: EL ELEFANTE Y LA PULGA

Estaba un elefante bañándose tranquilamente en un remanso en mitad de la jungla cuando, de pronto, se presentó una pulga y empezó a insistir en que el elefante saliera del agua.

—No quiero —decía el elefante—, estoy disfrutando y me niego a ser molestado.

—Insisto en que salgas ahora mismo —le dijo la pulga.

—¿Por qué? —preguntó el elefante.

—No te lo diré hasta que hayas salido de ahí —respondió la pulga.

—Entonces no pienso salir —dijo el elefante.

Pero, al final, se dio por vencido. Salió pesadamente del agua, se quedó frente a la pulga y le dijo:

—Está bien, ¿para qué querías que saliera del agua?

—Para comprobar si te habías puesto mi bañador —le respondió la pulga.

Es infinitamente más fácil para un elefante ponerse el bañador de una pulga que para Dios acomodarse a nuestras doctas ideas acerca de Él.

JESUCRISTO

La figura de Jesucristo ha sido objeto de diversas interpretaciones y comprensiones en diferentes tradiciones religiosas y filosóficas. En *Un curso de milagros* es considerado como un ser humano, como nosotros, que se convirtió en parte eterna de una mente colectiva cuando pudo ver más allá de la ilusión del universo material.

ESPÍRITU SANTO, INSPIRACIÓN UNIVERSAL

Es el gran principio corrector, el portador de la verdadera percepción, el poder intrínseco de la visión de Cristo. La visión de Cristo consiste en ver a Dios —la esencia divina— en todos tus hermanos. Esto te permite alcanzar el conocimiento. Plena integración de la dualidad. La función del Espíritu Santo es reinterpretar tus percepciones. Te enseña que no puedes conocerte a ti mismo separado de los demás.

LA CURACIÓN

Cuando hablo de curación, siempre me refiero a la sanación de la mente. La curación del cuerpo es una consecuencia de varios factores. La curación —o sanación— es siempre integración. Empezar a ver que los opuestos son, en realidad, complementarios. Hay que sanar la mente y el camino es sanar la percepción.

Hay que tratar al cuerpo con lo que el *Curso* llama *principios mágicos*. No los llama así como una crítica, únicamente los reprueba si estos solo se utilizan para la curación corporal olvidando la sanación de la mente.

LA EXPIACIÓN

Es un proceso que implica reconocer que has cometido un error, lo que te lleva a la restauración de la conexión con tu verdadera esencia. Es un recurso a través del cual puedes liberarte del pasado a medida que avanzas. Entregas tus errores al Espíritu Santo, el Gran mediador.

Para expiar, hay que ir al lugar —la mente— donde cometiste el error y pedir expiación. Con otras palabras, has de reconocer que quieres ver la situación de otra manera.

CON RELACIÓN A LA ENFERMEDAD

Un curso de milagros considera la enfermedad como un camino hacia la sanación y el despertar espiritual. *UCDM* siempre se centra en sanar la mente, las percepciones, dejando claro lo siguiente: el cuerpo contiene información y en él convergen nuestras creencias.

LA RENDICIÓN

No se debe confundir nunca con la resignación, que es una actitud del ego para seguir atrapado en la culpabilidad y el castigo. La rendición consiste en entregar cada pensamiento y cada acción a la Presencia. Como nos dice el Dr. Hawkins:

> *Después vino la disciplina de actuar con amabilidad y perdón constantes y universales, sin excepción [...] A medida que entregaba a Dios cada pensamiento, sentimiento, anhelo o acto, mi mente se quedaba cada vez más silenciosa.*

Rendirse es aceptar el momento presente de manera incondicional y sin reservas. Se trata de un fenómeno puramente interior, y no implica que no puedas intervenir en el exterior y cambiar la situación.

EL OBSERVADOR

Cuando hablo del observador, lo hago en un contexto de totalidad. No me refiero a observar todo lo que me rodea; esto es un tipo de observación, sí, pero no la más importante. Lo que propongo es la observación de nuestra mente, de los pensamientos a los que prestamos atención, de las historias que nos contamos para mantener nuestra *verdad*. Todo ello se manifiesta en una forma de ver —interpretar— el mundo y, también, de verbalizarlo.

Diferenciaré entre el observador consciente y el observador confuso.

EL MUNDO, LA GRAN ILUSIÓN

Un ser humano [...] experimenta su existencia, sus pensamientos y sus sentimientos como algo separado del resto, algo así como una ilusión óptica de su conciencia. Esta ilusión es una cárcel para nosotros. Debemos liberarnos de esta cárcel aumentando nuestro círculo de compasión para abarcar a toda la naturaleza.
—Albert Einstein

El *Curso* expresa claramente la idea de que *Dios no creó el mundo* que vemos y, de hecho, este mundo no le preocupa, porque es una ilusión sensorial que nosotros fabricamos por nuestra cuenta.

El Universo es el reflejo de nuestra Conciencia.
—Max Planck

El *Curso* no ofrece *mandamientos* ni prescribe rituales ni prohíbe ningún comportamiento, y no tiene nada que decir sobre temas tan controvertidos como el aborto, la homosexualidad, el sexo extramarital y las políticas de derechas o de izquierdas.

Cuando se dice que el mundo es una ilusión, no se quiere decir que no existe nada. ¡Existe todo lo que es! La ilusión consiste en ver la materia separada, y no lo está.
—David Carse

SOBRE EL PERDÓN

- El perdón no se basa en la religión o la moralidad, sino en la metafísica.
- No se trata de perdonar al otro por sus fallos o sus ofensas.
- La incapacidad de perdonar a alguien refleja un autocastigo crónico.
- El verdadero perdón trata de soltar la idea de que algo o alguien puede hacernos daño.

SANTA COMPRENSIÓN

La comprensión abre tu mente a una nueva percepción de lo que crees que es real, es decir, a la verdad. La comprensión deshace tus percepciones.

Cuando tu mente ve aquello que creías que era verdad solamente como una parte de ella, una verdad parcial y, por lo tanto, como "no verdad", estás pidiendo *Ver*, estás pidiendo la percepción inocente, alejarte de juicios y liberarte de las historias que tú mismo te cuentas. Entonces Comprendes: no hay culpa, simplemente hay errores, y estos siempre pueden subsanarse. Pide luz, pide comprensión, deja de agarrarte a tus razones.

La Santa Comprensión te libera, pero lo hace de forma gradual. Si la Santa Comprensión inundara nuestra mente, nos volveríamos locos. Se ha escrito: "Los locos son los que dicen las verdades" (*La lozana andaluza*). Este adagio está tomado de los romanos, que a su vez lo tomaron de los griegos.

Muchos de estos conceptos se irán repitiendo a lo largo del libro para dar coherencia a todo lo que se expone. Remarcaremos mucho que vivimos en la dualidad, en la percepción y la proyección, en las historias que nos contamos; y también hablaremos del poder de decisión, del sacrificio y del sufrimiento.

¿Qué hay que entender por abundancia?

La abundancia es un estado mental que está sostenido por una conciencia que sabe y comprende que todos estamos conectados a una Conciencia Total o Unidad. No buscamos ahí afuera. Disfrutamos de lo que estamos haciendo, teniendo la certeza de que todo está en cada uno de nosotros. De esto va este libro: *Tu nombre ancestral es abundancia*.

Para reflejar y expresar la esencia de la abundancia relataré un cuento —muchas veces un cuento expresa más que una conferencia— del libro de Anthony de Mello, *Redescubrir la Vida*, el cual —en mi opinión— nos muestra la actitud fundamental que hemos de tener para saber y conocer el pleno sentido de nuestro nombre.

LA RIQUEZA DEL *SANNYASI*

El cuento trata de un hombre que sale de su aldea y se encuentra con un *sannyasi*, un hombre que pide limosna. Cuando lo ve, nuestro protagonista recuerda que la noche anterior tuvo un sueño en el que se encontraba a un *sannyasi*. En el sueño, el señor Vishnu le dijo: "Mañana te encontrarás a un *sannyasi*; te dará una piedra preciosa y serás el hombre más rico del mundo".

Le explicó todo esto al mendigo. El *sannyasi* rebuscó en el zurrón que llevaba.

—¿Es esta la piedra que decías?

El hombre tomo la piedra en sus manos y preguntó:

—¿Me la puedo quedar?

El mendigo le dijo:

—¡Claro que te la puedes quedar!

Nuestro protagonista se sentó a la sombra de un árbol, y se quedó todo el día reflexionando, sumido en sus pensamientos. Al caer la tarde, nuestro hombre se acercó al *sannyasi* y le devolvió la piedra preguntándole:

—¿Podrías hacerme un favor?

—¿Qué favor? —le preguntó el mendigo.

—¿Podrías darme las riquezas que te permiten desprenderte de esta piedra preciosa con tanta facilidad?

De esto trata este libro, de saber —con pleno conocimiento— lo que es ser abundante, de redescubrir nuestra esencia ancestral y de tomar conciencia de cuántas barreras hemos interpuesto entre ella y nuestras creencias, que alimentan la creencia fundamental en la *separación*.

Como verá el lector, se trata del arduo trabajo de desaprender, de deshacer, más que de hacer. Nos hemos alejado del Amor de Dios, pero no en la *realidad*, sino en nuestra mente, que está sumida en la culpabilidad y en la creencia de que la muerte es el final.

Yo soy hijo de Dios, y un hijo de Dios no puede sufrir.
—UCDM.

No hay conciencia de la luz hasta que no integres la oscuridad. No hay verdad liberadora hasta que no tomes conciencia de que *tus verdades* son mentira. No alcanzarás la paz interior hasta que comprendas que la locura de este mundo es esencial para que encuentres y manifiestes *tu poder*, el que todos y cada uno poseemos. Entonces y solo entonces *sabrás* que no necesitas nada, pues eres la manifestación de un Todo innombrable.

Querido lector, deseo que tengas un viaje aterrador y liberador. Aterrador porque dejarás de ser aquel que pensabas que eras, y liberador porque descubrirás quién eres realmente.

Prólogo

La Encrucijada de la Vida

Érase una vez un buscador espiritual que había probado de todo, desde comer y/o no comer ciertos alimentos, pasando por supuestas rutinas espirituales, hasta viajes en busca del maestro adecuado o de la enseñanza correcta, y un largo etcétera. Un día, en su deambular por la vida con sus múltiples experiencias, se encontró ante una encrucijada: tenía que elegir entre seguir una senda que indicaba *tener razón* y otra que indicaba *encontrar la verdad*.

Él se consideraba un buscador espiritual, un buscador de la verdad, por lo que no dudó ni un instante. Se adentró en la senda que indicaba que iba a encontrar la verdad. Llevaba unos días siguiendo dicha senda y practicando sus rutinas, que él consideraba esenciales para alcanzar la meta que tanto anhelaba: ¡despertar! Mientras avanzaba, se encontró con un hombre mayor que estaba sentado a la vera del camino. Este le preguntó a nuestro buscador:

—Hola, joven, ¿qué te lleva a pasar por esta senda?

El joven le saludó con una amplia sonrisa y, con la alegría de encontrar a alguien en el camino que había escogido, le dijo:

—Me considero un buscador espiritual, un buscador de la verdad, llevo media vida en ello y estoy dispuesto a todo para conseguirlo.

—Aaaaahhhh, muy bien —le dijo el anciano—, pues te puedo dar una buena noticia y es que esta es la senda, pero para poder seguir en ella hay una condición.

—¿Cuál? —respondió el joven con premura y cierta ansiedad.

El anciano se mantuvo pensativo por un rato y dijo:

—Mira, esta senda la han hollado miles de almas y, una vez que se topan conmigo, pocos deciden seguir adelante.

—¿Y eso por qué? —preguntó el buscador.

—Porque, para muchos, esa condición es el más duro de todos los requisitos necesarios para alcanzar el anhelado objetivo alimentado por nuestro corazón: el despertar.

El joven se quedó turbado y algo apesadumbrado, pero no tardó en decirle:

—No importa, dime cuál es este requisito tan importante y, por lo que entiendo, crucial.

El anciano, tocándose la barba, contestó:

—¿Estás dispuesto a renunciar a tu verdad?

Esta es la propuesta de este libro: renunciar a nuestra verdad, que hace oscurecer la abundancia que cada uno poseemos. Vemos la oscuridad que nos rodea, y no somos conscientes de que somos como una estrella que brilla para alumbrar nuestra senda y a todo aquel que quiera seguirla.

¿Qué historias nos contamos para conservar nuestra *verdad*? Esta es una buena pregunta para reflexionar sobre nuestras verdades y las razones que las sustentan. *Mi verdad* es sustentada por las mentiras que me cuento para seguir creyendo que tengo razón. Si quiero cuestionarme mis verdades, tengo que reflexionar sobre las historias que me cuento y que sostengo en relación a mi mundo particular y al mundo en general. Solo podré cuestionarme mis historias cuando comprenda que están sostenidas por mis percepciones. Y estas, a su vez, por la información que se halla en mi inconsciente en forma de creencias, muchas de las cuales me han sido transmitidas a través del inconsciente colectivo y familiar. *Mi verdad* es la expresión de mi programación inconsciente, que no dejo de proyectar al mundo y que me impide liberarme de mis cadenas.

Este es un proceso *alquímico* y requiere una transformación radical de mi percepción. Un proceso duro, muchas veces doloroso, pero necesario para entrar en nuestras oscuridades y entablar batalla con nuestros dragones, los guardianes del umbral que protegen nuestro castillo, que está sostenido por las columnas y pilares de nuestras verdades.

Todos estamos escribiendo nuestra historia, y muchas veces nos quejamos de que se repite. Hay que crear una nueva historia y, para ello, hay que desarrollar una nueva conciencia. Esta historia tiene que ser el testimonio eterno del poder transformador de nuestros sueños, de la importancia de escuchar a nuestros corazones y de descifrar el lenguaje que está más allá de las palabras. Cuando deseamos realmente algo, el Universo entero conspira para que podamos realizar nuestro sueño. La única condición es que este anhelo o deseo salga de nuestro corazón. Para conseguirlo, se hace imprescindible eliminar todas las miasmas mentales que lo mantienen encerrado, romper las ataduras que emplea nuestro ego para impedirnos alcanzar el tesoro que llevamos dentro.

Seamos conscientes de que el ser humano busca enriquecerse, busca tesoros escondidos, busca maestros espirituales, busca viajes iniciáticos, busca la salvación eterna, y el problema es que los busca en el exterior.

Seas quien seas, hagas lo que hagas, cuando realmente quieres algo, es porque esa ambición se inició en el Alma del Universo. Es tu tarea en esta tierra.
—Paulo Coelho, *El alquimista*

A lo largo de la lectura de este libro, has de mantener la mente atenta a estas reflexiones, que te guiarán en un viaje que va desde la dualidad a la unidad de conciencia. Veámoslas:

En el universo existe la materia y la antimateria. Todo tiene su opuesto; por lo tanto, un protón tiene su antiprotón. El Espíritu tiene su Anti-Espíritu. El Anti-Espíritu existe gracias a tu miedo, que está sosteniendo una realidad: la de la separación. La separación nos mantiene fuera del Edén, nos hace vivir en la culpabilidad y en la creencia en el control. El Anti-Espíritu sostiene lo que conocemos como el infierno.

Cuando dejamos brillar nuestra esencia, la del Espíritu, entonces ocurre el milagro: la oscuridad hace posible que veamos y comprendamos la luz, nuestra luz. Los opuestos se convierten en complementarios, de la misma manera que un cielo nocturno puede ser un espectáculo maravilloso si aceptamos la oscuridad que rodea a las estrellas.

La tristeza y la alegría son distintos grados de lo mismo. Frío y calor son solamente distintos grados de la misma cosa llamada temperatura.

Encuentra el humor en todas las cosas. Todo tiene su humor, incluso las cosas más serias. Inténtalo.

Cuanto menos juzgas, más feliz te vuelves. Cuanto más perdonas, más feliz te vuelves.

Vigila tus sentimientos, tus palabras y tus acciones. Vigila tu estado de Ser, cuida el adjetivo que pones detrás de las palabras "Yo Soy"...

No manipules ni a la gente ni las cosas. No te aferres a los pensamientos competitivos, creer en ellos te empobrece.

El dinero se les escapa a todos aquellos que sienten escasez y negatividad hacia el uso del dinero. La gente no es pobre porque la naturaleza sea pobre. La gente es pobre porque su conciencia de riqueza es pobre.

Estar sin dinero es temporal, pero la pobreza es una cuestión mental, una enfermedad de la mente. Veamos qué nos dice Khalil Gibran:

Das solo un poco cuando das tus posesiones. Es cuando te das a ti mismo que das verdaderamente.

Tu alegría es solo dolor desenmascarado... Cuando estás contento, mira en profundidad dentro de tu corazón y encontrarás que aquello que te dio dolor es lo que ahora te está dando alegría. Cuando sientas dolor, mira de nuevo en tu corazón y verás que, en realidad, estás llorando por aquello que fue tu delicia.

Y termino con una última reflexión:

¿Para qué te quejas? ¿Acaso tu lamento aligera tu pesar? Es más bien al contrario, lo que hace es aumentar tu pobreza. Abraza lo que la vida te muestra, pues ella siempre te dará la oportunidad de elegir. Te deseo un viaje lleno de tempestades y de un sol brillante.

Prefacio

Llevo tiempo meditando el enfoque de este libro. He tenido mis dudas al respecto. Pero hoy, 9 de marzo de 2023, es el momento en que empieza la andadura de mis 70 años, y he sentido con todo mi corazón que tenía que seguir el propósito de mi vida. Todo empezó hace 30 años, cuando cayó en mis manos *Un curso de milagros*. Le había pedido a la Vida que quería el Curso de cursos, que estaba cansado de hacer mil y una cosas en el camino de la *espiritualidad*. Sentía en mi corazón que hay un ego enorme que nos tiene atrapados en un vericueto de conductas, y de cosas que hay que hacer y otras que no. Veía una auténtica locura, un camino en el que nunca dejas de hacer prácticas para alcanzar algo que se le llama *iluminación*. Un día me dije: "Enric, este no es el camino, no hay un camino donde tengas que hacer o dejar de hacer cosas". Más bien pienso, y sobre todo siento, que se trata de desaprender.

La locura del ego nos hace creer que estamos desposeídos y, de alguna forma, desterrados de lo que se llama el paraíso. También, que Dios es un Ser alejado de nosotros, que nos exige obediencia, y sobre todo cumplir unas normas. Si no las cumples, la espada de Damocles te amenaza con la muerte en la eternidad del infierno.

"Dios no puede ser tan cruel", pensé. "Tiene que haber otro camino", y este apareció en un libro muy grueso, como una especie de biblia, y sentí que era la respuesta. Lo abrí por el

Manual para el maestro, y entonces tuve la certeza de que mi camino, el sendero que tanto había buscado, se abría frente a mí.

Hasta ahora, ha sido un camino cuanto menos muy duro. He bajado a mis infiernos, he aprendido —mejor dicho, sigo aprendiendo— lo que es el auténtico perdón. No he dejado de confiar en la gente que me rodea; cada circunstancia que vivo lleva al tesoro de la maestría. Me he sentido morir, derrumbado, abandonado, triste hasta la médula de mis huesos, pero siempre había una luz en mi interior que me empujaba a seguir.

Un curso de milagros es un proceso de transformación total. Me siento reflejado en lo que dice Patrick Miller en su libro *Vive el milagro*:

> *[...] a menudo siento que, actualmente, ningún ser vivo del planeta comprende el* Curso *en su totalidad [...] Está claro que el* Curso *no es para todos, e incluso aquellos que gravitan en torno a él como un camino de vida se orientan hacia una comprensión de la existencia, de la autoconciencia y del cosmos que podría requerir varias generaciones de estudiantes para llegar a la madurez.*

Este libro —lo digo con absoluta humildad— pretende acompañarnos a encontrar el tesoro que está oculto en nuestro corazón. Oculto por un montón de creencias, normas, rituales, que lejos de acercarnos a él, sencillamente nos alejan de él. Sé —tengo esa certeza— que somos una ínfima partícula de conciencia inmersa en un mar infinito de Conciencia, al que bien se le puede llamar Inteligencia Universal. Siento con toda certeza que es imposible que *Todo* haya surgido por azar, como si un huracán hubiera entrado en una chatarrería y saliera habiendo creado un avión Jumbo. La ciencia busca la causa del efecto que llamamos vida, y de alguna forma una parte de ella niega que haya una Causa Suprema. Sinceramente, creo que buscamos fuera lo que ya está en cada uno de nosotros. Lo que vemos afuera es un efecto de nuestra conciencia, y si nuestra mente vibrara a otro nivel, veríamos otros efectos.

Veamos unas reflexiones de Max Planck, que de alguna forma corroboran lo que dice el *Curso*:

> *Creo que la conciencia es fundamental. Creo que todo asunto deriva de la conciencia. Todo lo que hablamos, todo lo que consideramos como existente, está dictado por la conciencia. No tenemos derecho a asumir que las leyes físicas existen o, si han existido hasta ahora, que seguirán existiendo en el futuro de forma similar.*
> *La ciencia no puede resolver el misterio último de la naturaleza. Y eso se debe a que, en última instancia, nosotros mismos somos una parte del misterio que estamos tratando de resolver.*

El *Curso* sugiere que no tienes que luchar contra algo que, para empezar, ni siquiera existe. Nuestro ego y nuestro cuerpo desaparecerán y, cuando esto suceda, nos reconoceremos en todos y cada uno de nuestros semejantes. Quiero dejar claro que el *Curso* puede llegar a ser muy difícil de comprender. Como ya he dicho, llevo treinta años con él, y siento que estoy muy lejos. Recuerdo, parafraseando lo que el *Curso* nos dice, que cuando el maestro de Dios integre las enseñanzas del *Curso*, sencillamente desaparecerá. El *Curso* nos recuerda que:

> *Nada irreal existe. En esto radica la Paz de Dios.*
> —T.in.2:3-4

¿Qué quiere decir esta frase? Para mí es sencillo, solo existe el Amor, y no hay que confundirlo con el amor del ego, que es una manifestación del deseo de ser especial y de la separación. Que sea sencillo no quiere decir que lo tenga plenamente integrado. Estoy en ello, estoy en el camino del deshacimiento; soy consciente de que el mundo refleja la locura de nuestras mentes. Solo puedo aportar un vislumbre de mi cordura, pues muchas veces —cada vez menos— caigo en la oscuridad de la locura, que me absorbe con la fuerza de un remolino gigante. Al final me entrego para ser engullido por él y lo hago con ausencia de juicio y con una frase que calma mi espíritu:

Hágase tu Voluntad, nunca la mía.

He estudiado, leído y releído las enseñanzas ancestrales del hinduismo y del budismo, y nos enseñan que nuestro objetivo más profundo como seres humanos es *despertar a un orden de realidad superior*.

Somos Hijos de la Abundancia, esa es nuestra esencia natural, divina. Solo la creencia de que somos unos proscritos nos hace vivir experiencias de dolor y sufrimiento. Nos sentimos alejados de esta Energía Infinita, sin ser conscientes de que Ella nos sostiene, nos alimenta y nos Ama de una manera que nuestras mentes humanas no pueden alcanzar a comprender.

Podemos sentirnos abandonados, sucios, pecadores, locos..., pon los adjetivos que quieras, pero sabiendo que no son verdad. Solo existe abundancia, abundancia de riqueza y abundancia de pobreza. No las busques fuera, pues su esencia es la que nos da la Vida. Nosotros, cada uno de nosotros, Hijos de esta Luz infinita, de un Amor incomprensible del que no podemos vislumbrar Su Grandeza, somos los hacedores de nuestras vidas.

Un consejo para terminar: hay que evitar juzgar, dado que no sabemos todos los factores que rodean cada acontecimiento. Es primordial aplicar el perdón en nuestras vidas. No se trata de ser condescendientes, pues todos cometemos errores, solo se trata de comprender que nosotros atraemos cada experiencia, cada relación, cada circunstancia de nuestra vida. Desentrañar este intríngulis nos llevará a conectarnos con plenitud a lo que nos da la Vida.

Con todo mi cariño,

—Enric Corbera

Introducción

Tu nombre ancestral es Abundancia

Este libro pretende que el lector haga un viaje a la esencia de la Vida, y en especial a tomar conciencia de que hay una Energía Inteligente que lo sostiene Todo, y a cada uno de una forma particular. Esta particularidad se manifiesta por doquier, siempre respetando la vibración que ella emana.

Está inspirado en los principios de *Un curso de milagros* que, para quien no lo sepa, es un curso eminentemente Advaita, palabra sánscrita que significa "no dualidad". Para ello, hay que hacer un viaje desde la conciencia dual a la conciencia de unidad.

Hay que tener muy presente que el lector tendrá resistencias a las propuestas de este libro y, en muchos casos, superarlas permitirá a su mente abrirse a un campo de infinitas posibilidades y reconocer Su Esencia. La Esencia fundamental que nos sostiene a todos en general y a cada uno en particular. La Esencia que está oculta bajo una montaña de creencias y de *verdades* que sustentan que todo lo que existe está separado, y de alguna manera desvinculado.

Esta obra está muy lejos de ser otro libro de autoayuda para encontrar la felicidad, dinero, tener relaciones románticas y éxitos profesionales. Todo esto son sueños del ego que alimentan la creencia de que estamos desposeídos y de que tenemos que buscar el sendero que nos lleve a lo que creemos que nos hará felices.

No se trata de aprender nada, sino más bien de desaprender, de quitar los obstáculos que hemos puesto en nuestra mente dual, la cual nos separa de nuestra Esencia. La Esencia siempre está siendo sostenida por la Fuente de la que emanan todas las posibilidades, que son infinitas. Muchos esperan un milagro en sus vidas sin ser plenamente conscientes de que la Vida es un Milagro.

Un curso de milagros nos recuerda que un milagro no hace nada, simplemente deshace las creencias que nuestra mente dual sostiene, siendo la fundamental que *estamos separados*, que tenemos una mente atrapada en un cuerpo, que somos un cuerpo y que tenemos una identidad que nos hace vivir en el miedo a perder, a la enfermedad y a la muerte.

De lo anterior se desprende que no voy a hablar de cómo conseguir más dinero ni más éxito profesional. Este libro pretende hacer un viaje sin distancia desde un estado mental basado en el dolor, la pobreza, la mentira, la enfermedad y la muerte a un estado mental de comprensión. Hemos de *saber* que los acontecimientos que se nos muestran, y a los que llamamos Vida, son filtrados por —y están relacionados con— el nivel de vibración de nuestra conciencia. Esto implica que somos un *tomador de decisiones,* y que estas se van a manifestar en nuestra vida en forma de relaciones y acontecimientos, y hemos de ser conscientes de que son nuestra responsabilidad.

En la decimotercera ley de la curación, el *Curso* nos recuerda —siempre refiriéndose a la mente— que en el Universo solo existe la abundancia, y que las ideas nunca abandonan su fuente. Nos dice:

Esta es la ley de la Creación: que cada idea que la mente conciba solo sirva para aumentar su abundancia y nunca para disminuirla. Esto es tan cierto con respecto a lo que se desea vanamente como con respecto a lo que la voluntad dispone verdaderamente, ya que la mente puede desear ser engañada, pero no puede hacer de sí misma lo que no es.
—*UCDM* (T-26.VII.13:3-5)

Si queremos vivir en la abundancia, debemos tener siempre presente que hemos de desarrollar la conciencia de unidad, cuyas características esenciales son: la comprensión de que todo está interconectado, que siempre estamos frente a nosotros mismos, que todo aquel que está involucrado en una situación está haciendo el papel que le corresponde y que, si no sabemos qué información inconsciente llevamos incorporada, solo tenemos que fijarnos en nuestro mundo, el que nos rodea.

Como ejercicio mental para desarrollar nuestra conciencia de unidad, hay que invertir la relación entre causa y efecto o, dicho de otro modo: no buscaremos las causas afuera, pues allí se muestran los efectos, siendo cada uno de nosotros la fuente de la causa. Cuando empecemos a desarrollar esta actitud mental, empezaremos a hollar la senda que nos conectará con nuestra Esencia. Con este estado de alerta desharemos el obstáculo fundamental, el que nos hacía sentirnos separados de todo y de todos.

El viaje a la Esencia de la Abundancia, que es nuestro patrimonio, no va a estar exento de dificultades, de dolor emocional, de resistencias a abandonar el juego de la culpa. Pues cuando comprendes que tú eres el hacedor y que siempre te estás proyectando en la pantalla del mundo, vas a experimentar incredulidad, te vas a oponer a esta idea que te parece demente. La culpabilidad dejará de tener sentido, así como el victimismo, y sobre todo el esperar que los demás cambien. Comprenderás que el cambio que tanto anhelas está en ti, y que para que sea posible tendrás que darle la *vuelta al calcetín*, a tu vida. Así podrás recuperar su verdadero sentido.

Este viaje será doloroso, porque el ego vive asolado por la inseguridad. Se alimenta de nuestro miedo, siempre busca la causa afuera y ama el victimismo y el *pobre de mí*. Estas actitudes mentales nos alejan de nuestra abundancia, a la que tenemos derecho y que no vivimos por una creencia oculta, o muy oculta, en nuestro inconsciente: fuimos expulsados del paraíso. Esta creencia alimenta el dolor, la enfermedad y la muerte. Nos sentimos castigados y desheredados. Nada más lejos de la verdad. Nuestro infierno, nuestra pobreza, se sustentan en la creencia de que estamos separados, de que, si tú tienes, yo no tengo. Se nos dice que Dios castigó a Eva a parir con dolor. Una aseveración muy cruel, pues nos muestra a un Ser castigador, incapaz de perdonar. Por eso, el perdón que utilizamos y que nos empobrece es el perdón del ego que reza: "yo te perdono, pero no olvido". Este tipo de perdón nos sumerge en la pobreza, en el victimismo y, sobre todo, en el castigo.

A lo largo del libro, veremos de una forma directa o velada que el sacrificio, que nuestro ego tanto ama, es una de las causas fundamentales de nuestra pobreza. Nos sacrificamos para que nos amen, damos con la esperanza de obtener. Estas ideas nos mantienen aferrados a la creencia de que estamos desheredados y tenemos que sacrificarnos para que Dios nos perdone.

Para mí, la pobreza esencial es la que sustenta nuestro ego, pues este tiende a fabricar a un Dios castigador que promete salvarnos del caos y del sufrimiento del mundo, pero también establece reglas y amenaza con condenarnos si las desobedecemos.

En otro orden de cosas, quisiera aclarar, para una mayor comprensión del libro, que voy a utilizar palabras para definir esta Energía Fundamental, que muchos llaman Dios, Brahma, Tao, Krishna y un largo etcétera, con palabras como: conciencia de unidad, Conciencia Total o Inteligencia Universal. También quiero dejar claro en esta *Introducción* que invito al lector a comprender que la responsabilidad de lo que experimenta en su vida, llámese rabia, ira, cólera, disgustos, por grandes o pequeños que sean, recaen en uno mismo.

La Lección 5 del *Libro de ejercicios* de *UCDM* nos lo deja clarísimo:

Nunca estoy disgustado por la razón que creo.

Y, para terminar, un último consejo: no creas que no es necesario hacer lo que expongo en este libro, lo importante es que se ponga en práctica. Si así lo haces, si cuestionas tus verdades, si pones en cuarentena tus pensamientos y las acciones que nacen de ellos, si pides inspiración y te quedas en silencio, entonces y solo entonces sabrás qué hacer. Descubrirás dónde está la auténtica abundancia.

Que la Inteligencia Universal te acompañe en este viaje. De hecho, siempre lo está haciendo. ¿La escuchas?

CAPÍTULO I

El campo creativo

Toda la materia tiene su origen y existe en virtud de una fuerza
[...]
Debemos presuponer la existencia de una Mente inteligente y
consciente tras esa fuerza. Esta Mente es la matriz de toda la
materia.
—Max Planck, 1944

INTRODUCCIÓN

Conviene aclarar que al *Campo* le llamo también *Inteligencia Universal, Conciencia Total, conciencia de unidad* y, por supuesto, *Campo Creativo*. También se le puede llamar Dios, Brahma, Krishna o Tao; el nombre no importa. Lo que sí importa es que todos estos nombres expresan lo mismo: una Conciencia que lo sostiene e interpenetra Todo, con una característica que resalta por encima de cualquier concepto, la ausencia de juicio. El juicio, lo que entendemos por juicio, rige el mundo dual, el mundo de la separación, del bien y del mal, al que podemos llamar el *infierno*.

El ser humano no tiene plena conciencia del poder que tiene. No somos conscientes de la existencia de una Energía Inteligente que lo sostiene Todo, y que se manifiesta en nuestras vidas en forma de experiencias. En el universo no existe la casualidad y sí la causalidad, que es la relación que hay entre causa y efecto. La mayoría de las personas creen que los acontecimientos —que percibimos externos— son la causa, cuando en realidad son los efectos, y la causa somos nosotros, cada uno de nosotros. Al no ser plenamente conscientes de ello, desarrollamos una multiplicidad de explicaciones a lo que nos ocurre, que pueden ir desde la mala suerte, la casualidad o el *mal de ojo,* hasta un mal karma.

Tu ego no puede impedir que Dios resplandezca sobre ti, pero puede impedir que Lo dejes resplandecer a través de ti.
—UCDM (T-4.IV.9:6)

Esta frase expresa claramente la idea que deseo transmitir, a saber: somos una gota de agua —conciencia— en un Océano de Consciencia. El océano —Campo— nos sostiene y nos da la vida, pero al sentirnos aislados —sin ser conscientes de ello— estamos enviando información a este Campo. El Campo nos responde haciéndonos vivir las experiencias que cada uno de nosotros hemos fabricado, lo que nos lleva a preguntarnos muchas veces: "¿Qué he hecho yo para que me ocurra esto?". La respuesta, aunque duela, es que nosotros somos los responsables, la causa primigenia de nuestras experiencias, y lo que llamamos causas, en realidad, son los efectos.

Aquí se nos abre un nuevo marco, al que yo llamo Inversión del Pensamiento (I.P.). La I.P. consiste en desarrollar la capacidad de comprender que somos observadores de nuestra realidad, que esta capacidad determina unas acciones y, por ende, unos resultados, que a su vez nos abren a otras *realidades* potenciales. Como observadores conscientes, empezamos a aplicar a nuestras vidas la I.P., haciéndonos preguntas que antes no se nos ocurrían, tales como: ¿Para qué vivo esta experiencia? ¿Qué información me trae? ¿Qué enseñanza conlleva? ¿Qué aspecto me muestra de mí mismo del cual no soy consciente?

Ya no hablo como si lo que me ocurre no tuviera nada que ver conmigo, sino como que tiene algo que ver con mi esencia o fuerza interior. Esta forma de ver y entender la vida nos lleva a prestar suma atención al tipo de pensamientos que creamos, sostenemos y recreamos en nuestra mente. Nos lleva a tomar plena conciencia de que nuestro cerebro es un emisor/receptor que permanece conectado a este Campo. Este emite un eco que se refleja en nuestras vidas en forma de acontecimientos que nos hablan de nosotros. Nos muestra la información que estamos emitiendo —y de la que muchas veces no somos conscientes— para empezar a tomar las decisiones con otro sentido, dejando de pensar y de hablar como si fuéramos víctimas de las circunstancias de la vida.

En este momento tan crucial cruzamos un umbral de no-retorno, no hay vuelta atrás. Como decía Einstein: *Una mente que se abre a una nueva idea, jamás volverá al tamaño original.*

¿DE DÓNDE VIENEN LAS IDEAS?

La respuesta a esta pregunta no puede ser otra que "de la Inspiración", entendiendo que las ideas vienen de la Fuente, del Campo, al que muchas veces se le llama Dios.

> *¡Me pregunto de dónde me vino esta idea! Pues de donde vienen todas las ideas: de la consciencia, de la fuente.*
> —David Carse, *Perfecta, brillante quietud,* p.323

Cuando Pablo escribe que "toda Escritura es inspirada por Dios" (2 Tim. 3:16), las tres últimas palabras —inspirada por Dios— constituyen una sola expresión griega —*Theopneustos*—, que podría traducirse literalmente como *respirada por Dios.*

Cuando escribo la palabra *Dios* me refiero a una Inteligencia Suprema, llamada también El Campo, y más concretamente *El Campo Creativo,* del cual surgen todas la ideas.

El ser humano no puede inventar nada al margen de esta Inteligencia Suprema, pues esta es la madre de todas las ideas y de las infinitas manifestaciones. Como ejemplo de ello, que para mí es muy evidente, podemos hablar de Internet y preguntarnos: ¿De dónde surge la idea de Internet? La respuesta es obvia, de un Internet infinitamente más complejo llamado Campo. Internet vendría a ser un campo de información que va creciendo continuamente en la medida que los usuarios *navegan* por él. Este campo guarda la memoria de nuestra navegación y nos envía información relacionada con por dónde hemos navegado. Internet es una burda copia del Campo, que sostiene todas las ideas habidas y por haber. Cada nueva idea surge de este Campo infinito, en la medida en que nuestra mente se abre a otras posibilidades. Muchos lo llamamos Inspiración, aunque me gusta mucho la traducción griega de "respirada por Dios".

Aprende a Ver. Date cuenta de que todo se conecta con todo lo demás.
—Leonardo Da Vinci

En su día me atrajo profundamente un libro llamado *El Campo*. Está escrito por la periodista científica Lynne McTaggart, y en él se demuestra a través de experimentos científicos que este campo —llamado también Campo punto cero— contiene toda la información, y que la mente tiene el poder de afectar a la realidad de modos insospechados hasta el momento.

Extraigo algunas ideas y respuestas de una entrevista que le realizaron a esta autora, que refuerzan la idea que quiero plasmar en este capítulo del libro: El Campo Creativo. Se trata de una entrevista realizada por Francesc Prims en la revista *Athanor,* publicada el 28 de agosto de 2018:

—*¿Es el Campo Punto Cero un banco de memoria universal?*

—Algunos físicos, como el estadounidense Hal Puthoff, han postulado que el Campo Punto Cero es como un universo de sombras, un banco de memoria universal de todo lo que ha ocurrido a lo largo de los tiempos. Si toda la materia del Universo interactúa con el Campo Punto Cero, significa que toda la materia está interconectada y potencialmente entretejida por el cosmos a través de las ondas cuánticas.

—¿Hace el Campo Punto Cero comprensible la experiencia de los místicos, cuando afirman sentir y saber que Todo Es Uno?

—Sí; nos ofrece una validación científica de muchos de los mitos y religiones en que han creído los humanos desde el principio de los tiempos, pero que hasta ahora solo se apoyaban en la fe. Y de las ideas mantenidas por los místicos durante siglos de que todos somos uno.

—¿La física cuántica nos invita a redefinir la relación de la humanidad con Dios?

—El Campo Punto Cero no destruye la idea de Dios, sino que por primera vez prueba Su existencia al demostrar que una consciencia colectiva más elevada forma parte de nosotros. Redefine nuestra relación con Dios porque nos invita a entender a Dios como un Campo del que somos parte intrínseca. Dios no es "el otro" (el anciano de barba blanca sentado en una nube, juzgándonos). Dios somos nosotros (y todo lo demás que hay en el Universo). Creo que la existencia del Campo Punto Cero pone fin al dualismo. Ya no hay necesidad de tener dos verdades (la de la ciencia y la de la religión). Ahora puede haber una visión unificada del mundo.

En relación a esta última propuesta de Lynne McTaggart, concretamente *a la no necesidad de tener dos verdades*, me centraré en lo que dijo en su día el doctor David R. Hawkins cuando habló de la paradoja entre creación y evolución, dejando muy claro que son dos aspectos no excluyentes de lo que llamamos Dios o Campo. Nos lo aclara en su libro *El Ojo del Yo*:

La evolución representa la Creación, y la cualidad básica de la Creación es la evolución, porque ambas son una misma cosa. La evolución se manifiesta en el mundo dual de la Conciencia, y la Creación sería el campo intemporal y no-dual llamado Consciencia.

David Cameron Gikandi, en su libro *Un bolsillo lleno de dinero*, también lo expone con claridad cuando nos dice:

Todas las mentes están conectadas a un solo campo mental. Tú eres más grande y poderoso de lo que piensas. Entonces, deja de sudar por pequeñeces. Eres parte de un Océano de Energía y nada te separa de nada.

En mi libro *Crisis: ¿estás preparado para crecer?*, expongo un fragmento de la conferencia dada por el doctor Manuel Ballester, *Corazón Helicoidal*, donde se expresa con claridad la idea de *Campo*. Pienso que es muy interesante y nos recuerda aspectos clave para *comprender* que somos partículas de energía en un océano de información. Hay que tener siempre presente que en el Campo todo resuena, produce un eco que nos devuelve nuestras señales amplificadas.

El doctor Ballester explica lo que es el Campo de una forma sencilla y asumible para todo el mundo siguiendo al doctor Brian Skinner, de la Universidad de Minnesota, que desarrolla una serie de preguntas:

—¿De qué están hechos los humanos?
—De músculos, huesos y órganos.
—¿De qué están hechos los órganos?
—De tejidos.
—¿De qué están hechos los tejidos?
—De células.
—¿De qué están hechas las células?

—De organelos (núcleo, mitocondrias...).
—¿De qué están hechos los organelos?
—De proteínas.
—¿De qué están hechas las proteínas?
—De aminoácidos.
—¿De qué están hechos los aminoácidos?
—De átomos.
—¿De qué están hechos los átomos?
—De protones, neutrones y electrones.
—¿De qué están hechos los electrones?
—De campos de electrones.
—¿De qué están hechos los campos?
—¿¿¿¿¿...?????

Este es el gran misterio del Universo, si bien se sabe que el Campo contiene información.

A la pregunta de "¿cómo se estructuran los campos?", el doctor Brian Skinner responde que se estructuran igual que el microcosmos y el macrocosmos. Cada campo tiene su partitura y todas conforman la gran orquesta del Universo. Y nos aclara que el Campo es una especie de disco duro, una memoria de las experiencias de todo ser viviente.

El doctor Ballester hace referencia a ciertos campos, como los que expuso en su día Carl G. Jung cuando nos hablaba del Inconsciente Colectivo, el cual guarda la memoria de las experiencias colectivas de la humanidad, y de cómo se expresan en nuestras vivencias diarias. Nos pone ejemplos diciéndonos que los pájaros o los peces responden al campo de grupo, y también nos da el ejemplo paradigmático de cuando se instalaron por primera vez alambres de espino para aislar al ganado. Los animales tuvieron heridas brutales porque no sabían qué era aquello. Las siguientes generaciones ya no se acercaban a los espinos gracias a la memoria de grupo. Este ejemplo me recuerda una experiencia parecida cuando un amigo me pidió si le podía ayudar a poner una cerca para que sus caballos no se hicieran daño al rascarse con los arbustos y árboles. La cerca consistía en clavar unas varillas de acero y unirlas con una cinta blanca que, al principio, iba conectada a una corriente eléctrica débil. Ni que decir tiene que, pasado un tiempo, no hacía falta conectar la cinta, pues los caballos ya no se acercaban a ella ni por casualidad.

El Campo es la única realidad.
—Albert Einstein

La memoria de nuestros ancestros se conserva, y nosotros la heredamos. Esta memoria acumula experiencias agradables y desagradables, según las creencias de nuestros ancestros. Sobre todo, acumula memorias si están cargadas de estrés, de secretos y de lo no dicho. Así, los campos determinan nuestra forma de actuar y, tomando conciencia de esta información, podemos transformarla y darle otro sentido. De esta manera reescribimos nuestras vidas y creamos un nuevo destino mediante la ampliación de nuestra conciencia o campo. *Somos observadores de nuestro destino y no somos conscientes de que lo estamos creando.* Para nuestra inspiración, comparto la frase de la película *Campo de Sueños*. La Voz del Campo dice:

Si lo construyes, él vendrá.

Dejo a cada uno la interpretación de esta frase. Solo digo que aquí está la esencia pura de nuestra Abundancia.

DEMARCACIONES Y TRAZAR LÍNEAS

Como nos dice Ken Wilber en su libro *La conciencia sin fronteras*:

La vida es una sucesión de batallas, un sufrimiento constante, pero todas las batallas de nuestra experiencia —nuestros conflictos, angustias, sufrimientos y congojas— se generan en las demarcaciones que equivocadamente le imponemos. (Prefacio, p.7, 1991)

La conciencia dual, que como ya sabemos vive y se sustenta en la creencia de que todo está separado, hace que vivamos con miedo a lo que percibimos como diferente. Este miedo nos empuja a poner un muro invisible, pero muy real para nuestra mente dual. Son las demarcaciones o fronteras.

Cuando ponemos fronteras en nuestra vida, allí donde ponemos estas demarcaciones, estamos situando el lugar donde vamos a librar nuestras batallas. Estas pueden ser mentales, defendiendo ideas y formas de conducta, o reales, atacando lo que creemos diferente, y por tanto creemos que debemos estar preparados para defendernos de ello.

Las demarcaciones nos separan no solo físicamente, sino en todos los órdenes de la vida. Este estado mental al que nos sometemos nos hunde en nuestras miserias, que se proyectan en nuestro mundo en forma de calamidades y guerras, que conllevan el desplazamiento de miles de seres humanos, y sobre todo la creación de apátridas. Son personas desplazadas de sus demarcaciones, sin tierra donde vivir y morir —parias de la tierra— y no nos damos cuenta de que sus miserias son también las nuestras.

Este maravilloso mundo, que la Inteligencia Universal nos ha dado como hogar, estamos convirtiéndolo en un infierno, donde el ego, ávido de posesión, lo destruye todo sin comprender que está cavando su propia tumba.

Las demarcaciones que establecemos afuera son una proyección de las demarcaciones que hemos puesto en nuestra mente. Tenemos la mente escindida y dividida entre el bien y el mal, entre Dios y el demonio, entre lo correcto y lo incorrecto, entre lo que hay que hacer y lo que no hay que hacer, y así indefinidamente. A este proceso le llamamos cultura, una forma de ver y entender la vida, pero, al crear demarcaciones, automáticamente aparece el miedo a lo diferente. Las diferencias son culturales pero, sobre todo, religiosas. Este miedo nos lleva a pensar que tenemos que defendernos de estas influencias, pues las consideramos nocivas y peligrosas. Entonces nos preparamos para la *guerra santa,* en la que cada uno de los contendientes cree que Su Dios le acompañará a la victoria, y que todo aquel que no piense como nosotros debe de morir.

Las fronteras tratan de separar lo inseparable, son líneas imaginarias para hacernos sentir diferentes de los demás. Las fronteras requieren vigilancia, y están en nuestra mente, no en nuestro mundo. Estas fronteras alimentan nuestros miedos, nos hacen sentir especiales. Creamos símbolos —estandartes— para proyectar en ellos nuestros *valores,* que justifican nuestras inseguridades y, a la postre, nuestro miedo y odio a todo aquello que creemos diferente a nosotros.

Las demarcaciones —como decía— establecen las zonas donde batallar contra todo lo que percibimos diferente, y que, por lo tanto, tememos y de lo que creemos que debemos protegernos. Estas no solo separan territorios, sobre todo separan ideas, creencias y, por encima de todo, dividen a Dios. Esta es una de las mayores locuras que la mente humana ha podido concebir: dividir la Unidad Indivisible, pues, de ser posible tal división, la Vida no existiría.

Las demarcaciones desgastan nuestros recursos, nos hacen vivir con miedo, y creemos que cualquier sacrificio que hagamos para salvaguardarlas, incluida la muerte, nos convierte en héroes y nos hace especiales. Esta es la locura que sustentan estas demarcaciones: creer que dar la vida por defenderlas es la mayor gloria.

La propuesta de Unidad consiste en trazar líneas como manifestación de la inteligencia superior en el mundo dual. En el mundo dual, la *realidad* consiste en diferenciar los opuestos y establecer sus demarcaciones. La mente despierta, en lugar de demarcaciones, traza una línea que no separa sino une, porque comprende que cada lado da sentido y vida al lado opuesto y esto le lleva a cambiar el nombre de opuesto por el de complementario.

Las líneas unen a los opuestos en la misma medida en que los distinguen. Nos llevan a comprender que el placer y el dolor se complementan, tal como el esfuerzo y el descanso, la noche y el día, lo de arriba y lo de abajo. Las líneas hacen que sea imposible que un lado exista sin el otro. Cuando olvidamos las líneas, cuando olvidamos que lo de arriba tiene sentido con lo de abajo, aparecen las demarcaciones y, por lo tanto, el conflicto. Querer desterrar una parte nos lleva a la guerra interior, al conflicto mental, que más temprano que tarde se proyectará en nuestras vidas, en nuestras relaciones interpersonales y seguirá en nuestros pueblos con sus diferentes creencias y culturas. Las líneas nos permiten conocernos a nosotros mismos gracias a los que piensan y actúan diferente. Las líneas nos llevan a desarrollar una conciencia de unidad, a comprender que nuestras proyecciones hablan más de nosotros que de aquellos sobre los cuales proyectamos.

Cuando comprendas que toda opinión es una visión cargada de historia personal, empezarás a comprender que todo juicio es una confesión.
—Nikola Tesla

En la teoría de la relatividad, los opuestos —reposo y movimiento— han llegado a ser totalmente indistinguibles; dicho de otra manera, cada uno es ambos. Todo depende del observador.

La física moderna proclama —en una palabra— que la realidad no puede ser considerada más que la unión de los opuestos.
—Ludwig von Bertalanffy

Nuestro infierno se manifiesta cuando trazamos un mapa con sus fronteras. Alfred Korzybski (1879-1950), psicólogo, filósofo y lingüista, que desarrolló la semántica general, señaló que las relaciones que establecemos entre nuestras palabras, símbolos, signos, pensamientos e ideas son meros mapas de la realidad —de nuestra realidad—, no de la realidad misma. Premisa que no hay que olvidar a lo largo de lo que expongo en el libro: *Los opuestos son potencialmente nuestro tesoro, nuestra abundancia, y la pobreza es la lucha entre ellos.*

Nuestros conflictos se sustentan en la idea de que podemos separar los opuestos, sin ser conscientes de que, si pudiéramos, eso significaría nuestra destrucción. Por otro lado, una persona empieza a desarrollar su conciencia, a abrirse al *Campo*, cuando se libera de los pares de opuestos y se sabe apreciar en cada uno de ellos. Esta es la propuesta que tenemos en nuestro método llamado Bioneuroemoción, que se sustenta en el desarrollo de la conciencia de unidad.

Este liberarse de los pares de opuestos es, en términos occidentales, el descubrimiento del Reino de los Cielos aquí en la tierra.
—Ken Wilber, *La conciencia sin fronteras*, p.47, 1991

ABRIRSE AL CAMPO CREATIVO

Se requiere cierta disciplina para poder acceder plenamente al Campo Creativo, que siempre está presente y, de alguna forma, escuchándonos. A este Campo lo llamaremos el Ser, nuestra esencia, que es la manifestación de nuestra abundancia. La escasez no tiene cabida en el Universo salvo en las mentes atrapadas por el miedo a perder. Estas creencias se sustentan, como vengo mostrando, en la creencia que las sostiene a todas: *estamos separados.*

Adiestrar nuestra mente y estar atentos a los pensamientos, sentimientos y creencias que se expresan en ella es nuestro principal objetivo para poder reprogramarla, y de esta manera enviar otra información al Campo. No se trata de desarrollar solo el famoso pensamiento positivo, pues al hacerlo también estamos reforzando el pensamiento negativo. No se puede *luchar* contra el pensamiento negativo, pues este se refugiará en nuestro inconsciente, en lo que se llama sombra, que más tarde o más temprano se manifestará en nuestras vidas, normalmente de forma abrupta e inesperada.

Pues el bien que quisiera hacer no lo hago, pero el mal que no quisiera hacer, lo hago.
—San Pablo, Romanos 7:15

Y Jung nos lo aclara cuando afirma:

Prefiero ser una persona completa antes que una persona buena.

Una persona completa es plenamente consciente de sus luces y sus sombras, tal como nos dijo Goethe:

Cuando miré a los ojos del asesino, pude ver al asesino que hay dentro de mí.

Veamos otras reflexiones de mentes que comprenden la integración de las polaridades, que el ego llama opuestos. Y quiere hacer algo imposible, a saber, eliminar el que llamamos negativo:

Si permites que lo que hay en tu interior se manifieste, eso te salvará. Si no lo haces, te destruirá.
—Dicho 70 del *Evangelio de Tomás*

Demos gracias a nuestros enemigos porque su oscuridad nos permite escapar de la nuestra.
—Carl G. Jung, *Aceptar la sombra de tu inconsciente*

El lugar donde se unen la luz y la oscuridad es donde sur-
gen los milagros. A este lugar se le llama Mandorla.
    —Robert A. Jonhson, *Aceptar la sombra de tu inconsciente*

La unión de las polaridades es hacer descender el Cielo en la Tierra

Este libro tiene por objetivo tomar conciencia de que las dualidades no se oponen, sino que se complementan. Muchas veces, en lo que llamamos fracaso, se asienta la semilla del éxito. Con esta actitud mental los errores se convierten en nuestros mejores aliados para desarrollar una conciencia de unidad. Más adelante expondré lo que se debe entender por conciencia de unidad; por ahora, baste con comprender que lo positivo necesita de lo negativo, como el yin necesita del yang, y la luz necesita de la oscuridad para contemplar las estrellas.

Para abrir nuestra mente o, mejor dicho, para sintonizarnos con el Campo, hemos de evitar caer en la trampa de pensar que hay que hacerlo en una sola dirección. Veamos las actitudes mentales que hay que desarrollar:

- Saber observar sin juzgar, integrar el concepto de rendición, y saber vivir en la tensión de la incertidumbre.

- Saber vivir en la incertidumbre es comprender profundamente que el control es una paranoia, que intentar que las cosas sean como nos gustaría solo nos va a traer caos y más incertidumbre.
- La rendición sería la hija de la incertidumbre. Nunca hay que confundir la rendición con la resignación. La rendición es una comprensión profunda de que todo tiene su razón de ser, y dejamos el timón de nuestra vida a esta Inteligencia que sabe mejor que nadie lo que es perfecto para cada parte de Sí Misma.
- Todo juicio está cargado de incomprensión y carece de amor. En sus páginas, *Un curso de milagros* nos recuerda una y otra vez que el mejor consejo que nos puede dar es el de evitar todo juicio. Nuestros juicios y opiniones cargadas de prejuicios nos condenan a vivir experiencias y nos impiden desarrollar la comprensión. Tenemos que desarrollar la comprensión, que se produce cuando sanamos nuestra mente e integramos los aparentes opuestos. Entonces, surge el auténtico perdón, que nos abre a la compasión.
- Saber encontrar las creencias irracionales y limitantes que anidan en nuestro inconsciente y que provocan proyecciones, que muchas veces son nocivas para nuestro sistema mental.
- Comprender que toda creencia es en sí misma limitante, y es la madre de las demarcaciones.
- Las creencias limitan nuestra mente, ponen trabas y cierran puertas de acceso a este Campo infinito de posibilidades.
- Hemos de comprender que siempre nos estamos proyectando y tenemos que reinterpretar nuestras percepciones aplicando la Inversión de Pensamiento (I.P.) para abrir nuestras mentes a otras posibilidades. Como ya he dicho, nuestras percepciones son perfectas para conocer ese lado de la psique llamado sombra, que es esencial poner a la luz de nuestro Ser para recuperar nuestra integridad mental.

- Ir al gimnasio de la mente para desarrollar y sostener la tensión entre los opuestos. Saber sostener situaciones divergentes. Evitar las polarizaciones, desarrollar la capacidad de saber estar por encima del problema y tener una visión global de todo el sistema.

En conclusión, cuando integramos las polaridades, gracias a la comprensión de que una no puede existir sin la otra, se produce un nuevo estado de conciencia, una *conciencia de integración* que nos abre al Campo Creativo.

LA AUTOINDAGACIÓN

Para conseguir resultados extraordinarios, tenemos que funcionar en el espacio que está más allá de los problemas. Tenemos que dirigir nuestra mente hacia un punto donde la dualidad se perciba como una unidad. Se trata de observar las fluctuaciones que generan todos los acontecimientos, las reacciones que producen en nosotros y, muchas veces, de ver cómo las polaridades se alejan, aumentando la tensión. Observaremos que cada polaridad da vida y sentido a la otra, y sostendremos la tensión sabiendo que somos parte de este movimiento. Seguidamente observaremos lo que llamamos *nuestro conflicto,* y sentiremos que tenemos la capacidad de decidir, que somos un *tomador de decisiones* y empezaremos a comprender que muchas veces las tomamos inconscientemente.

La autoindagación consiste en ir profundamente al interior de nuestro inconsciente para ver cuál es la Verdad. El solo acto de aplicarla a nuestra vida ya produce cambios neurológicos en el cerebro. El siguiente paso consiste en describir lo que sucede sin dar nunca una explicación o un razonamiento del porqué. Hay que llevar nuestra mente, nuestra percepción, a cuestionarse a sí misma, haciéndose preguntas como: ¿Cuál es mi verdad, mi historia? ¿Para qué vivo esta experiencia? En definitiva, la autoindagación requiere honestidad; ser auténtico y veraz.

En la autoindagación se hace imprescindible no juzgar, gracias a la comprensión de que El Campo nos envía las experiencias para conocernos a nosotros mismos. Este simple acto siempre está revestido de la esencia del Amor. Solo hay que quedarse en silencio y aquietar la mente dual, que siempre quiere exponer sus razones, sus verdades, sus justificaciones para permanecer inamovible.

En este momento estamos conectados al Campo Creativo. La actitud mental adecuada es el silencio, la no-búsqueda de soluciones. Ahora solamente hay que estar alerta, pues vamos a recibir respuesta con toda seguridad, pero que quede claro que nunca sabremos cuándo y cómo, recordando que *el Campo Creativo manifiesta las formas y la energía del mundo*. Esta conciencia es como un campo unificado que conecta con todo lo que hay dentro de él.

Si uno se desconecta de este Campo, y hacemos esto cuando creemos que somos nosotros los que tenemos que resolver el problema, vamos a entrar en grandes dificultades. Es necesario alinear nuestra mente con una Mente mayor.

Cuando tengamos un problema, tenemos que hacer algo totalmente diferente: juega al golf, monta en bicicleta, anda o corre, pero no le des vueltas y más vueltas a lo que consideras un problema. Hay que liberar la mente de ideas preconcebidas para que pueda recibir la *respuesta*.

La esencia del método de la Bioneuroemoción se puede resumir en la siguiente frase, pues es un método que vive en la paradoja entre orden y desorden: cuando ponemos orden en nuestra mente, es decir, cuando comprendemos e integramos la enseñanza que nos mostraba nuestro conflicto, tenemos que sostener el desorden que crearemos a nuestro alrededor. *Todo cambio emocional va precedido de un desorden en la psique que la llevará a un nuevo orden de percepción.*

Hay que ser muy valiente para querer cambiar el mundo y también serlo al saber que no se puede.
—Allan Kardec, *El libro de los espíritus*

No trates de cambiar el mundo, sino elige más bien cambiar de parecer acerca de él.
—*UCDM* (T-21.In.1:7)

Y la lección 128 del *Libro de ejercicios* nos dice:

El mundo que veo no me ofrece nada que yo desee.

EL MILAGRO, LA PUERTA AL CAMPO CREATIVO

A estas alturas del libro, hay que dejar muy claro lo que hay que entender por *milagro*. El *Curso* da 50 significados del milagro. Personalmente, a mí me vibra esta definición:

El milagro no hace nada. Lo único que hace es deshacer.
—*UCDM* (T-28.I.1:1)

La percepción es el testimonio de tu estado mental. Tal como el hombre piense, así percibirá.
—*UCDM* (T-21.In.1:5-6)

El milagro produce un cambio de percepción, que básicamente es de lo que vamos a hablar a lo largo y ancho de este libro. Cambiar nuestra manera de ver el mundo es un milagro, y sobre todo saber vivir en el presente con la certeza de que el pasado ya no puede tocarme. El *Curso* nos alienta a no condenar al mundo, gracias a la comprensión de que, si lo hacemos, nos condenamos a nosotros mismos. Hay que ver la santidad y la esperanza, evitando ser partícipes del aumento del miedo colectivo. Deshacerse de las penumbras del pasado y de nuestras proyecciones es un *milagro*, pues nos permite vivir en el presente, que es el único tiempo que existe y, por lo tanto, el instante de máxima creación. Nuestro ego vive del pasado para obligarnos a revivirlo en el futuro. Las viejas heridas son los catalizadores para que nos olvidemos de que hay un instante presente, pero si se está ocupado en lo que pasó, este instante de máxima creación queda ocupado por el ego y de esta manera se perpetúa el conflicto.

David R. Hawkins, en su libro *El Ojo del Yo,* contesta a la pregunta "¿qué es un milagro?" de la siguiente manera, que vendría a refrendar lo dicho, pero con otras palabras: "el milagro es un acto de deshacer".

Si ocurre algo fuera de los dominios de lo explicable o de la esperada causalidad lineal y del paradigma newtoniano, recibe el nombre de *milagro*. El milagro es lo que tiene lugar cuando se eliminan los impedimentos de la negatividad. Esto puede suponer desprenderse de un sistema de creencias limitador, como *es imposible* o *no se lo merece*, u otros puntos de vista del ego.

Desde la conciencia de unidad, nadie puede hacer un milagro, pues no hay nadie externo a mí. El cuerpo es una creación del ego para creer que vivimos en la separación. Es importante dejar esto muy claro para que no se me malinterprete: no hay que pensar que desarrollar una conciencia de unidad nos llevará a la desaparición de nuestros problemas y a la curación de nuestros síntomas.

Dios no creó el cuerpo, porque el cuerpo es destructible y, por consiguiente, no forma parte del Reino. El cuerpo es un símbolo de lo que crees ser. Es a todas luces un mecanismo de separación y, por lo tanto, no existe.
—*UCDM* (T-6.V.A.2:1-3)

El *Curso* también nos recuerda que Dios no creó el mundo:

El mundo que ves no es más que la ilusión de un mundo. Dios no lo creó, pues lo que Él crea tiene que ser tan eterno como Él.
—*UCDM (Cl-4.1:1-2)*

A esta Inteligencia no le preocupa la separación sencillamente porque no es real. Es una ilusión de nuestra conciencia dual que la vive y la fabrica. Hemos de dejar claro una vez más que, cuando se dice que el mundo es una ilusión, eso no quiere decir que no existe nada. ¡Existe todo lo que es! La ilusión consiste en ver la materia como algo separado, porque no está separada.

La única carencia que realmente necesitas corregir es tu sensación de estar separado de Dios.
—*UCDM (T-1.VI.2:1)*

Esto es entrar plenamente en la conciencia de la abundancia. Por el contrario, la pobreza está sustentada por la creencia en la separación. El infierno —la pobreza— es un estado mental sostenido por la creencia de que estamos separados de Dios. Entonces surge el miedo a Dios, que es la idea más demente que podemos generar. Como lo creemos, lo creamos. El mundo en el que vivimos es la manifestación de la proyección de nuestra vibración de conciencia. Y, como podemos apreciar, nuestra conciencia global está muy lejos de la conciencia de unidad. A este estado se le llama vivir en el infierno. Preocuparnos por no ir al infierno es el mejor ardid que ha elucubrado nuestro ego para no salir de él, haciéndonos creer que el Amor nos ha condenado. Para recibir su perdón, el ego traza un camino lleno de prerrogativas, liturgias, sacrificios y penalidades a fin de ablandar el corazón de Dios. De esta manera, el ego nos hace vivir en la pobreza, sustentada en la condena y el juicio hacia nosotros mismos.

Llega un momento álgido en nuestra vida en el que hacemos una reflexión que rompe las razones del ego: "Tiene que haber otra manera". El *Curso* apareció en mi vida precisamente cuando me dije: es imposible que para llegar a Dios tengamos que hacer tantas cosas, tanta *cursitis*. Seguro que hay un Curso de todos los cursos. Entonces fue cuando apareció en mi vida *Un curso de milagros*.

Entrar en el *Curso* es una decisión voluntaria, un experimento que uno siente que tiene que llevar a cabo con toda tranquilidad, porque no hay ninguna autoridad aquí, en la Tierra, que nos diga cómo hemos de hacer las cosas. A decir verdad, algunos han intentado erigir templos para impartir el *Curso*. Pero ya sabemos que el ego siempre aprende. Cuando doy mis clases, digo que muchas veces el ego es el único que aprende, pues en ello le va la existencia. No olvidemos que él ha construido su *iglesia* en la separación y en el sentimiento de ser especial.

DESARROLLAR LA PRESENCIA

Hay que desarrollar la práctica de estar presente en todo instante. Es una actitud mental que requiere un estado de *alerta*. Para entrar de lleno al Campo, *encuentra tu centro*, porque la conciencia descentrada genera campos negativos, un estado donde las preocupaciones, con sus miedos, revolotean constantemente como buitres. Deja caer tu conciencia al cuerpo, nunca olvides que en primera instancia somos Conciencia que anida en una mente, y esta, en un cuerpo.

Lleva tu mente a un estado donde no hay posicionamiento. La mente que comprende que las polaridades son imprescindibles para su buen funcionamiento está en el equilibrio entre el Yin y el Yang, el Tao, y entonces es cuando el camino se te abre y te conectas al Campo.

Tu presencia, tu energía, tiene una enorme Influencia en todos los ámbitos de tu vida. Cuando estás conectado —has quitado las barreras mentales— al Campo, tendrás los pensamientos, las comprensiones y experiencias adecuadas para cada ámbito. Haciendo esto, podemos ayudar a las personas a abrir un campo creativo que les permita decir y hacer cosas que creían imposibles. Deja que fluyan las ideas, estás en inspiración, receptivo; en definitiva, estás en rendición. Este estado —la rendición— es un estado de quietud, de no-hacer, una no-búsqueda, un escuchar, un estado de presencia. Has de saber que, con este estado de conciencia, te abres a una solución que está fuera de tu paradigma, fuera de tu percepción actual, desde la que consideras el problema. *Observa tus pensamientos. Piensa en las cosas que piensas. Tú no eres el pensador, lo que tú llamas tus pensamientos son acumulaciones de experiencias e informaciones depositadas en tu mente. Tus pensamientos se manifiestan a través de ti. El Observador toma conciencia de ello.*

¿A qué me refiero cuando hablo del *Observador?* Me refiero a la Conciencia que vive al margen de la dualidad, también llamado por algunos autores, como David R. Hawkins, *el Gran Ojo.* El observador confuso está atrapado en el día de la marmota, se le repiten las experiencias y no sabe por qué. Vive de lleno en el mundo dual, proyecta constantemente sus problemas en lo que él considera el exterior, sin conciencia de que al hacerlo perpetúa el conflicto o problema. Volveré a hablar del observador en otro capítulo. En este expongo la conciencia que necesitamos desarrollar. En relación al Observador, Martin Rees, de la Universidad de Cambridge, nos dice:

> *En un principio, solo había probabilidades. El universo solo podía acceder a la existencia si alguien lo observaba. No importa que los observadores aparecieran miles de millones de años más tarde. El universo existe porque tenemos conciencia de él.*

Veamos la dinámica del observador consciente. Empecemos por observar qué energías estamos moviendo para vivir estas experiencias.

- Qué pensamientos y acciones has realizado. Observa al observador (el confuso) que eres, disociándote de tu mente. A esto se le llama desarrollar el gran ojo, el que observa sin juicio alguno, sin posicionamientos, comprendiendo la dualidad y no tomando partido por ninguna polaridad.
- Indaga las situaciones y experiencias vividas que te perturban y observa de dónde proceden. Ahora ya sabes que lo exterior es una experiencia que tu atraes a tu vida.
- Observa tu estado deseado y el estado problemático, comprende que se complementan y que uno no puede existir sin el otro.
- Entonces sòlo queda la rendición, que vendría a ser una especie de declaración: ¡¡¡Hágase tu Voluntad y no la mía!!!

Todo esto que estoy explicando se puede resumir en lo que yo llamo *vivir en la sabiduría de la incertidumbre*.

Uno puede tener proyectos, deseos, anhelos; es lo más humano y lícito en este mundo dual. El paso siguiente es pedir inspiración y, para ello, dejas que las ideas *aterricen* en tu mente, sabiendo que lo harán en su momento. No hay prisas, todo está bien. Entras en un estado de fluir, pues no hay expectativas, ni cómo, ni cuándo. La sabiduría consiste en comprender que todo tiene su momento y que tú no sabes cuál es.

Tenemos que estar dispuestos a recibir ataques de toda índole, a sostener el descrédito, la calumnia y el engaño. Con ello, sabremos que estamos en el punto adecuado porque veremos cómo se mueven estas energías —llamadas oscuras—, lo que nos indica que están a punto de emerger otras posibilidades. Cuando uno se rinde a la oscuridad, a los enemigos, sin percibirlos como tales, sino como una manifestación de tu poder creativo, entonces entras en un estado de rendición, de silencio, de no oposición, de incertidumbre, al que también se llama *coincidentia oppositorum*. Es el preludio de la sabiduría, de saber qué hacer, fruto de trascender la dualidad. Entonces y solo entonces, te conectas de lleno con el Campo Creativo.

Observas el mundo y declaras: ¡Te veo!, te respeto, te saludo, te honro, te reconozco, me conecto contigo, mi lado oscuro, mi *enemigo*, el que me da la fuerza para encontrar el deseado equilibrio. No hay venganza en mi corazón, solo agradecimiento, porque tu oposición me ha enseñado cómo hacer surgir mi fuerza interior y aceptarme, porque te honro y te acepto.

Entonces se produce un estado mental que se podría llamar milagroso: observamos que el yo actúa con benevolencia para poder abrirse a una vida emocionalmente equilibrada. Se trata de desarrollar una observación compasiva sobre todo lo que se despliega en nuestra vida.

El proceso es el siguiente: te conviertes en un observador que observa al actor como un todo. Tu mente entra en un estado de aceptación; la gloria y la calumnia se convierten en necesarias e imprescindibles para sostener las experiencias en este mundo dual. Te muestras al mundo sin miedo, sin acritud, sin juicio, con plena comprensión que la compasión sostiene. De repente, tu boca expresa palabras sin pasar por tu mente, eres un canal que verbaliza una experiencia no dual. Tu mente se abre y vislumbra lo que percibe como un todo entrelazado, como si fuera el cableado de un gran ordenador. Observas que tu ordenador —cerebro— está conectado a una especie de Super Ordenador. Lo sabes porque en él aparecen, brotan o surgen ideas, pensamientos y acciones totalmente impensables. Ahora ya sabes con certeza que estás conectado a este núcleo del cual surgen todas las potencialidades para que se manifiesten en las mentes abiertas a ellas.

Sonríes cuando ves lo tosco que es preocuparse. Observas la necesidad de que las cosas sean como a uno le gustaría que fueran. Surge un pensamiento recurrente: "¡Qué necedad pensar que uno sabe lo que es mejor!".

Tu mente se abre a la certeza de que estás en el lugar correcto, con las personas necesarias y viviendo las experiencias perfectas para llegar a la comprensión de que el único hacedor de que ocurra todo ello eres tú mismo.

Dios es ciertamente tu fortaleza, y lo que Él da es verdaderamente dado. Esto quiere decir que lo puedes recibir en cualquier momento o lugar, dondequiera que estés y en cualquier circunstancia en la que te encuentres. Tu paso por el tiempo y el espacio no es por azar. No puedes sino estar en el lugar perfecto, en el momento perfecto.
—*UCDM* (L-42.2:1-4)

DEJA DE PEDIR, EMPIEZA A DAR

Dar implica no tener ninguna expectativa de recibir. Esta frase necesita ser comprendida: cuando damos sin esperar nada, eso no es un acto de bondad, sino de sabiduría. Sabemos que cada uno de nosotros está sustentando la Vida y, a su vez, Esta nos sostiene a todos. Por lo tanto, tu abundancia se asienta en hacer abundantes a los demás. Este es precisamente uno de los objetivos de este libro: mostrar la importancia de utilizar nuestra mente, nuestros pensamientos, desde la conciencia no-dual, que percibe la dualidad como oportunidad de mostrarse y conocerse. La abundancia no es tener mucho, pues ya formas parte del Todo. La abundancia se manifiesta en nuestra vida al saber con qué actitud mental debemos afrontar la vida, con una conciencia abierta que sabe que se está proyectando en esta Conciencia o Campo.

Comparte tu abundancia libremente y enseña a tus hermanos a conocer la suya. No compartas sus ilusiones de escasez, o te percibirás a ti mismo como alguien necesitado.
—*UCDM* (T-7.VII.7:7-8)

Solo aquellos que tienen una sensación real y duradera de abundancia pueden ser verdaderamente caritativos.
—*UCDM* (T-4.II.6:1)

Recuerda que no careces de nada excepto si tú mismo así lo has decidido, y toma entonces otra decisión.
—*UCDM* (T-4.IV.3:3)

Cuando *quieres,* estás diciendo que no tienes, y ello hace que vivas la carencia. La Inteligencia Universal es como un eco, siempre te devuelve —con creces— lo que le envías o proyectas. Cuídate de no caer en el error de la *necesidad,* pues esta creencia se sustenta en que los logros y el éxito son fruto de algún tipo de destreza o habilidad que está escondida en algún lugar. Déjate inspirar, tal como nos dice *UCDM:*

Solo el Espíritu Santo sabe lo que necesitas. Y te proveerá de todas las cosas que no obstaculizan el camino hacia la luz. ¿Qué otra cosa podrías necesitar? Mientras estés en el tiempo, Él te proveerá de todo cuanto requieras, y lo renovará siempre que tengas necesidad de ello. No te privará de nada mientras lo precises. Mas Él sabe que todo cuanto necesitas es temporal, y que solo durará hasta que dejes a un lado todas tus necesidades y te des cuenta de que todas ellas ya han sido satisfechas.
—*UCDM* (T-13.VII.12:1-6)

Si sientes que estás en falta, pide inspiración, pues este acto conlleva la fuerza de saber que tu conciencia está conectada a la Conciencia Universal. Te rindes, pues no sabes lo que es mejor para ti. Rendirse implica tener la certeza de que se te responderá, y de que renuncias a elegir qué camino o decisión vas a tomar. Rendirse implica que tú no sabes y eres plenamente consciente de que siempre das las mismas soluciones a los mismos problemas, con la esperanza de que desaparezcan.

Por ejemplo, empieza a dar comprensión, a no hacer juicios, a dar tiempo, a dar compañía. Si te piden consejo, sencillamente lo das sin esperar nada. Una sonrisa en el momento adecuado puede liberar a un alma apesadumbrada. Darás cuando seas plenamente consciente de que siempre estás frente a ti mismo.

Cuando nos enfadamos con el otro, le estamos enviando —dando— ira, y en este momento estamos perdiendo, sobre todo, la paz interior. Parafraseando a *UCDM*: mi ira, mi enfado, es mi deseo oculto de matar y asesinar. Mi enfado es una petición de que el otro cambie. De lo que no soy consciente es de que, si consigo lo que quiero, estoy perdiendo.

Deja que él sea lo que es, y no trates de hacer del amor tu enemigo.
—*UCDM* (T-19.IV.D.i.13:8)

Cuando te enfadas, estás queriendo cambiar algo. Por lo tanto, deja de querer y ofrece algo. Porque, como se ha dicho, si pides con carencia, quiere decir que no tienes. Proyectamos en los demás nuestras carencias, nuestras responsabilidades, y sobre todo nuestra culpa inconsciente. Una mente abundante da un giro radical, se mira a sí misma y se hace la pregunta que el ego nunca se hace: ¿para qué? Por ejemplo: ¿para qué me enfado?, ¿qué pretendo al enfadarme?, ¿qué es lo que realmente me molesta? Como mínimo, recuperarás el equilibrio interior, te sentirás más libre y ello te permitirá tomar decisiones más coherentes y libres de culpabilidad. A esto se le llama ganar.

La proyección y el ataque están inevitablemente relacionados, ya que la proyección es siempre un medio para justificar el ataque. Sin proyección no puede haber ira.
—*UCDM* (T-6.II.3:5-6)

Se necesita mucho coraje para aceptar la responsabilidad de nuestras proyecciones. Es nuestra mente la que necesita comprensión y perdón. De esta manera dejamos de proyectar nuestra responsabilidad en los demás. Carl G. Jung nos explica que la terapia empieza a fallar justo cuando el verdadero cambio es posible.

Cuando alcanzamos el punto donde podemos contemplar nuestras proyecciones, el miedo nos invade y dejamos de mirar.
—Jon Mundy, *Descubriendo UCDM,* p.103

Cuando no aprendes a gestionar tus emociones, entonces pierdes. Sentir ira y esperar que nada te suceda es una actitud de ignorancia suprema. La ira siempre envenenará el recipiente que la contiene. La ira es siempre un intento de hacer sentir al otro culpable. Y siempre se esconde detrás de nuestra proyección.

Renacer es abandonar el pasado y contemplar el presente sin condenación.
—*UCDM* (T-13.VI.3:5)

Con esta actitud mental, y desarrollando un estado de *alerta*, estamos creando la senda que nos llevará al estado mental llamado *despertar.*

El primer síntoma de que un ser empieza a despertar es que ve el mundo, toma conciencia de que es demente, y se pregunta a sí mismo: "¿el mundo está loco o soy yo quien lo está?". No condenamos al mundo, más bien abrimos nuestra mente a la Compasión. No queremos cambiarlo, porque creer que podemos hacerlo implica que el mundo está al margen de nuestra conciencia. La comprensión de que el mundo que vemos es la expresión de una conciencia colectiva nos lleva a desarrollar una conciencia personal que se siente conectada con la primera, sabiendo que lo único que podemos hacer es ver esperanza y proyectarla sobre el mundo para poner los cimientos de un despertar global. Anthony de Mello nos dice:

Estar despierto es aceptarlo todo, no como ley, no como sacrificio ni como esfuerzo, sino por iluminación.

Una experiencia de despertar no es el Despertar.
—David Carse, *Perfecta, brillante quietud*, p.62

Este despertar [...] no implica que no puedas sentir deseo, daño, dolor, dicha, felicidad, sufrimiento o pena. Todavía puedes sentir todo eso, solo que ahora ya no te convence.
—Ken Wilber en David Carse, *Perfecta, brillante quietud*

El pequeño despertar es un instante de pura Comprensión. Los grandes maestros nos han enseñado que, si sufrimos, es que estamos dormidos. Nunca olvidemos que el dolor es real, pero el sufrimiento es obra de nuestra mente.

El sufrimiento es un aspecto innecesario de la experiencia humana. No solamente es innecesario; también es insensato, desagradable y peligroso para la salud.
—Neale Donald Walsch, *Conversaciones con Dios.*

Más adelante hablaré del sufrimiento, pero es bueno tenerlo presente como una opción que escoge nuestra mente atrapada en la dualidad.

Nunca hemos abandonado el *hogar*, eso es imposible. La creencia en la separación es un viaje onírico, es maya, es ilusión, es *matrix*. Por eso, los grandes maestros de todos los tiempos nos han dicho que tenemos que *despertar*.

No hay ningún mundo que salvar. Hay un mundo que tiene que despertar, y esto siempre empieza por uno mismo. Si estamos en una habitación a oscuras, llena de gente y con una vela en la mano, cuando uno enciende su vela, la habitación no volverá a estar a oscuras. Este es el mejor regalo que nos podemos hacer a nosotros mismos y a los demás.

La separación, lejos de ser un destierro, es un regalo. En el relato musulmán sobre Adán y Eva, Dios los puso en cada extremo del mundo para que se volvieran a encontrar, lo que nos indica que tenemos que encontrarnos —reencontrarnos— para conocer y vivir lo que es la plenitud. Este es el regreso a casa tan anhelado por todos los corazones. No es un esfuerzo, no es una acumulación de méritos, es una Gracia que se nos da cuando nos desapegamos de todo juicio. Entonces nos sentimos libres y damos gracias a todos los que nos rodean porque ellos han sido los catalizadores de nuestro despertar.

El acto de Adán y Eva no fue el pecado original, sino —en realidad— la primera bendición.
—Neale Donald Walsch

Adán y Eva abrieron la posibilidad de tomar decisiones y aprender de sus consecuencias. Fue el principio de la creación onírica —de la ilusión, del sueño—, por eso se le llama *el sueño de Adán*. Y no se dice en ningún lugar que Adán despertara. En todo caso, despertó a un sueño al ver que ya no era uno, sino dos: el mundo dual.

Despertar del sueño implica estar dispuesto a escucharlo todo, por encima de lo que se ha dado en llamar bueno y malo. Una mente despierta lo cuestiona todo, no por acritud, sino por conocimiento de que cualquier idea, por muy elevada que sea, nunca es la Verdad. Solamente es un reflejo de esta.

Despertar es darte cuenta de una realidad: no eres el que crees ser. Es un acto de desidentificación. Es darte cuenta de que tus tribulaciones son la expresión de tu programación, y siempre puedes trascenderla. Esta frase es fundamental en el camino del despertar y del deshacimiento del miedo:

¿Para qué es tu hermano? [...] No le asignes un papel que te haría feliz a ti. Y no trates de herirle cuando él no cumpla el papel que le asignaste en el sueño que tienes de lo que debería ser tu vida.
—*UCDM* (T-29.IV.6:1,3-4)

Querido lector, seguiré hablando del despertar en el capítulo 9, en el que se hace necesario recordarlo porque es la medicina para el alma que se halla atrapada en el dolor y el sufrimiento, y por ende en la enfermedad.

RECAPITULANDO

- Somos una gota de agua —conciencia— en un Océano de Consciencia.
- ¡Me pregunto de dónde me vino esta idea! Pues de donde vienen todas las ideas: de la consciencia, de la fuente.
- La evolución representa la Creación, y la cualidad básica de la Creación es la evolución, porque ambas son una misma cosa.
- Somos observadores de nuestro destino y no somos conscientes de que lo estamos creando.
- La vida es una sucesión de batallas, un sufrimiento constante, pero todas las batallas de nuestra experiencia —nuestros conflictos, angustias, sufrimientos y congojas— se generan en las demarcaciones que le imponemos equivocadamente.
- Las demarcaciones que establecemos afuera son una proyección de las demarcaciones que hemos establecido en nuestra mente.
- Cuando comprendas que toda opinión es una visión cargada de historia personal, empezarás a comprender que todo juicio es una confesión.

- Liberarse de los *pares de opuestos* es, en términos occidentales, el descubrimiento del Reino de los Cielos aquí, en la Tierra.
- Cuando integramos las polaridades mediante la comprensión de que una no puede existir sin la otra, se produce un nuevo estado de conciencia, una *conciencia de integración* que nos abre al Campo Creativo.
- El Campo Creativo manifiesta las formas y la energía del mundo. Esta conciencia es como un campo unificado que conecta con todo lo que hay dentro de él.
- El milagro no hace nada, deshace.
- Las viejas heridas son los catalizadores para que nos olvidemos de que hay un instante presente que está ocupado por lo que pasó.
- Tu presencia, tu energía, tiene una enorme influencia sobre todos los ámbitos de tu vida. Cuando estás conectado al Campo, tienes los pensamientos, las comprensiones y las experiencias adecuados para cada uno de ellos.
- Si tienes que pedir, pide inspiración, pues este acto presupone la fuerza de que tu conciencia está conectada a la Conciencia Universal.
- Estar despierto es aceptarlo todo, no como ley, no como sacrificio ni como esfuerzo, sino por iluminación.

CAPÍTULO II

No te creas

La verdad más profunda es que yo tengo una historia, pero yo no soy mi historia.
—Debbie Ford, *El secreto de la sombra*

La búsqueda de la verdad no es más que un honesto examen de todo lo que la obstaculiza.
—*UCDM* (T-14.VII.2:1)

INTRODUCCIÓN

Una de las intenciones de este libro es acompañar al lector a un estado mental donde mentirse ya sea imposible, permitiéndole encontrar la Verdad que se halla detrás de todas las vidas, las particulares y la de la humanidad en general. Es un reto que empecé a desarrollar hace unos 30 años. Al principio era un camino sin rumbo, pero cada paso que daba me llevaba a otro. Aprendí que no hay camino alguno, sino situaciones que se presentan en tu vida para que tomes decisiones. Algún día llegaremos a tomar conciencia de que no hay sendero, y de que este se crea a través de nuestras acciones. El camino se convierte en una experiencia, en un aquí y ahora. Lo que sea que me ha llevado hasta aquí me impulsa a compartir con todo aquel que esté dispuesto a escuchar. Por eso, la frase con la que me presento muchas veces en mis seminarios y conferencias es: "no me creas, experimenta lo que estoy diciendo por ti mismo/a".

Un día vi una frase que estaba grabada es una especie de vitral en una biblioteca de Montevideo y decía: "la verdad es la madre de todas las mentiras". Esta frase impactó en mi mente, pues definía en pocas palabras lo que venía experimentando y viviendo en mis consultas, clases y seminarios. Era perfectamente consciente de hasta qué punto nos mentimos, y sabía, como ya se ha demostrado muchas veces, que cuando nos repetimos una mentira muchas veces, la convertimos en verdad. Todos nos mentimos, nos contamos historias y un montón de justificaciones para seguir anclados en nuestros conflictos, esperando que se resuelvan solos.

Una de las contribuciones más significativas de Freud en su estudio de la mente inconsciente fue el descubrimiento de lo que hace el ego con la *negación y la represión*. El ego se aferra a nuestra identidad, a aquello que creemos que somos. No duda de lo que él cree ser, no se cuestiona a sí mismo. A esta manera de actuar se le llama *no mirar adentro*. Al no mirar —que vendría a ser lo mismo que no querer ver las cosas de otra manera o sencillamente no cuestionarnos—, nos aislamos y quedamos atrapados en nuestro pequeño mundo privado. Nos escondemos en nuestro cuerpo, en nuestros sueños e inseguridades, en nuestras explicaciones: en definitiva, en nuestra historia. Aquí está la gran mentira, agazapada en nuestra *verdad*. La madre de todas las mentiras que tejemos alrededor de nuestra historia para que nadie nos descubra. Si hace falta, la defenderemos hasta la muerte.

Un estudio publicado en la revista *Nature Neuroscience* el 24 de octubre de 2016, titulado *El cerebro se adapta a la deshonestidad,* demuestra que el cerebro de los mentirosos se va adaptando progresivamente al engaño. Para los investigadores, el impacto de la deshonestidad a nivel neuronal es de tal magnitud que incluso puede hablarse de un *mecanismo neural* que soporta la mentira. En otras palabras, hay un principio biológico de adaptación que contribuye al fenómeno llamado adaptación emocional.

NO QUERER SOLTAR MI HISTORIA

Prefieres vivir en el desastre antes que cambiar. Estás apegado a la historia que llevas eones contando. Eres muy fiel a esta historia de miedo, de culpabilidad y de victimismo.

Nuestras historias contienen la colección de sentimientos, creencias y conclusiones que hemos estado acumulando y arrastrando durante nuestra vida y la de nuestros ancestros. Nuestras historias nos atormentan porque son sostenidas por nuestro ego. Como ya sabemos, el ego vive en *su razón*, su verdad, que es la gran mentira. Nuestras historias están salpicadas de dolor, de "debería", de pérdidas y también de esperanzas y fantasías. Nuestras historias son un cúmulo de creencias —muchas de ellas introyectadas en edades tempranas— que actúan constantemente, condicionando nuestra toma de decisiones. Muchas veces estamos esperando *algo* para poder realizar nuestro sueño, y ese algo nunca aparece sencillamente porque lo ponemos afuera, cuando en realidad es el mismo sueño el que te empuja a conquistarlo.

Freud ya decía: "lo último que el paciente quiere es curarse, solo quiere un desahogo". Y yo añadiría: "Y que el desahogo le sea dado, que venga del exterior". Pero cuando proyectamos la solución de nuestros problemas en el exterior, nos empobrecemos.

En su libro *Redescubrir la vida*, Anthony de Mello nos cuenta una anécdota sobre un psiquiatra —el doctor Berne— y un enfermo que "no quiere salir del desastre". Nos propone que nos imaginemos a un paciente sumergido hasta la nariz en una fosa séptica, ¿de acuerdo? Sí, en un pozo negro lleno de excrementos líquidos, como dice el Dr. Berne. Y cuando el paciente consulta al doctor, ¿sabéis lo que le dice? Le dice: "Doctor, ¿puede ayudarme a que la gente no haga olas?".

El despertar no ocurre mientras se persigue una historia, mientras el deseo alimenta al deseo, mientras la necesidad alimenta el querer, todo ello reforzado constantemente por el sentido de ser un yo separado que no existe. El despertar ocurre cuando se ve de manera irrevocable que este deseo está desencaminado, cuando se ve que es fútil. Entonces cesa el contar historias. Y entonces cesa la historia. Eso es lo que es ir más allá.
—David Carse, *Perfecta, brillante quietud*

Sigamos con las historias sostenidas por nuestras mentiras. Veamos un ejemplo de una consulta:

Una mujer de 36 años hace la siguiente consulta: "tengo dificultades para profundizar en las relaciones de pareja y al final la persona termina alejándose". Como siempre digo, las personas se refugian en su historia y en sus interpretaciones. Le pido que me aclare cuál es el significado de *profundizar*. Aquí empieza el primer problema o dificultad de la consultante. Su historia está construida alrededor de una serie de justificaciones y explicaciones que se da constantemente. Aclaramos que ella pone una serie de expectativas en su relación de pareja, como es formar una familia, formar un hogar y también, si cabe, morir *viejecitos*.

Le pregunto:

—¿Me puedes decir cuántas parejas has tenido que tú creas que eran importantes para ti?

—Tres— me contesta ella.

Empiezo por una de ellas, indagando cuáles son las características que la envuelven. La consultante relata que ella estaba de viaje y conoció a un chico que también estaba viajando. Tuvieron un amor a primera vista y estuvieron varios meses juntos hasta que cada uno siguió su camino. Ella describe esto con las palabras: se alejan. Como vemos, es una proyección, pues no dice: nos alejamos. El ego siempre ve la causa fuera, no en nosotros mismos. Vemos que en las otras relaciones ocurre lo mismo, por lo tanto está repitiendo una información que vendría a ser la solución a un estrés que muy probablemente vivió su madre.

Le pregunto:

—¿Puedes explicarme el ambiente emocional que vivió tu madre cuando estabas en su vientre o eras muy pequeña?

Ella no duda:

—Mi madre, cuando estaba embarazada de mí, se enteró de que mi padre estaba con otra mujer y que tenía un hijo con ella.

—¿Qué te contó tu madre?

—Tuvo un profundo disgusto, se sintió atrapada en la relación con mi padre, pues no sabía dónde ir. Me comentó que perdió su libertad —añade, respondiendo a mi pregunta.

Reflexión: observa que tu vida es el fiel reflejo del estrés de tu madre. Tú vives tu vida de una forma independiente, me dices que viajas constantemente, que tienes un buen trabajo, que no dependes de nadie. Tus relaciones son la perfecta resonancia de la información que llevas en tu inconsciente. No duran lo suficiente, ni para formar un hogar —asentarse— en un lugar, ni para tener hijos, pues para tu inconsciente tener hijos es vivir atada, sin libertad. Esta es la información que has heredado de tu madre, y tú vives una vida totalmente polarizada —complementaria— a la de ella.

Resistencias: la mayoría de nosotros ha pasado demasiado tiempo resistiéndose a sus dramas, en lugar de buscar la sabiduría contenida en cada uno de ellos: las creencias, las circunstancias, las relaciones no deseadas... Nos resistimos a vivir en la incertidumbre y nos agarramos a nuestras verdades, que ocultan nuestras mentiras.

Está muy bien documentado que todos tenemos nuestras resistencias a cambiar. Siempre esperamos que cambie el otro, siempre queremos que nos den soluciones para seguir haciendo lo mismo mientras esperamos que algo cambie. Esto lo han dicho Freud, Jung y Ken Wilber, entre otros.

La resistencia de mi consultante es obsesionarse con un tipo de vida, tener un hogar e hijos. No toma conciencia de que se encuentra con hombres que, como ella, también están viajando, hombres que son el espejo de su información inconsciente. Llora diciendo que quiere tener un hijo y formar una familia. No hay aceptación, pues este es el primer paso para trascender la historia explicada. Comprender, vivir, dar gracias por lo que tienes y no lamentarte por lo que crees que te falta. Preferimos seguir dormidos, inmersos en nuestra hipnosis. Cuando comprendes, no hay juicio y tu mente se abre a otras posibilidades. ¿Quieres viajar? Pues viaja, no se trata de hacer un acto conductual. Lo importante es que cuando comprendes, fluyes. Yo conozco una pareja que siempre está viajando y se conocieron en un viaje. Ahora viajan juntos, y ella tiene muy claro que no quiere tener hijos y su pareja tampoco. Su historia es muy parecida a la del ejemplo.

Aquello a lo que te resistes, persiste.
—Carl G. Jung

Resistirse a algo es solo una manera de que permanezca en nuestro inconsciente y se presente nuevamente en el futuro. Resistirse a algo jamás hará que desaparezca. Para trascender nuestro sufrimiento, debemos ir en contra de nuestro instinto de aferrarnos y, en lugar de eso, debemos rendirnos a la experiencia y encontrar el valor que alberga. Debemos renunciar a querer cambiar las cosas y aprender a aceptar los acontecimientos; y también comprender nuestros enfados, nuestras reacciones emocionales. *UCDM* lo aclara de forma casi *escandalosa* para quienes se resisten a comprender que repetimos historias para trascenderlas, o al menos llenarlas de comprensión.

Las pruebas por las que pasas no son sino lecciones que aún no has aprendido, que vuelven a presentarse a fin de que donde antes hiciste una elección equivocada, puedas hacer ahora una mejor y escaparte así del dolor que te ocasionó lo que elegiste previamente.
—*UCDM* (T-31.VIII.3:1)

En muchas situaciones que vivimos con disgusto o como un problema estamos reparando las historias de nuestros padres, tal como he explicado en la historia anterior. Veamos otra frase del gran maestro Carl G. Jung, que se adelantó a su tiempo. La ciencia ha demostrado la verdad de su afirmación a través de la epigenética:

Nada tiene una influencia psicológica más fuerte en su ambiente, y especialmente en sus hijos, que la vida no vivida de un padre.

Lo que vivimos y lo que reprimimos no solo tiene efectos en nosotros mismos, sino que a través de nuestros actos lo transmitimos al ambiente y a las personas que nos rodean. En este caso que he presentado, sería la información de la madre: transmite a su hija la vida que ella no ha vivido, y esta lo compensa.

Nuestro miedo a enfrentarnos a la pérdida y al dolor nos mantiene atados a nuestras historias y repitiendo siempre lo mismo.
—Debbie Ford, *El secreto de la sombra*

Al no ser conscientes de nuestros programas inconscientes, nos percibimos como víctimas de fuerzas externas. Somos adictos a las justificaciones y buscamos *algo* o a *alguien* que nos dé soluciones, los famosos *cómo, cuándo* y *de qué manera*. Con ello, evitamos entrar en los temas subyacentes que nos atormentan. Muchas veces, lo que hacemos es contarnos la historia para solucionar nuestros problemas y conflictos. Es una búsqueda hacia afuera.

Debbie Ford nos plantea una reflexión que para mí es clave, y tiene mucho que ver con el sentido común, que, como se dice popularmente, es tan poco común. Veamos:

Si has estado estancado en una mala situación, o en una relación que te quita poder durante más de un año, no permitas que tu historia te seduzca llevándote a pensar que todo saldrá bien. Porque, después de todo, eso no es más que otra historia.

Nuestro trabajo, que realizamos a través del método llamado Bioneuroemoción, consiste en acompañar a nuestros consultantes a *despertar* de sus programas para hacerlos conscientes y comprender. Este acto pleno de conciencia provoca un cambio radical de la percepción, que es el principal objetivo del método y también de *Un curso de milagros*.

Si cambiamos nuestra percepción con respecto a lo que nos ha sucedido, podemos cambiar nuestro estado emocional. Esta es la clave para trascender la información de nuestra familia. A este proceso se le llama reescribir la vida o, como diría Anthony de Mello, redescubrir tu vida. El *Curso* nos lo dice con estas palabras: Elige de nuevo.

No somos conscientes de que estamos mintiendo constantemente. Quizás lo más triste son las mentiras que vivimos y aplicamos a nuestra vida. ¿Cuántas cosas hacemos que no queremos hacer? ¿A cuántas justificaciones apelamos para seguir viviendo lo que no queremos vivir? Esta es una pequeña reflexión que siempre doy en mis clases y seminarios: saber lo que tengo que hacer no implica que ya lo tenga integrado. Lo puedes haber entendido, pero entender no es comprender. Hay que recorrer el camino. Hay que trascender nuestras historias a través de la Comprensión. Detrás de nuestras historias se oculta un tesoro que nos permitirá conocernos y sentirnos libres para tomar decisiones con plena conciencia. En los capítulos siguientes hablaré de la comprensión y, sobre todo, de la Gran Comprensión.

LA GRAN MENTIRA: CREER QUE SOY LO QUE PIENSO QUE SOY

Un ministro de la iglesia notó que un grupo de niños rodeaba a un cachorrito perdido y preguntó:
—¿Qué estáis haciendo, chicos?
—Diciendo mentiras —dijo uno—.
—El que diga la mayor mentira se lleva el perro —dijo otro—.
—¿Por qué lo hacéis? Cuando tenía vuestra edad —dijo el ministro— nunca mentía.
Los muchachos se quedaron mirándose unos a otros. Descorazonado, uno de ellos le dijo:
—Supongo que te has ganado el perro.

—Jon Mundy, *Lección 101 de UCDM*

He aquí la única emoción que has inventado, independientemente de lo que aparente ser. He aquí la emoción de los secretos, de los pensamientos privados y del cuerpo. He aquí la emoción que se opone al amor y que siempre conduce a la percepción de diferencias y a la pérdida de la igualdad. He aquí la única emoción que te mantiene en las tinieblas, dependiente de ese otro ser que tú crees haber inventado para que te guíe por el mundo que él fabricó para ti.
—UCDM (T-22.I.4:7-10)

Muchas veces hablamos de la honestidad y a veces no tenemos claro lo que es. Pues hemos de tener presente lo siguiente: honestidad significa coherencia, o dicho de otro modo, lo que decimos refleja lo que pensamos. Implica que nada de lo que digamos contradiga lo que hacemos. Nuestro ego es el primer enemigo de la honestidad; él siempre te dará razones para dejar de cumplir tus compromisos. Te contará historias para que no cumplas tu palabra. En este preciso momento, entras de lleno en la pobreza. Faltar a tu palabra, a tu compromiso, te empobrece a un nivel que no te puedes imaginar. No faltes nunca a la palabra dada, pues de hacerlo te faltarás ti mismo y pagarás un alto precio.

La incoherencia de nuestras vidas siempre está sustentada por unas historias que son mentira y que usamos para justificarnos. Nuestras justificaciones nos empobrecen, pues son mentiras revestidas de verdad para no hacer aquello con lo que nos comprometimos.

Así son los verdaderamente honestos. No están en conflicto consigo mismos a ningún nivel. Por lo tanto, les es imposible estar en conflicto con nadie o con nada.
—*UCDM* (M-4.II.1:7-8)

La deshonestidad es separación, pobreza. Cuando nos ocultamos detrás de nuestras mentiras y las convertimos en verdades, enfermamos. Alimentamos nuestra infelicidad, pues nuestro inconsciente siempre conserva la verdad y, al final, la acaba mostrando, muchas veces a través del cuerpo.

Estás tan enfermo como tus secretos.
—Alcohólicos Anónimos

Nos empobrecemos cuando nos faltamos al respeto a nosotros mismos. Cuando renunciamos a nuestros sueños, a reconocernos por nuestros esfuerzos y trabajo. Nos faltamos al respeto cuando prestamos más atención a los errores que a los aciertos. Nos faltamos al respeto cuando no nos cuidamos, cuando nos negamos a perdonarnos, cuando no somos compasivos, cuando nos engañamos haciendo lo que no queremos hacer y nos sentimos culpables por hacerlo o por no hacerlo. Nos faltamos al respeto cuando no nos cuidamos haciendo ejercicio y no comemos de una forma saludable. Nos faltamos al respeto cuando no descansamos y nos exigimos constantemente. Nos faltamos al respeto cuando soportamos relaciones tóxicas, viviendo del victimismo y de la culpabilidad. Nuestras historias sostienen todo esto y mucho más. *Nunca olvidemos que en cada circunstancia hay un don, y en cada experiencia se oculta un tesoro. No podemos cambiar el acontecimiento, pero sí podemos cambiar y decidir cómo vamos a experimentarlo, a vivirlo. Deja tus historias, pues te hacen revivir una y otra vez las mismas experiencias. Escucha lo que te dices y declara que son mentiras que conviertes en verdad. Ellas solo te llevarán al dolor y al sufrimiento. El conflicto, la situación estresante se manifiesta cuando hay una incoherencia en nosotros entre lo que sentimos que queremos hacer y lo que realmente hacemos. Para liberarnos, tenemos que aceptar el conflicto como una manera de progresar, de conocernos a nosotros mismos.*

HACER LAS PACES CON NUESTRO *ALTER EGO*

Muchas veces mentimos para esconder nuestro *alter ego*, nuestra auténtica identidad, la identidad que ocultamos al mundo. Esto no es un problema si somos plenamente conscientes de que utilizamos un *alter ego*. Mentimos a sabiendas y ello nos puede dar una gran fuerza creativa. Todos podemos encontrar un *alter ego* en nuestras vidas, lo que nos permitirá expresar y manifestar una gran energía.

Por ejemplo, fuera de la cancha, el tenista Rafael Nadal es un ser humano muy amable y humilde, pero su *alter ego* en la cancha es *un asesino absoluto,* nos dice Todd Herman, escritor y entrenador de interpretación. Todd se hizo profesional para entrenar a atletas de primer orden y triunfó encontrando los *alter ego* de sus pupilos. Beyoncé hizo público su *alter ego*, *Sasha Fierce* (Sasha la feroz) en *The Oprah Winfrey Show*, el programa de entrevistas de la famosa presentadora estadounidense, en 2008.

A modo de aclaración, también quiero dejar patente que el *alter ego* suele referirse a aquella identidad que se encuentra oculta en el inconsciente, con la que la mayoría de las personas debe luchar para poder encontrar su verdadero ser. Por eso es importante encontrar tu *alter ego* y saber utilizarlo en los momentos adecuados.

En cambio, el ego se define como todo lo que es consciente de las personas, la parte más razonable de donde provienen las ideas. Por esta razón se usa la palabra *alter*, de alterno, debido a que es una personalidad alterna que habita en el interior de cada uno. Mi *alter ego*, que utilizo muchas veces, es el payaso. El payaso tiene el poder de decir *grandes verdades* y hacer que todos se rían. Lo curioso y lo fantástico es que se ríen de sí mismos.

Muchas personas se muestran de una forma muy distinta en función de los ambientes en los que se relacionan, dando una imagen de sí mismas que no tiene nada que ver con cuando están a solas. A modo de ejemplo sencillo podemos recordar a aquellas personas que, cuando están con alguien, de algún modo le dan poder a esa persona, y actúan y se comportan de una manera concreta. Es el caso de una mujer que, cuando está con su suegra —a quien no soporta—, se muestra agradable y dicharachera.

Unos ejemplos muy conocidos de *alter ego* serían el de Batman o Spiderman. Vendrían a ser unas identidades que poseen al individuo. El *alter ego* es una versión idealizada de uno mismo. Como ejemplo, puedo exponer el caso de una persona —dobladora de profesión— que se identifica plenamente con el personaje de una película. El *alter ego* está escondido en nuestro inconsciente y se muestra a la mínima oportunidad. Nos permite distanciarnos emocionalmente de nuestro ego y ver las situaciones de una manera diferente, así podemos tomar las riendas de cualquier situación y sobrellevarla. Otras personas saben aprovechar estas cualidades y las muestran al mundo con éxito, como en el caso de los artistas, actores, comediantes o humoristas. Un servidor lo utiliza muchas veces —como ya he dicho— en mis conferencias y seminarios, para representar papeles y emplear el sentido del humor.

Saber utilizar un *alter ego* nos permite un mayor autocontrol, mejorar nuestras habilidades sociales, frenar los pensamientos negativos, salir de la zona de confort e identificarnos con otra personalidad.

Mentir o mentirse es algo muy común. Por ejemplo, muchas personas muestran caras muy diferentes cuando están en casa y cuando están en una fiesta. De hecho, ir a una reunión o a una fiesta nos permite vestirnos de una u otra manera para mostrarnos en público.

El doctor Brad Blanton, en su libro *Radical Honesty: How to Transform Your Life By Telling the Truth,* habla de un estudio en el que se garantizó el anonimato de los participantes. Una de las preguntas que se les plantearon era con cuánta frecuencia se percibían siendo deshonestos o mintiendo. El noventa y tres por ciento de los participantes dijeron que mentían de forma habitual y regularmente. El doctor Blanton sugirió que el siete por ciento restante, que dijeron que no mentían nunca, eran probablemente los más mentirosos de todos. Nos dice:

> [...] *Mentir mata a la gente. El tipo de mentiras que son más mortales son aquellas en las que ocultamos o retenemos información de alguien que pensamos que podría verse afectado por ellas. La enfermedad psicológica más severa es el resultado de este tipo de mentiras.*

Continuamos:

Los psicópatas mienten tan bien que pueden mirarte directamente a los ojos y decirte mentiras muy convincentes. Sin embargo, los secretos importantes y todos los ardides son falsos, así como la planificación que los acompaña.
—Jon Mundy, *Lección 101 de UCDM*

Para ser libres, debemos estar dispuestos a entrar en nuestra cueva profunda y examinar nuestras mentiras, sustentadas por historias con las cuales queremos convertirlas en verdad. Para seguirlas o encontrarlas, basta con que reconozcamos nuestra culpabilidad, que normalmente proyectamos al exterior.

En nuestro método de Bioneuroemoción acompañamos a nuestros clientes a entrar en su cueva profunda y a comprender para qué nos mentimos, y la información inconsciente que llevamos para sostener dichas mentiras. Cuando lo percibimos de otra manera, sin culpabilidad y con mucha comprensión, el siguiente paso es actuar con plena coherencia. De esta manera recuperamos nuestra paz interior y nos sentimos libres en el nivel emocional.

Recordamos una premisa básica antes de empezar el acompañamiento: no quiero que hables —tu verdad es mentira—; quiero escucharte para poder oír la verdad.

No me creas, aprende a escuchar, pues solo te explico mi verdad, mi experiencia. Si escuchas, entenderás lo que intento decirte. Escuchar implica dejar la mente en calma; implica estar en el presente.

No te creas, aprende a escucharte. Tu mente no para de hablar, siempre está llena. Escucha lo que hay detrás. No creas a nadie, pero si aprendes a escucharte, verás la Verdad.

Para poder descubrir nuestras mentiras o, mejor dicho, cómo nos mentimos, tenemos que desarrollar el *poder de la escucha*. Mi amigo Aldo Cívico, antropólogo y reconocido como un experto en liderazgo, nos habla de los cuatro niveles de escucha, a saber:

- *La No escucha*. Argumentamos contra lo que nos dicen o nos decimos. Hacemos juicios y no atendemos a razones.
- *Escuchar los argumentos*, pudiendo estar de acuerdo o no.
- *Ponerse en el lugar del otro*. Experimentamos sus sentimientos y emociones.
- *La auténtica escucha*. Nos quedamos en silencio, escuchamos con el alma y nuestra mente está en silencio. Entonces escuchamos al Campo, la Inteligencia Universal. Yo lo llamo dejar nuestra mente en estado de *Flow [Flujo]*.

Siempre escuchamos encasillados en conceptos fijos, en posturas fijas, en prejuicios fijos. Pero escuchar no sería tragar, ni darme la razón. Esto sería caer en la credulidad.
—Anthony de Mello, *Redescubrir la vida*

Por eso siempre digo: no me creas, aprende a escuchar y, sobre todo, aplícatelo a tu vida. Saber escuchar es tener plena conciencia de que estamos interpretando. Lo he visto en multitud de ocasiones, viendo cómo mis palabras no son escuchadas porque son interpretadas. Es más, se ponen palabras que yo no he dicho.

Un curso de milagros nos recuerda que en la quietud mental encontrarás las respuestas. La quietud mental requiere una mente que no juzga, que acepta la situación y se rinde a buscar una solución. Es escuchar al Campo, dejarnos inspirar por Él y sentir que recibimos su *respuesta* en el corazón. Nuestra mente se queda en paz porque el ego se queda sin argumentos. Muchas veces las respuestas pueden mostrarse en encuentros, en situaciones, o sencillamente en lo que leemos en un cartel anunciador. Más adelante hablaré del Instante Santo como manifestación de esta escucha.

Mi propuesta es que desarrollemos la escucha, el cómo nos hablamos y qué historias nos contamos para mantener una situación que nos abruma y nos quita el sueño.

LAS HISTORIAS QUE ME CUENTO

Nuestras historias nos separan y establecen unas fronteras claras entre nosotros, los demás y el mundo. Nuestras conclusiones se convierten en nuestras *creencias-sombra*. Son las creencias inconscientes que controlan nuestros pensamientos, nuestras palabras y nuestros comportamientos. Nuestras creencias-sombra establecen nuestros límites: cuánto amor merecemos, cuánto éxito, cuánta felicidad, etc.

La resistencia a cambiar es el apego a mi historia. Es no aceptar que el cambio está en nosotros. Es creer que los demás están equivocados.

Dentro de nuestras historias hay una receta divina para una vida de lo más extraordinaria. Nuestros dolores y decepciones son potenciales catalizadores para vivir una vida más plena. No somos del todo consciente de que nuestras historias están sujetas a las opiniones de los demás. No somos conscientes de que podemos utilizarlas como espejo para conocernos mejor a nosotros mismos. Nuestras vidas están condicionadas por esas opiniones, buscamos aprobación y evitamos el rechazo.

Precisamente, este miedo al rechazo nos convierte en marionetas que hablan y se mueven para obtener opiniones que nos satisfagan. Las primeras opiniones son las que nos han dado nuestros padres, nuestros profesores, nuestras iglesias. Nosotros no sabemos lo que somos y nuestros padres, maestros y muchas veces los amigos nos dicen lo que somos, y ello es una Gran Mentira. Muchísimas personas, cuando opinan, no son conscientes de que es su programación la que habla a través de ellas. Aquí se sustentan todas las mentiras que convertimos en nuestra verdad y con ellas tamizamos a todo aquel que no encaja. No somos conscientes de la crueldad de estas opiniones que se sustentan en *todo es por tu bien*.

Reflexión: tú y yo estamos creando nuestra experiencia a cada momento de nuestras vidas, ya sea una abundancia de escasez o una abundancia de prosperidad, dependiendo de lo que elijamos. Tendemos a recrear una y otra vez las mismas experiencias no deseadas porque no tenemos en cuenta cómo funciona nuestro pensamiento. Nos quedamos anclados en una manera de pensar y actuar, y no somos conscientes de que todo ello es la manifestación de las historias que nos contamos.

Cuando confías solamente en tu sueldo o tu cuenta bancaria, te quedas estancado. Un servidor está continuamente arreglando cosas, como por ejemplo la casa donde vivo, y de paso diré que es de mi mujer. He volcado en esta casa, y por supuesto en mi mujer, todo mi cariño, mi agradecimiento a la vida por ponerme en un lugar tan hermoso. He transformado el bosque en un jardín, he modernizado la casa, obviamente con mi mujer. Y quiero dejar claro que cuando empezamos a hacerlo, hace más de 35 años, teníamos plena confianza en que nunca nos iba a faltar dinero para ello, aunque en aquel momento no lo teníamos. Con esto quiero indicar que la abundancia es un sentimiento profundo de que estamos conectados a una Abundancia imposible de concebir. La carencia y la pobreza están en nuestra mente. Siempre hay un miedo al famoso "*y si...*".

VIVIR UNA VIDA SIN MENTIRAS

La búsqueda de la verdad no es más que un honesto examen de todo lo que la obstaculiza.
—*UCDM* (T-14.VII.2:1)

Veamos la gran mentira. Antes de empezar, quiero denunciar la mentira más grande que he podido ver a lo largo de mi experiencia personal. Está referenciada en todas aquellas personas que vienen a nuestros seminarios y ante la pregunta: "¿Qué te incomoda en tu vida?", su respuesta es: "yo no tengo ningún problema, mi vida es perfecta". A estas personas les queda muy poco para entrar en el sueño profundo del que casi no van a poder despertar. Digo casi porque, por suerte o, mejor dicho, por Amor, *Un curso de milagros* nos recuerda que Dios pone límites a las creaciones falsas de sus hijos. Esto quiere decir que cuanto más profunda sea la dormidera, la hipnosis, más duro será el despertar. Por lo dicho, queridos lectores, os animo a no caer en esta *paja mental* de que *todo en mi vida es perfecto*.

Para dejarlo más claro si cabe, voy a poner un ejemplo: estoy haciendo una consulta a una señora. Ella se resiste a entrar en el meollo de su *problema*. Le pregunto por su marido. Sin dejarme terminar, me dice:

—De mi marido no hablemos, pues mi relación es perfecta.

—¿Perfecta? —le respondo—. ¿Podrías explicarme qué debo entender por perfecta?

Ella, sin turbarse, contesta:

—Después de casarnos, un día mi marido me dijo: tú no sirves para nada, por eso todo lo voy a decidir yo.

Sin comentarios, queridos lectores. Solo quiero deciros que surgirán resistencias. Ahí está el trabajo para poder reescribir nuestras vidas.

Vivimos en un mundo en el que mentir es normal. Se miente en la política, en las relaciones diplomáticas; el secretismo forma parte de la vida social. Muchas veces decimos algo que no sentimos y lo revestimos de verdad. Hemos desarrollado esta habilidad hasta el punto de poder mirar a los ojos de alguien mintiéndole. Vivimos en un mundo psicópata, un mundo deshonesto, pensando en qué interés oculto tendrá nuestro interlocutor, y muchas veces nos repetimos una frase archiconocida: "piensa mal y acertarás".

La mentira conforma nuestra vida y, como quiero exponer en este apartado, lo peor es no ser conscientes de que nos mentimos a nosotros mismos.

La necesidad de mentir surge con nuestro ego que, como muy bien describió el insigne Carl G. Jung en el proceso de individuación, nace alrededor de los tres años. El niño siente la necesidad de liberarse de la madre en lo que vendría a ser el segundo nacimiento. A partir de esta edad, los niños empiezan a darse cuenta de que mamá y papá no son iguales. Se les imponen normas: eso no se dice; eso no se hace; esto no lo hacen las niñas y esto no lo hacen los niños. En ese momento nace el miedo inconsciente a no ser aceptado y surge la necesidad —compulsiva, diría yo— de mentir. Esta necesidad nace del miedo a no ser aceptado y al abandono.

Recuerdo, como si fuera ahora, la amenaza de nuestra madre si no nos *portábamos bien:* como no me obedezcas, voy a llamar al hombre del saco para que te lleve. Conforme crecías, la amenaza era de orden superior: si sigues haciendo esto, no solo te castigaré, sino que te enviaré a un correccional.

Al hombre del saco se le suele representar como a alguien que vaga por las calles cuando ya ha anochecido en busca de niños extraviados para llevárselos metidos en un gran saco a un lugar desconocido. Este personaje se caracteriza por asustar a los niños, y se utiliza para obligarlos a obedecer y regresar a casa temprano.

Hoy soy plenamente consciente de que para sobrevivir tuve que mentir. Recuerdo que escondía mi libro de lectura —me costó mucho aprender a leer— y, para no tener que leer —pobre de mí— lo ocultaba. Cuando llegaba a la escuela, le decía a la profesora que no encontraba mi libro y, para mi sorpresa, ella me decía:

—Pues cuando acabe de leer Juan, lo tomas tú.

Cuando ya era un mozalbete, mentía a mi madre cuando me preguntaba si había ido a misa. Llega un momento —en la adolescencia— en que sentimos la fuerza que impulsa el proceso de individuación, que consiste en hacer todo lo que estaba prohibido. Y luego demostrar ante los padres y sus amigos —en mi caso, los de mi madre— que era un gran chico, muy obediente y cumplidor de todas las reglas y mandatos.

A los dieciséis años tuve mi primera *novieta*, y mi padre nos vio cogidos de la mano. Aún recuerdo el sermón que me echó: que si era muy joven, etc. Hoy comprendo perfectamente el miedo de mi padre. Él sabía que a esa edad, el sexo, o mejor dicho, las hormonas sexuales, están muy movilizadas. Y para él, el sexo, y todo lo relacionado con él, era pecado, pues vivió inmerso en las normas de una secta religiosa.

A partir de ese momento, el cúmulo de mentiras que contaba para sobrevivir se incrementó. Si tenía que salir con amigos, mentía; si iba a una fiesta, mentía. Con mis padres, mentir era casi una obligación, pues no aprobaban nada de lo que yo sentía o quería hacer.

Nací con un miedo profundo al castigo, a las constantes amenazas del infierno y un profundo miedo a un ser llamado Dios. Le tenía auténtico pánico, pues decían de Él que lo veía todo, sobre todo las mentiras. Antes de cumplir los dieciocho años, estaba seguro de que tenía reservado un lugar en el infierno, y lo más asombroso es que veía la mentira como mi salvación.

A los dieciocho años decidí que no mentiría más a mis padres. Les dejé claro que no pensaba ir a misa, que no creía en un Dios tan cabrón, y que pensaba comer carne en viernes santo; es más, la comía frente a mi madre. Si mi madre me preguntaba adónde iba, le decía que no le quería mentir, y que no se lo decía para que no se disgustara. Mi madre estaba convencida de que el diablo me había poseído.

Si bien, mi nivel de mentiras disminuyó una vez que tomé la decisión de hacer y decir lo que realmente pensaba, todavía no sabía que la mentira es una auténtica adicción.

Primero nos mentimos a nosotros mismos, pues hacemos un montón de cosas que no queremos y nos obligamos a hacerlas.

En mi primer matrimonio, ambos estábamos muy ocupados en conseguir una buena posición social, labrándonos, como se suele decir, un buen futuro. Apenas nos veíamos y muchas veces poníamos excusas —mentiras— para llegar tarde a casa. Un día ocurrió lo que suele ocurrir casi siempre, que te relacionas con otra persona e intimas con ella. Cuando me sucedió esto, no le pude mentir a mi mujer y le dije la verdad, que había estado con otra. Más tarde intuí que ella también me la estaba *pegando* con un compañero de trabajo, pues poco después de divorciarnos se fue a vivir con él.

Las mentiras piadosas no existen; existen las mentiras y punto. Te enteras de que el marido de tu amiga va con otra mujer y no se lo dices para no hacerla sufrir. Ocultar una verdad es mentir, estás encubriendo al mentiroso, y entonces formas parte de su ardid.

Vivimos una vida no vivida. Este proceso enferma nuestra mente y, por tanto, nuestro cuerpo. Ocultamos secretos, vivimos dobles vidas, estamos con alguien y queremos estar con otra persona. Ocultamos nuestros anhelos más profundos, nuestros deseos más profundos, y los encerramos bajo las llaves de la justificación. Como esa llave que dice: "no quiero hacerle daño"; o bien: "lo hago por mis hijos"; o "no quiero que se enfade, no quiero darle un disgusto"; o también: "no puedo hacerlo ahora, en todo caso más adelante". Pon tú mismo tus justificaciones.

Ejercicio: propongo al lector que reflexione cuántas veces ha mentido durante todo el día. No se trata de buscar una gran mentira, sino aquellas que empleamos constantemente casi de un modo automático. ¡¡Anótalas!!

Pensamos que esta manera de hacer es normal, sin ser conscientes de que todas ellas van conformando nuestro inconsciente y haciendo mella en nuestra mente.

Reflexiones: la mentira tiene muchas caras, descubrir cada una de ellas supone un reto. Tomaremos conciencia de que cierta clase de mentiras están socialmente aceptadas. Muchas se esconden en frases aparentemente piadosas: "no quería hacerle daño"; "de qué le va a servir saberlo"; "para qué le vas a decir nada con lo feliz que vive".

Detrás de nuestras mentiras se ocultan el miedo y la culpabilidad. El miedo a no ser aceptados, y la culpabilidad como forma de manipulación hacia nosotros y hacia los demás.

Muchas veces no entendemos por qué nos sentimos mal, cansados, tristes, y no nos damos cuenta de que nos estamos mintiendo constantemente. Esto agota nuestro sistema nervioso.

La mentira también es una necesidad para poder realizar nuestro proceso de individuación; liberarnos de las ataduras de papá y mamá. Mentir nos permite sentirnos libres a sabiendas de que pueden castigarnos. La fuerza de la naturaleza es enorme, y empuja sin cesar para que la vida siga.

Encuentra tu *alter ego* y sácale partido. Hazlo de una forma totalmente consciente. Igual eres un gran imitador; pues aprovéchalo y hazlo sin sarcasmo. Es una forma de liberarte de miedos y dificultades en la vida. Para aquellos que me siguen y me quieren, diré que cuando encontré mi *alter ego*, me permitió sentirme cómodo delante de centenares de personas que quieren escuchar mis conferencias y seminarios. Este es el payaso, el cómico, el descarado, el mal hablado. Gracias a él puedo expresar todo aquello que de alguna manera se me reprimió cuando era un chiquillo. ¡¡Busca tu *alter ego* y sé feliz expresándolo!!

CUIDA TUS PALABRAS

Suscribo totalmente el primero de *Los Cuatro Acuerdos*, un libro de sabiduría tolteca, cuando dice que *seamos impecables con nuestras palabras*. Las palabras crean nuestra realidad y, aunque son símbolos y nos alejan de la verdad, si las hacemos conscientes nos pueden acercar a ella.

Ser impecable contigo mismo implica no emplear palabras para ir en contra de ti mismo. Si utilizas las palabras para contarte historias en las que tú eres la víctima y los demás los victimarios, estás creando una realidad sustentada en mentiras. Si usas historias para juzgarte, criticarte y desvalorizarte, sigues mintiéndote.

Recuerda: tu mente es tan poderosa que proyecta tus historias a la Consciencia Universal, y esta te las devuelve con creces mediante situaciones que las refuerzan.

Cuida tus palabras, evita envenenarte y enviar veneno a los demás. Cuídate de proyectar críticas. Tus críticas hablan más de ti que de los demás; son la expresión de sueños fallidos. Muchas veces, la crítica está sostenida por la envidia, que proyecta en los demás lo que te gustaría hacer o ser, y sientes que no puedes.

Una gran mentira es creerte lo que piensas que eres. Esta imagen es totalmente falsa. Te dices cosas como: "no sirvo para esto", "nunca lo aprenderé", "no nací en un lugar adecuado", "soy una persona que trae mala suerte"... Todo esto que te dices y mucho más es totalmente falso. Tal vez te enfades al leer esto y te digas: "¡¡¡Qué sabrá este, con todo lo que he pasado!!!". Te propongo una reflexión: lee las historias de personas que han vivido grandes vicisitudes y verás que muchas de ellas, gracias a lo que han pasado, han descubierto dentro de sí mismas el poder que todos tenemos. Cuida dónde y en qué pones la atención: estás creando tu realidad. Sé consciente de ello. Este simple acto abre la mente a otras posibilidades. Como vengo diciendo, un gran ejercicio consiste en no creerte tus verdades, pues son falsas. Son el producto de tu programación, de los símbolos que se han introducido en tu mente desde que naciste. Conviértete en el observador de ti mismo y evita todo juicio. La *Biblia* nos lo deja claro:

> *En el principio era el Verbo, y el verbo estaba con Dios, y el Verbo era Dios.*
> —Evangelio de Juan 1:1

Utilizar la palabra con plena conciencia es utilizar su poder. Entonces te conviertes en un mensajero y esto es lo que somos todos. Pregunto: ¿Qué tipo de mensajero eres? Observa tus palabras, observa tus críticas, tus juicios, y sabrás qué tipo de mensajero eres, entonces sabrás que tus justificaciones no tienen razón de ser. Cuando transmites un mensaje, primero te lo transmites a ti mismo. En mis seminarios y en mis clases siempre digo que la gente que me escucha son mis maestros, y que gracias a ellos me doy clase a mí mismo. Luego les dejo claro que no tienen que creerme, sino que experimenten lo que digo; quizá lo interpreten, pero no han de juzgarse por ello.

TU MUNDO ES TU REALIDAD

Construyes tu mundo sustentado por tu manera de entender y de ver lo que te rodea. Creas constantemente tu realidad y tomas decisiones con relación a estas realidades, que son las mentiras que te cuentas y que te han contado, y las conviertes en tu verdad.

En una consulta, una mujer me dice: "muchas veces me quedo en blanco, sin palabras". Dice que esto le ocurre desde muy pequeña. La invito a que me describa algunas escenas para comprender el objeto de su consulta. En una de ellas, está ensayando una obra de teatro y siente que lleva bien preparados los diálogos. En la descripción queda claro que cuando mira a la directora, es cuando se queda sin palabras.

En otra escena describe una reunión de trabajo —ella es la jefa—, donde permite que una persona que acompaña a una agente comercial se inmiscuya en lo que ella dice. Termina la reunión bruscamente y se va.

En la siguiente escena se centra en el colegio. Ella está en la pizarra haciendo un ejercicio y no sabe terminarlo; la profesora le pone un tachón en el cuaderno y la envía a su sitio.

Se ve que hay un estrés frente a la autoridad, miedo a la evaluación y una necesidad de hacerlo todo perfecto. ¿De dónde sale esta historia?

Vamos a la infancia y nos describe situaciones de tensión entre sus padres. El padre no hace nada en casa, la madre le llama gandul y él le dice que está loca. Descubrimos que, a sus ocho años, se ocupaba de todo en la casa: cocinaba, planchaba, doblaba la ropa, etc., y su madre la criticaba diciéndole que no lo hacía bien. Vemos que desde muy pequeña se exigía hacer las cosas bien y que aprendió a callarse —quedarse sin palabras— cuando de alguna forma era evaluada, bien por la directora del teatro, en el trabajo o en casa. Toma conciencia de que es muy exigente y perfeccionista consigo misma. Es una forma de ver y entender la vida debido a las experiencias acumuladas en edades tempranas.

Reflexionemos: ¿Cuál es tu historia? ¿Qué verdades te cuentas? Respondas lo que respondas, quiero que sepas que son mentiras y que puedes contarte otras historias que te llevarán a vivir la vida de una manera muy distinta a como vives ahora.

Consejo: cambia tu realidad cambiando las historias que te cuentas. Tú eres el director de tu vida, tú decides siempre.

Muchas veces acompaño a mi interlocutor, a la persona que vive una tensión determinada, como si fuéramos al cine. Le digo: "yo te acompaño a ver la película que tú te estás creando". Pretendo que te des cuenta de que tú eres el guionista, y que solo tú puedes cambiar el guion. Date cuenta de que estás suponiendo constantemente las intenciones de los demás actores de tu película. Por ejemplo, en ella tienes una hermana que hace lo que le da la gana, y te quejas porque tú estás atrapada en la creencia de que tienes que ocuparte de todo. Estás enfadada porque ella no cumple tu guion. Sigues creyendo que los demás tienen que hacer lo que tú crees. No eres consciente de que ambas lleváis la misma programación, pero ella la manifiesta de forma complementaria a la tuya. Cuando observas la película de tu hermana y estás sentada al lado de ella, te das cuenta de que su guion es muy diferente del tuyo. Además, te das cuenta de que tú eres una manipuladora porque quieres que las cosas sean de una manera determinada. El gran problema, o mejor dicho, la gran solución consiste en ponerte en el lugar del otro, en como mínimo leerte su guion.

Mi madre tenía para mí un guion que yo no seguí; ella proyectaba que yo fuera sacerdote. Veía a un hijo rebelde, que se enfrentaba a la autoridad, y viví su frustración y su alejamiento. Su sueño no le permitía ver el mío. Durante muchos años esta proyección de mi madre hizo mella en mi corazón. Hoy soy plenamente consciente de la bendición que me hizo llegar la Inteligencia Universal. Mi madre fue mi gran catalizador. Gracias a ella he trascendido un modo de ver a Dios para conocerlo. Este libro es un buen ejemplo de lo que quiero decir.

Cuando empiezas a ver las películas de todas las personas con las que te relacionas y luego vuelves a repasar la tuya, ya no te identificas con ella. Llamo a este proceso reescribir tu vida o, lo que es lo mismo, reescribir tu guion. En esencia, esto es lo que enseñamos en nuestro método de Bioneuroemoción. Se trata de producir un cambio de percepción con respecto a los acontecimientos de tu vida, para luego volver a las escenas problemáticas y mirarlas con el nuevo guion. El resultado es paz interior y equilibrio emocional.

La gente vive en su mundo, en su película, en su historia. Es capaz de matar o morir por ella. Es capaz de juzgarte y condenarte por no pensar igual. Es capaz de sentirse superior porque cree que su historia es mejor que la tuya. No es consciente de que su verdad es mentira. La Verdad sostiene todas las mentiras, porque la Verdad está en silencio, sostiene el sueño del soñador. (Enric Corbera, *El soñador del sueño*)

Cuando comprendes que cada ser humano tiene su guion con relación a todo lo que ve, ya no te importa lo que digan o dejen de decir de ti. Ellos están creando su realidad y tú sencillamente no la compartes. Eres muy consciente de que cualquier cosa que hagas o digas moverá opiniones a favor y en contra. Surgirán chismorreos, recibirás ataques de toda índole y beneplácitos por doquier. Tu vida seguirá su curso, que tú mismo estás creando, empleando tu conciencia de unidad. Utilizarás la energía que vierten sobre ti como una fuerza extraordinaria que la Vida te envía para que des sentido a tu vida.

Entonces serás libre de decidir quién quieres ser en cada momento. Te centrarás en tu impecabilidad y seguirás tu camino hacia el despertar de tu sueño. Este es el camino hacia el mundo superior. Seguirás soñando, los personajes de tu historia seguirán pululando en ella, pero nada será igual. A este proceso se le llama *estar despierto en el sueño de Adán*. Sigues en el mundo de la ilusión, en el mundo que cree en la separación, percibes la separación pero sabes que no es verdad.

En ese momento dejas de mentir y de mentirte por una sola razón: *el mundo en el que vives es mentira*. Es un mundo virtual; no el suelo que pisas, sino todas las historias que las mentes que viven aquí están creando constantemente. Historias que resuenan en función de la vibración de las consciencias que viven en este mundo. Las historias que la gente se cuenta son como un imán que atrae otras historias semejantes, que se presentan de una forma complementaria; en el sueño, a unas se las llama amigas, y a las otras, enemigas.

Dejarán de importarte las opiniones de los demás porque son sus historias. Te centrarás en tus historias, sabiendo que tú eres el único responsable de todo lo que te ocurra. Entonces y solo entonces dejarás de regir tu vida por las opiniones de los demás.

Vivirás en la verdad de que todo el mundo experimenta sus propias historias, que están sujetas a sus interpretaciones, y estas a su modo de ver y entender la vida. La información que se halla en su inconsciente gobierna sus vidas, sus historias.

En este preciso momento, en este Instante Sagrado, conectas con la esencia de la Abundancia, y *sabes* que este es un nombre ancestral.

Reflexiones: somos soñadores de nuestras historias, de nuestras interpretaciones de los símbolos que vemos. Estamos dormidos en el sentido literal de la palabra. Como no somos conscientes de ello, nos resulta muy fácil culpar a los demás de todo lo que nos ocurre. Aquí se sustenta la Madre de todas las mentiras.

¿No te gustan tus historias? No pretendas cambiar a los demás. Se trata de tu sueño. Tu sueño tiene una infinidad de caminos para contarte nuevas historias. Estar dormido es creer que estas historias no te las cuentas tú. La Inteligencia Universal solo puede devolvernos lo que proyectamos, y normalmente siempre lo hace mediante situaciones complementarias. ¿No te has dado cuenta de que las historias que te cuentas van cambiando? Lo haces en función de tu estado emocional y lo haces inconscientemente. Vivimos en una realidad virtual, son nuestros sueños, nuestras historias, que muchas veces se convierten en pesadillas. Siempre estamos soñando, y la base de este sueño se sustenta en la creencia falsa de que todo está separado. Y también en la creencia de que existe la mala y la buena suerte. Aquí están los cimientos de nuestras vidas, vidas virtuales.

Estamos en un sueño compartido con todos los seres humanos que vivimos en este planeta. ¿No te lo crees? Pues solo tienes que observarlo tomando distancia emocional y te darás cuenta de que el sueño está basado en el miedo, en la carencia, en la enfermedad, en la soledad, en las religiones, en los sistemas educativos y en un largo etcétera que nos aleja de nuestro poder interior y de nuestra divinidad. Rizamos el rizo cuando proyectamos nuestra divinidad al exterior y de esta manera nos alejamos de Dios, de la Inteligencia Universal. Entonces creamos el inframundo, el mundo del dolor, del llanto y de la pérdida.

Una reflexión que para mí es clave y siempre hay que tener presente: cada uno de nosotros vivimos muchos sucesos cada día: en el trabajo, con los amigos, en el club, etc. Y como seres humanos, rápidamente:

- Inventamos historias.
- Mantenemos que nuestra historia es verdad.
- Y ¡olvidamos que la hemos inventado!

No hemos de olvidar que las historias son interpretaciones, y que vivimos en un universo interpretativo. Por lo tanto, para cambiar mis historias tengo que cambiar mi percepción y ser un observador consciente. Si veo lo que antes no veía, puedo hacer lo que pensaba que no podría hacer.

LAS CREENCIAS

Las opiniones y creencias no son verdad. Esta es la verdad. Las creencias tienen un gran poder, pueden encadenarte o liberarte.

La mente puede hacer que la creencia en la separación sea muy real y aterradora, y esta creencia es lo que es el diablo.
—UCDM (T-3.V.5:1)

El pensamiento no se puede convertir en carne excepto mediante una creencia, ya que el pensamiento no es algo físico.
—*UCDM* (T-8.VII.7:4)

Algo sumamente importante que hemos de mantener siempre presente: *todas las creencias son mentira*. Duele, ¿verdad? Alguien lo tiene que dejar claro. De hecho, ha habido seres que nos lo han explicado y dejado escrito a lo largo de la historia, pero, en lugar de seguir este sendero de liberación, hemos desarrollado creencias y hemos adorado a estos personajes. Hemos erigido templos, creado liturgias y, con ello, hemos alimentado la separación. Se nos dijo: *no juzgues y no serás juzgado*. Juzgamos continuamente y muchas veces sin ser plenamente conscientes. Los chismorreos son una de las vías de salida de nuestros juicios. Juzgar es un hábito que repetimos constantemente en nuestras vidas. Juzgamos cuando nos comparamos y nos sentimos inferiores y/o cuando nos sentimos mejores, especiales, frente a los que no son como nosotros o no practican nuestras creencias. Vivimos en el Hades, en el inframundo, donde reside el ego espiritual. Es la gran mentira que nos hace creer que poseemos la verdad. Jesús dijo:

> *Al que tiene se le dará más, y conocerá la abundancia, pero al que no tiene, se le quitará incluso lo poco que tenga.*

¡¡Brutal!!, ¿verdad? Cuánta sabiduría hay encerrada en esta frase. A los *ay, pobre de mí* les va a doler mucho, pues no verán que es un gran regalo. Para verlo hay que hacer una transformación, que es el objetivo principal de este libro. Una transformación cuya esencia es: recibirás aquello que alimentes en tu mente, sabiendo que el alimento son las creencias que sostienes como verdad. Otro consejo: aprende a valorar la abundancia de los demás.

La frase en cuestión deja patente cómo prestamos atención a lo que nos rodea. Si aprecias lo que tienes y lo compartes con los demás, estás sembrando abundancia en tu vida. Si solo prestas atención a lo que no tienes, vivirás en la abundancia de carencia o pobreza. ¡¡¡No te lamentes!!! Lo recordaré varias veces a lo largo de este libro.

El juicio que emitimos hacia los demás siempre habla más de nosotros mismos que del otro. Por lo tanto, siempre determina nuestra posición. La mayoría de personas están muy predispuestas a cambiar, pero cuando son conscientes de que para hacerlo quizás deban atreverse a soltar relaciones, liberar personas de sus chantajes emocionales o quedarse solos, es cuando rechazan toda ayuda y prefieren seguir pensando que son los demás los responsables de su situación. Viven en la pobreza, pues no se abren a tener experiencias que les hagan vivir con plenitud emocional; un aspecto más de la Abundancia.

Vivimos nuestras vidas —nuestras historias— basándonos en lo que creemos. "¿Lo que creo me sirve? ¿Y si mis creencias son mis grandes limitaciones?". ¿Hasta qué punto estás dispuesto a cuestionarte tus verdades, tus creencias? Este es el ejercicio mental para liberarte de las cadenas que condicionan tu mente y que percibes en tu vida diaria como limitaciones.

Hay conocimientos conocidos, hay cosas que sabemos que sabemos. También sabemos que hay conocimientos desconocidos, es decir, sabemos que hay cosas que no sabemos. Pero, asimismo, hay cosas que no sabemos que no sabemos.
—Donald Rumsfeld, secretario de Defensa de los EEUU

El que cree no sabe y el que sabe no necesita creer. Yo no creo en Dios, yo sé que existe una Inteligencia Universal a la que podemos llamar de muchas maneras. Y al hacerlo pretendemos encerrarla en un concepto, en un símbolo, sin ser plenamente conscientes de que los conceptos limitan nuestras mentes y que las encerramos en creencias.

No hace falta que creamos que es posible ser abundantes. Ya somos abundantes, y como seres humanos creativos e inspirados manifestaremos más abundancia que ahora. No tenemos que ir a ningún lugar, ni ser personas diferentes. Hay que expresarse desde la conciencia de unidad, la que te permite comprender que, si estás en una situación imposible, es porque crees que puedes estar en ella. Toda persona que está involucrada en una situación está haciendo el papel que le corresponde. La conciencia de unidad nos abre a otra manera de percibir, donde juzgar pierde su sentido, y donde querer cambiar a alguien es un grave error, pues solo podemos cambiar nuestra percepción. Cuando vemos el error en los demás, solo hay que mirarse a uno mismo. Dejémonos inspirar, permitamos que en nuestra mente brille la Comprensión de que todo tiene que ver con nosotros, y con cada uno. No hay que hacer nada, no hay un lugar adonde ir, ni templo donde rezar, pues si no lo encuentras en tu corazón, no lo encontrarás en ninguna parte. No hay búsqueda porque ella te aleja de ti, del lugar donde está tu tesoro.

Nada puede hacerte daño, y no debes mostrarle a tu hermano nada que no sea tu plenitud.
—UCDM (T-5.IV.4:4)

EL INFIERNO

El infierno es el estado mental de vivir plenamente en la separación. Este estado alimenta el miedo, un miedo por el cual nos volvemos más egoístas cuanto más crece. Entonces damos con la esperanza de obtener algo y hacemos las cosas por miedo a ser castigados. Con estas actitudes en nuestra mente, crece el desasosiego, la inseguridad, el miedo a perder, a ser abandonado, a depender de los demás. Aquí reside nuestra pobreza: en la creencia de que es posible que seamos abandonados, cuando en realidad nos abandonamos a nosotros mismos. Esto ocurre cuando convertimos nuestras experiencias en problemas, y no en oportunidades de tomar la decisión de quién queremos ser y de cómo actuar.

Desarrollar la *conciencia de unidad*, que es lo mismo que sentir que formas parte de un todo incomprensible para tu mente, es el primer paso que te llevará a conectar con la Sabiduría que nos pertenece a todos, pero que no todos están dispuestos a reconocer. El problema, y a su vez la solución, es ver que nos agarramos a nuestras creencias, a nuestras historias, a nuestras mezquindades y luego nos preguntamos por qué nos pasan ciertas cosas. La respuesta es obvia: son creaciones de nuestro estado de conciencia.

El poder de decidir es la única libertad que te queda como prisionero de este mundo. [...] Lo que hiciste de él no es su realidad, pues su realidad es sólo la que tú le confieres. [...] Fue únicamente esta decisión la que determinó lo que encontraste, pues dispuso lo que tenías que buscar.
—*UCDM* (T-12.VII.9:1,3,6)

Este Curso solo intenta enseñarte que el poder de decisión no radica en elegir entre diferentes formas de lo que aún sigue siendo la misma ilusión y el mismo error. Todas las alternativas que el mundo ofrece se basan en esto: que eliges entre tu hermano y tú; que ganas en la medida en que él pierde y que lo que pierdes se le da a él.
—*UCDM* (T-31.IV.8:3-4)

Pregúntate: "¿Quiero tener razón o ser feliz?".

- Vigila tus *pensamientos justificativos, tus historias, tus mentiras*, pues ellos son los que reafirman tu estado de infelicidad.

- Tienes que ser *la presencia consciente* de tus estados emocionales.
- Tienes que *observarlos*, no justificarlos, y mucho menos identificarte con ellos.

A MODO DE RESUMEN

- Toma conciencia de que siempre interpretas. Tus interpretaciones son tus verdades y te riges por ellas.
- Acostúmbrate a dejar de lado tu posicionamiento mental.
- Observa las cosas desde otra perspectiva. Cuestiónate tus valores, tus creencias y, sobre todo, tus identidades.
- Observa cómo tu mente busca justificaciones para no soltar sus interpretaciones.
- Cuando practiques la indagación de tus interpretaciones, tendrás momentos de auténtica libertad. Tu mente estará preparada para la revelación, tendrás una percepción perfecta.
- La vida siempre nos presenta situaciones que nos provocan miedo. Las percibimos como crisis, pero son energías que nos impulsan a cruzar el umbral de nuestras limitaciones mentales. Son oportunidades para desarrollarnos y evolucionar espiritualmente. Muchas de estas crisis no tienen nada de especial. Es más, son muy comunes. Provocan en nosotros ansiedad, desesperación y, sobre todo, una profunda sensación de soledad.
  Y recuerda:
- La mayoría de tus reacciones son ecos de tu pasado.
- Tus emociones son lo más centrado en el presente que tienes.
- El pensamiento suele referirse al pasado o al futuro, pero la sensación está en el presente. No hay que olvi-

dar que las heridas sepultadas se disfrazan de ira, ansiedad, culpa y depresión.

- No puedes estar en el presente sin estar dispuesto a sentirte herido.
- Observa tus sensaciones, no las juzgues. Ellas hablan de ti y de tu programación. Una vez observadas podrás soltarlas y liberarte del sufrimiento, pues él te invita a la indagación.

RECAPITULANDO

- La Verdad es la madre de todas las mentiras.
- Nuestras historias contienen la colección de sentimientos, creencias y conclusiones que hemos ido acumulando y arrastrando durante toda nuestra vida.
- Nos empobrecemos cuando nos faltamos al respeto a nosotros mismos. Cuando renunciamos a nuestros sueños, a cuidarnos, a reconocernos por nuestros esfuerzos y trabajo.
- Nuestras historias nos separan y establecen unas fronteras claras entre nosotros, los demás y el mundo.
- No olvidemos que las historias son interpretaciones, y que vivimos en un universo interpretativo.
- Cuando estamos en el mundo real, seguimos viendo lo mismo, pero ya no nos afecta como antes. Simplemente ya no estamos apegados a él.
- Tu mente es tan poderosa que proyecta tus historias a esta Consciencia Universal, y esta te las devuelve con creces y abundancia mediante situaciones que las refuerzan.
- Cambia tu realidad cambiando las historias que te cuentas. Tú eres el director de tu vida, tú decides siempre.

- Somos soñadores de nuestras historias, de nuestras interpretaciones de los símbolos que vemos. Estamos dormidos en el sentido literal de la palabra.
- Juzgar es un hábito que aplicamos constantemente en nuestras vidas. Juzgamos cuando nos comparamos por sentirnos inferiores y/o cuando nos sentimos mejores, especiales, frente a los que no son como nosotros o no practican nuestras creencias.
- El infierno es un estado mental, es vivir plenamente en la separación.
- El poder de decisión es la única libertad que te queda como prisionero de este mundo.

CAPÍTULO III

Mi vida

He inventado el mundo que veo.
—UCDM (L-32)

Estoy decidido a ver las cosas de otra manera.
—UCDM (L-21)

INTRODUCCIÓN

¿En qué consiste vivir mi vida? Es una actitud, un estado de ser frente a los diversos acontecimientos que la existencia nos depara. Se trata de dejar un mensaje claro: no estoy aquí para complacerte ni para esperar que tú me complazcas y llenes *mis vacíos*.

Puede que lo que haga o deje de hacer te guste o te disguste. Nada de esto importa si me muestro a la Vida tal como quiero ser en cada momento.

Soy libre de reaccionar frente a cualquier circunstancia que la Vida me ofrezca. He vivido mentiras, traiciones, robos, calumnias, descrédito, amenazas, deseos en contra de mi persona, y nada de todo ello me ha quitado la paz interior. La razón es muy simple: tengo la conciencia tranquila de que todo lo que he dicho y hecho, lo hice y lo hago con la intención de enseñar el camino hacia la libertad emocional, hacia la comprensión de que el *poder* de resolver nuestros problemas está en cada uno de nosotros.

¿Sería posible vivir sin angustias ni preocupaciones? Esto solo lo descubriréis cuando estéis despiertos y viviendo el presente.
—Anthony de Mello, *Autoliberación interior*

Nunca estoy disgustado por la razón que yo creo.
—UCDM (L-5)

Es mi programación, mi creencia de que hay algo externo a mí, la que me puede hacer daño. El disgusto puede manifestarse en forma de miedo, preocupación, depresión, ansiedad, ira, odio y un sinnúmero de otras cosas, y cada una de ellas se percibirá de una forma diferente.

¿Qué es lo que te deprime? ¿Qué es lo que te disgusta? ¿Que tu pareja se ha ido con otro o con otra? Eso no es verdad. En realidad, son tus creencias, tu programación, tu proyección de darle el poder a alguien externo a ti. Aprovecha la experiencia, pues ella habla más de ti que del otro. Desde la conciencia de unidad, cada experiencia habla de ti y nunca del otro. Este otro ha venido a ti para vivir una experiencia y para que le des otro sentido.

Veamos un ejemplo: una mujer descubre que su marido tiene otra relación. Lo descubre porque su marido se deja el teléfono en casa y llega un mensaje que dice: "Hola, cariño, ¿nos vemos esta tarde?". Lo primero que hace la mujer es llamar a un amigo de su esposo para que le pase el teléfono a este y poder decirle que ya sabe que la está engañando.

—Eso es lo que tú buscabas— le contesta él.

La señora no entiende lo que le dice su marido. No se hace responsable de al menos una parte de lo sucedido. Es más, escoge sentirse víctima. Ella ha seguido viviendo otros siete años con él sin tener relaciones sexuales, y sin preguntarse para qué sigue sosteniendo esta situación.

Nos contamos historias —que convertimos en verdades— para mantener una situación que nos atormenta. La verdad oculta es una información que está en su inconsciente y atrae a su vida la experiencia correspondiente. Además, el rol de víctima —como ya iré dejando claro— paraliza la mente y la acción, pues es el otro el que tiene que cambiar.

La respuesta es muy simple: se siente cómoda sin relaciones sexuales. Cuando indagamos, la mujer vio que estaba repitiendo la historia de su madre y el gran rechazo que esta tenía a los hombres. Tomó conciencia de que ella tenía relaciones sexuales porque *tocaba*, era como un peaje por estar casada y tener hijos.

Comprendió la frase: *Esto es lo que estabas buscando*. Entonces decidió liberar a su esposo, liberarse a sí misma, y perdonarse por el juicio que tenía contra los hombres y dar las gracias por la experiencia.

Siempre estamos frente a nosotros mismos. El otro sostiene el espejo y gracias a él podemos ver lo que de otro modo no podríamos ver. La vida es complemento, atracción y repulsión, y estas polaridades crean el movimiento básico para que la existencia se nos muestre.

LA ESPIRITUALIDAD

La verdadera espiritualidad significa dejar de estar a merced de un hecho, de una persona, o de cualquier otra cosa. No se trata de hacer nada, se trata de vivir en la pura expresión del Ser. Tú no puedes añadir ni un ápice a lo que realmente ya vales. Vivir sin juicio alguno es el mayor acto de amor que podemos y debemos hacer. No juguemos al juego del ego de ser *especiales* haciendo cosas que nos separan de los demás.

El camino espiritual es el camino de la no dualidad (advaita). No se busca un *yo sé*, sino que parte de la realidad básica de *yo, por mí mismo, no sé*. Es un soltar, un desprenderse de creencias, valores, opiniones y posicionamientos, y de todas las argumentaciones para mantenerlos. Es un camino donde no hay dogmas ni rituales, ni personajes, ni sistemas de creencias. La autoindagación es fundamental. Recordemos al *yo observador,* que es el que posee estas cualidades antes mencionadas.

La autoindagación implica observar todas las cosas internas y externas como si le estuvieran ocurriendo a otra persona. Por ejemplo, dices: "Estoy deprimido". Eso es falso. No estás deprimido. Si quieres ser preciso, podrías decir: "Ahora mismo estoy experimentando la depresión", y a continuación puedes hacer la reflexión: "¿Qué estoy percibiendo —observando— para experimentar la depresión? ¿Qué me gustaría ver?". Todo ello habla de ti y lo puedes saber por tu reacción emocional. ¡¡¡No te identifiques!!! Al observarla y comprenderla, te liberas.

Cuando estés frente a las dificultades diarias, que son normales en este mundo, te puedo dar una referencia que para mí es fundamental. Una frase de Krishna al príncipe Arjuna:

Arrójate al fragor de la batalla y mantén tu corazón en paz, a los pies de loto del Señor.

Alguien te ha engañado, alguien te ha traicionado, entonces haz lo que tengas que hacer, pero con el corazón en paz. Para ello, no hace falta hacer absolutamente nada, basta con tener plena conciencia de que todo tiene su razón de ser. Vive la experiencia como una oportunidad de conocerte y de elegir de nuevo sin mirar atrás.

En el ring, lo último que debe hacer un boxeador es enfadarse y disgustarse. Si lo hace, pierde la percepción y la coordinación. No hagas nada ni digas nada cuando estés profundamente disgustado. Consulta antes con la almohada, entrega el disgusto a la Conciencia Universal. Arrójate al fragor de la batalla con el corazón en paz.

> *La espiritualidad transformadora, es decir, la auténtica espiritualidad, es revolucionaria. No legitima al mundo, sino que lo quiebra; no consuela al mundo, sino que lo destruye. Y no provee al yo de complacencia, sino que lo deshace.*
> —Ken Wilber, *La conciencia sin fronteras*

Estas palabras pueden llegar a turbarnos, pues hablan de destruir el mundo. Ciertamente esta es su propuesta: destruir el mundo que el ego ha creado, no destruir el mundo material, pues este se transformará gracias a un cambio radical de nuestra conciencia, que entrará de lleno en la conciencia de unidad.

Como vengo diciendo, nuestra mente está dividida, y el mundo tal como lo apreciamos manifiesta la voluntad del ego. El mundo ha escogido la parte de nuestra mente que sigue los dictados del ego, de la dualidad y de hacer de nuestra percepción una verdad absoluta. Este es el mundo que debe ser destruido gracias a la espiritualidad asentada en la conciencia de unidad, donde reside el Espíritu Santo o la Esencia, en la Comprensión de que todo está unido e interrelacionado.

> *Es un prejuicio casi absurdo suponer que la existencia solo puede ser física. De hecho, la única forma de existencia de la que tenemos un conocimiento inmediato es espiritual.*
> —Carl G. Jung

La conciencia existe en todas las cosas, pero se manifiesta de diferentes maneras. Teniendo en cuenta que toda la materia es energía vibrando a diferentes frecuencias, es razonable decir que —a su manera única— toda materia tiene conciencia, pues toda la materia proviene de la misma fuente, y en su nivel más básico está compuesta por los mismos bloques de construcción.

Se ha dicho desde los albores del tiempo que en el universo todo es vibración, y la ciencia nos lo demuestra a través de la física cuántica. También es cierto que, muchas veces, los representantes y doctores de la ciencia discrepan y no se ponen de acuerdo. Pero, parafraseando a Bruce Rosenblum y a Fred Kuttner en su libro *El enigma cuántico,* yo puedo escoger al teórico que más se ajusta a mi forma de ver y entender la vida. Por lo tanto, no es descabellado afirmar que *cada uno elige con qué conciencia quiere vivir, y ello determinará su realidad.*

La madurez consiste en dejar de buscar culpables y de intentar eludir tu responsabilidad. Lo primero que hace la persona madura es indagar en sí misma y observar qué ha pensado, qué ha dicho, qué acciones ha realizado. Comprende que toda la energía que ha expresado la ha proyectado al mundo, y este reacciona.

Mientras tenga un enemigo afuera que me esté disgustando, estaré exigiendo que mi enemigo cambie. Convierte a tu *enemigo* en aliado, y eso te permitirá tomar conciencia de que, gracias a él, tú estás en el sendero adecuado. Por lo tanto, *bendice a tu enemigo porque él te hará crecer,* como decía Buda.

Un *enemigo* se vuelve un referente sobre el que trabajar y a quien superar, en una motivación para crecer. Por eso se requiere de un enemigo adecuado, más que de un amigo, que será el cómplice hasta de tus equivocaciones. A un enemigo no tratarás de agradarle, ni le darás tus opiniones, filosofía, ideología o religión. Por el contrario, te plantearás recorrer un camino distinto que el de tu competidor, un camino que sea más loable y eficiente, porque necesitas probarte a ti mismo a través de él.

Habéis oído que se dijo: amarás a tu prójimo y odiarás a tu enemigo. Pero yo os digo: amad a vuestros enemigos y rogad por los que os persiguen, para que seáis hijos de vuestro Padre celestial, que hace salir el sol sobre malos y buenos, y llover sobre justos e injustos. Pues si amáis a los que os aman, ¿qué recompensa vais a tener? ¿No hacen eso mismo también los publicanos? Y si no

saludáis más que a vuestros hermanos, ¿qué hacéis de particular? ¿No hacen eso mismo también los gentiles?
—Evangelio de Mateo (5, 38-48) y Lucas (6, 27-36)

Las únicas dificultades se encuentran en tu programación. Aprende e integra las lecciones que la Vida te envía. No eches la culpa a la programación. Comprende que si utilizas esa misma programación para conocerte, te liberarás de ella trascendiéndola, sencillamente porque le darás otra dirección, otro sentido. Esto es madurez espiritual, lo contrario es infantilismo. Tampoco te eches la culpa a ti mismo, pues eso te bloqueará, y entrarás en un bucle que te consumirá mentalmente y más adelante también físicamente.

Concentra la mente en tu trabajo, pero nunca permitas que tu corazón se apegue a los resultados. Nunca trabajes por amor a la recompensa, y realiza tu trabajo con constancia y regularidad.

El verdadero maestro espiritual procura elevar a quien le sigue a su propio nivel espiritual. No busca discípulos, sino que los guía para que sean maestros. El verdadero maestro siempre vive esta enseñanza: *Para ser luz, necesitas de oscuridad; para ser dulce requieres de lo agrio; para estar vivo es inevitable que la muerte esté frente a ti.*

Aquí está nuestro tesoro, el que tanto anhelamos. No lo busques en el exterior, pues se halla en la esencia —en el átomo primordial— que alimenta y da fuerza a tu corazón.

La evolución espiritual implica un proceso de integración de los opuestos mediante la comprensión de que, en realidad, son complementarios. Ya no queremos eliminar lo que nos molesta del otro, sino que lo comprendemos y lo integramos.

Lo opuesto de una formulación correcta es una formulación falsa. Lo opuesto de una verdad profunda puede muy bien ser otra verdad profunda.
—Niels Bohr, Premio Nobel de Física en 1922

Esta reflexión nos sumerge en el concepto de la polaridad como complemento indispensable para la existencia en el mundo dual, también llamado real, cuando la verdad es que de real no tiene nada.

Cuando empezamos a dar entrada a esta posibilidad en nuestra mente, conectamos automáticamente con la conciencia pura.

Le llamo conciencia pura porque tiene su mente libre de juicios. Esto no es una utopía, sino una propuesta de cambio radical. Alcanzaremos la conciencia pura, una conciencia que vive en la unidad, cuando liberemos nuestras percepciones de las interpretaciones.

Tradicionalmente, los senderos que llevan al despertar pasan por el corazón —amor, devoción, altruismo, adoración, culto— o por la mente —advaita o sendero de la no dualidad—. Un servidor, desde hace ya muchos años, más de veinticinco, escogió el sendero advaita. Esto no quiere decir que no haga incursiones en el otro sendero. Cada sendero puede parecer más cómodo según el momento. De hecho, empecé por el sendero del corazón hace más de treinta años; luego elegí el otro sendero para colapsarlo en el método de la Bioneuroemoción. En este método humanista abogamos por la comprensión de que todos somos energía, información. Vibramos y, por lo tanto, resonamos. Esta información siempre busca los complementarios. El estrés se deriva de verlos como opuestos, porque entonces surge la necesidad de eliminarlos. Eso es imposible y, si lo intentamos, pueden presentarse desajustes en nuestra mente y/o en nuestro cuerpo a corto o largo plazo.

Sea cual sea el camino escogido, el obstáculo estriba en pensar que hay un *yo* personal, un ego que está haciendo el esfuerzo. Ese ego es el buscador, el que busca despertar. Hay que darse cuenta de que es la Consciencia misma la que lleva a cabo la exploración, y que la llamamos *Yo*. El ego siempre se pierde en el laberinto de hacer *algo* para conseguir algo, cuando en realidad se trata de un deshacer, de un desaprender.

No es necesario estudiar la Verdad sino desprenderse de lo que es falso.
—David R. Hawkins

Jesús nos enseñó que *el cielo está dentro de ti*. Para aprenderlo es necesario soltar todos los sistemas de creencias y los *yo sé* ilusorios.

No pongas cabeza alguna sobre tu cabeza. Sigue simplemente las verdaderas enseñanzas. El camino verdadero es simple y directo.
—Buda

¿Qué es ser espiritual? Muchas personas suelen confundir lo espiritual con la religión, e incluso con lo sobrenatural o con los dominios astrales. Esta confusión suele traer como consecuencia conflictos sociales e incertidumbre. En su libro *El ojo del yo*, David R. Hawkins nos propone un ejemplo para aclarar esta confusión:

En la Constitución de los Estados Unidos se especificó con gran claridad que los derechos del hombre provienen de la divinidad de su creación, estableciéndose así el principio de la espiritualidad. Sin embargo, se desmarcaron de la religión al decir que los ciudadanos son libres de seguir cualquier religión. Los fundadores de los Estados Unidos eran conscientes de que la religión divide y se basa en el poder secular, mientras que la espiritualidad une y no tiene organización alguna en el mundo.

ATERRICEMOS: EL DRAMA DE QUE TODO ESTÁ BIEN

Pregunto a una alumna mía:
—¿Qué historia te cuentas y con relación a quién?

—Es con relación a mi marido —me responde.

—¿Qué es lo que percibes en él que no te gusta? —le pregunto.

—Pues que me es infiel desde hace muchos años.

—¿Cuál es la historia que te cuentas? —vuelvo a preguntar.

—Que nos conocemos desde muy jóvenes y es una pena separarnos.

Ella tiene 60 años y dos hijos de 35 y 37 años. Sigue con su frustración y contándose historias para continuar manteniendo una relación que la mantiene hipnotizada y triste.

—¿Qué experiencias estresantes viviste cuando eras pequeña entre tu padre y tu madre? —le pregunto.

Le cuesta muchísimo responder. Lo intenta con historias que nada tienen que ver. Yo las rechazo una y otra vez.

—Mi padre siempre llegaba tarde y veía a mi madre triste. Ella sabía que estaba con otra mujer. Repetía la historia de su madre —la abuela de mi consultante— que fue mucho más estresante, pues el abuelo se fue y pasaron mucha miseria.

—Seguro que tú tienes unos buenos estudios y ganas un buen sueldo —le pregunto.

Ella asiente con la cabeza y, al hacerlo, le caen dos lágrimas. Ha tomado conciencia de que tenía que aguantar la situación para no pasar hambre. Era una información inconsciente, y para sostener esta incoherencia se cuenta sus historias.

En este momento termina mi intervención, pues nuestro trabajo consiste en abrir la mente a informaciones inconscientes que condicionan nuestra vida. No damos consejos ni tenemos nada que decir al respecto.

Cualquier cosa que nos neguemos a aceptar nos mantendrá apegados a nuestras historias y a nuestro pasado. Nadie va a venir a rescatarnos, a solucionar nuestros problemas, puesto que ahí fuera no hay nadie. Todos y cada uno fluimos en un mar de Consciencia. Cada cual crea el problema y cada cual crea la solución. No hay nada más, ni nada menos.

En lugar de arriesgarnos a cambiar, nos aferramos a nuestra querida vida y nos resistimos a la Incertidumbre de lo desconocido. Nos aferramos a las historias que nos contamos para seguir viviendo una vida anodina y sin sentido.

Para ser el tú que quieres ser, debes de renunciar al tú que conoces.
—Debbie Ford, *El secreto de la sombra*

Anthony de Mello también lo deja claro:

Si no cambiamos espontáneamente es porque ponemos resistencia. En cuanto descubramos los motivos de nuestra resistencia, sin reprimirla ni rechazarla, ella misma se disolverá.

Los motivos siempre están sostenidos por nuestras historias, que son las mentiras que nos contamos para seguir igual. Nos identificamos tanto con ellas que al final decimos cosas como: "¡Qué quieres que haga si yo soy así!".

Quiero dejar claro que resistirte a algo jamás hará que desaparezca. Tu resistencia es un mensaje que envías a la conciencia de unidad, y esta te lo devuelve aumentado. La resistencia es la postura que impide la paz interior. La Vida te enviará una y otra vez experiencias repetidas. No voy a dejar de recordarlo a lo largo de este libro. Nuestro miedo a la pérdida o al dolor nos mantiene atados a nuestras historias, repitiendo lo mismo de siempre. ¡¡Estamos dormidos!!

LA TOMA DE CONCIENCIA

Nuestras historias no deben ser deshechas, deben ser comprendidas y transcendidas. Por favor, para de hablar, deja de agarrarte a tus historias, calma tu mente... Obsérvala disociándose del tú que crees ser para centrarse en el Yo que eres. Abandona lo que sientes con relación a cualquier persona, situación o experiencia. Abandona lo que tú sientes con respecto a ti mismo o a cualquier situación que llamas real. ¡¡Deja de contarte mentiras!!

Si quieres conocer la verdad, no sostengas opiniones ni a favor ni en contra de nada. Establecer lo que te gusta frente a lo que no te gusta es la enfermedad de la mente.
—Seng-Ts'an, en *Perfecta, brillante quietud*

Nuestros resentimientos nos mantienen atados a las personas y a las situaciones que no nos gustan, e increíblemente queremos liberarnos sin ser conscientes de que nos hemos atado a ellas. Para tomar plena conciencia de algo, hay que aquietar la mente, lo que significa soltar nuestras opiniones, juicios, comentarios. Soltar cualquier idea que tengas de una persona o situación, como nos recuerda el *Curso*:

Permanezcamos muy quedos por un instante y olvidémonos de todas las cosas que hayamos aprendido, de todos los pensamientos que hayamos abrigado y de todas las ideas preconcebidas que tengamos acerca de lo que las cosas significan y de cuál es su propósito. Olvidémonos de nuestras propias ideas acerca del propósito del mundo, pues no lo sabemos. Dejemos que toda imagen que tengamos acerca de cualquier persona se desprenda de nuestras mentes y desaparezca.
—UCDM (T-31.I.12)

Cuando somos capaces de cuestionarnos nuestras historias mediante la comprensión de que nuestra percepción es una interpretación, nuestra mente se abre a nuevas posibilidades, y en ese momento, lo que era un resentimiento desaparece, dando lugar a un estado de paz interior. El perdón surge inmediatamente gracias a la comprensión, y en este instante nos abrimos a uno de los mayores regalos que puede haber en nuestra conciencia: la Compasión.

Una fórmula que no hay que olvidar y que iré repitiendo es:

De la Comprensión al Perdón a la Compasión.

El primer acto de amor siempre tiene que ser hacia uno mismo. Para ello es preciso hacer un gran salto en la conciencia: ya no miro lo que me hacen, sino lo que me estoy haciendo a mí mismo.

Inicio la autoindagación observando las historias que me he contado para seguir atado a mis enfados, razones y, por descontado, resentimientos. Empiezo haciéndome preguntas que antes no pasaban por mi mente. Estas preguntas son la llave que nos permite vislumbrar el tesoro que todos tenemos dentro: poder vivir plenamente la conciencia de unidad, también llamada por algunos autores la Conciencia Total. ¿Cuál es mi justificación? ¿Qué historias me cuento? ¿Para qué vivo esta experiencia? ¿Qué tengo que aprender o, mejor dicho, que integrar?

Por el simple hecho de formulártelas, estas preguntas te llevan a ti mismo, te alejan del victimismo y te hacen entrar de lleno en la maestría que toda experiencia trae. Con esta actitud mental te sumerges plenamente en el concepto primordial de abundancia. Como ya he dejado claro, la abundancia no tiene nada que ver con las posesiones materiales, y sí con vivir con plenitud en el Océano Infinito de la Conciencia Total que nos sostiene.

La Comprensión, que algunos llaman Santa Comprensión, deja la mente arrobada. Y es Santa porque no alberga juicio alguno sobre nadie ni sobre nada. Nuestras vidas son un fluir de información y la mayoría de personas creen que tienen marcado un destino. La realidad es que observamos nuestro destino sin ser conscientes de que lo estamos creando. Nuestras experiencias son el resultado de semillas de pensamiento que hemos sembrado en el Campo de las infinitas posibilidades. Somos los hacedores sin ser conscientes de ello, porque creemos que la causa de todo lo que nos ocurre está afuera: es un mal fario o una especie de karma. Pero, en realidad, son nuestros frutos, y los hemos estado cosechando con el abono de que los demás son responsables de mis desdichas o de mi felicidad. A este estado mental, a esta manera de procesar la información, yo lo llamo sencillamente *pobreza*.

Veamos algunos pensamientos llenos de sabiduría que nos han dado los sabios a lo largo de los tiempos.

Si estás estancado en una mala situación o en una relación que te quita poder durante más de un año, no permitas que la historia que te cuentas te seduzca.
—Carl G. Jung en *Encuentros con la sombra*

El Campo, como dijo Einstein sucintamente en una ocasión, es la única realidad.
—Lynne Mctaggart

La adversidad tiene el don de despertar talentos que en la prosperidad hubieran permanecido dormidos.
—Horacio

Ningún hombre es más infeliz que el que nunca se enfrenta a la adversidad porque no se le permite probarse a sí mismo.
—Séneca

Acompaño estos pensamientos con una reflexión: *No hay mucha diferencia entre obstáculo y oportunidad. Los sabios son capaces de aprovechar ambos. El sabio convierte cada obstáculo en una oportunidad.*

Con una conciencia de que todo tiene su razón de ser, se percibe al obstáculo como una oportunidad para desarrollar otras capacidades y salir más fuerte mental y físicamente.

Gracias al desarrollo de la conciencia de unidad, el cambio de percepción nos libera de culpas y resentimientos, y nos llena de Comprensión. De esta manera, se alcanza la Libertad Emocional, el estado de Paz Interior. No hay culpables, no hay víctimas, solo hay aprendizaje. En este preciso instante, cuando abro mi mente a estos pensamientos, tengo la oportunidad de vivir en el presente. Este presente está libre de las ataduras del pasado y de los sueños del futuro. Me siento libre porque ya no vivo en la culpabilidad, y dejo que mi mente sea alumbrada por la luz de la sabiduría que nos sostiene a todos. Entonces ejerzo, con plena conciencia, el *Poder de Decisión*. Como dice el *Curso*:

Elige de nuevo si quieres ocupar el lugar que te corresponde entre los salvadores del mundo, o si prefieres quedarte en el infierno y mantener a tus hermanos allí.
—UCDM (T-31.VIII.1:5)

Mi vida sigue siendo mía, pero es *ahora* cuando tomo el timón. No espero nada y lo espero todo. Tomo conciencia de que hay una Energía —Inteligencia— que nos sostiene. El primer acto que nace en mi mente es el Perdón —con mayúscula—, el perdón que solo tiene a una persona que perdonar, a la que lleva mi nombre. Este acto me libera y me permite vivir en el único tiempo que es real, el aquí y el ahora. Este es el instante de máxima creación; este preciso instante, al que se le puede llamar *santo,* se abre a todas las posibilidades que mi conciencia actual pueda procesar, comprender e integrar.

Cuando abres tu mente a la Comprensión, se produce automáticamente una apertura de conciencia, y los cambios en tu vida se producen por sí mismos. Son nuevos frutos revestidos de experiencias para que puedas desarrollarte y fortalecerte gracias a tu apertura mental. *Cuando comprendes a los demás porque sencillamente ves sus historias, te liberas de tus cadenas, y se produce un cambio de percepción que te permitirá reescribir tu vida.*

El nuevo Tomador de Decisiones que surge de esta apertura mental sabe que cuando decidimos mirarnos a nosotros mismos sin juicio —con la comprensión de que nuestra forma de observar está condicionada— se produce un estallido neurológico que lleva a nuevas conexiones neuronales, y comprendemos que:

- Mi verdad no es la Verdad. Mi verdad esconde todas mis mentiras, historias y justificaciones.
- El Universo es una gran pantalla que solo refleja mi estado o nivel de conciencia y, por supuesto, el de todos.
- Mis creencias no son verdad, simplemente son expresiones de una mente estrecha.
- Evito juzgar porque solo me juzgo a mí mismo. Mis juicios son una declaración de quien soy o creo ser.
- Todos somos información, por lo tanto, atraemos a nuestras vidas nuestras relaciones y experiencias.

La posibilidad de reescribir tu vida siempre está latente a la espera de tus decisiones. Si tu vida, tus experiencias e historias se repiten una y otra vez como si fuera el día de la marmota, recuerda que tienes el poder de tomar nuevas decisiones. Deja de esperar que los demás cambien, pues el cambio que tanto esperas está en ti.

Veamos un ejemplo de mi consulta. Una mujer de 45 años se queja:

—Me he divorciado y él no se va de casa. Llevo un año así.

—¿De quién es la casa? —pregunto.

—De él.

Le hago una reflexión:

—Entonces está claro que eres tú la que tienes que marcharte, pero supongo que tendrás tus derechos.

—Él firmó un convenio en el que queda muy claro que se tiene que ir —me responde y me aclara.

Desde la inocencia, pregunto:

—¿Por qué no ejerces este derecho?

—Tengo miedo.

—¿De qué?—exclamo.

No hay respuesta, intenta justificar —salen a la luz sus historias—. No hay motivos para tener miedo, pues él no la amenaza, simplemente no se mueve. Indagamos partiendo de la hipnosis buscando qué ambiente había en su casa cuando era pequeña. La consultante expone:

—Mi padre es alcohólico y cada día llega a casa borracho. No grita ni golpea, simplemente se acuesta. Así, toda su vida. Mi madre es como una cuidadora. Cuando murió el abuelo, mi madre me envía a casa de mi abuela para cuidarla. Tengo 8 años.

Empieza a tomar conciencia de que ella repite las historias de sus ancestros femeninos. Indagamos en su espejo: el marido. Mi marido se quedó huérfano desde muy pequeño. Se quedó sin madre.

Comprensión: ella tiene un programa de cuidadora. Hace lo mismo que su madre, no se libera de su pareja porque percibe que la necesita. Su pareja busca inconscientemente una madre —cuidadora—. Lleva así muchos años, queriéndose divorciar, pero su programa inconsciente —hipnosis— la mantiene inmovilizada. Tiene que justificar su conducta, tiene que inventarse una historia que justifique su inmovilidad.

Observamos las polaridades extremas: él buscando una cuidadora, programa de abandono; ella buscando cuidar. La vida le enseña a través de su complementario que tiene que cuidarse más a sí misma, y al mismo tiempo darle la oportunidad a él de que aprenda a cuidar de sí mismo.

Cuando hay comprensión, siempre hay acción. Cuando tomamos conciencia de las interpretaciones de nuestras experiencias, nos deshacemos de ellas, y entonces vemos lo que no veíamos y hacemos lo que pensábamos que nunca podríamos hacer. Has reescrito tu vida.

Como vemos, las informaciones inconscientes se complementan, nunca se oponen. Los obstáculos de nuestra vida son la expresión de nuestras resistencias internas.

EL GRAN TESORO: UTILIZAR LA PROYECCIÓN

Comprende que no reaccionas a nada directamente, sino a tu propia interpretación de ello. Tu interpretación, por lo tanto, se convierte en la justificación de tus reacciones. Por eso, es por lo que analizar los motivos de otros es peligroso.
—UCDM (T-12.I.1:4-6)

La proyección constata que el problema no está en mí; está en los demás. Si empiezas a ser consciente de lo que proyectas, aprenderás lo que eres de lo que has proyectado en los demás, y de lo que, por lo tanto, crees que ellos son. Como ya se ha dicho, la proyección determina la percepción, y esta es siempre una interpretación. Habla más de nosotros mismos que de los demás. Como percibimos, así es como somos. El obstáculo que siempre encontramos es que *creemos en lo que proyectamos.*

No hay nada en el mundo de *ahí fuera* que tenga el poder para alegrarnos o entristecernos, no es ni más ni menos que una imagen externa, la proyección de una condición interna. Lo que vemos fuera, y nuestra reacción ante lo que percibimos, están en nuestra programación. Lo que el ojo recoge —los bits de información— es completamente neutral. El valor que le damos al mundo está en nuestra mente. Cualquier cosa a la que le demos valor nos puede hacer daño por una simple razón, porque le damos el poder de hacérnoslo.

Nos proyectamos constantemente mediante opiniones, posicionamientos, juicios, estados emocionales, sentimientos, críticas, satisfacciones. Y, sobre todo, nos proyectamos en nuestras relaciones.

No debemos olvidar que las ideas, nuestros pensamientos, nunca abandonan la fuente; vuelven en forma de experiencias que no llegamos a entender por qué vivimos.

Para poder reescribir nuestra vida tenemos que desarrollar la comprensión, y olvidarnos de equiparar la percepción con la verdad. Más bien la utilizaremos para conocernos a nosotros mismos y saber que podemos cambiar. Haciendo esto entramos en la esfera del conocimiento.

Nuestra mente se proyecta, y esta proyección tiene que ver con la información que hemos heredado, que a su vez se relaciona —resuena— con las experiencias que vivimos, con *nuestra vida*. Cambiar nuestra percepción, es decir, nuestra proyección, cambia nuestra información y, por lo tanto, cambia nuestra vida.

Solo después de asumir la responsabilidad de mis propias emociones estaré en condiciones de invertir el sentido de la proyección y de ver que, aunque conscientemente abrigue buenas intenciones hacia esa persona, el sentirme dañado oculta, precisamente, mi deseo de dañarle.

Al igual que las emociones, los rasgos proyectados también son cualidades que vemos en los demás. Y no solo nos informan, también nos afectan profundamente. Lo que aborrecemos o lo que amamos de los demás no son sino cualidades de nuestra propia sombra.

> *Cuando uno observa, está observando su propia imagen, no observa al otro.*
> —Krishnamurti, *Sobre el conflicto*

Voy a dar una serie de ejemplos sencillos para que se pueda entender mejor. Estoy haciendo una consulta con una señora con relación a su pareja. Otra consultante, que está a su lado, salta diciendo: "¡A ver cuándo cambian los hombres!". Esto es una proyección y es en lo que hay que indagar. La señora que hace el comentario proyecta la solución fuera; el cambio lo tiene que hacer el otro. Aquí reside la clave, la inversión de pensamiento. Tenemos que desarrollar la conciencia de que yo me relaciono conmigo mismo a través del otro. Ambos llevamos la misma información que se busca, se encuentra y se manifiesta en lo que llamamos *relación*.

En nuestros seminarios, hacemos escenificaciones de los diferentes conflictos que viven las personas en sus relaciones interpersonales. De esta manera, les hacemos tomar conciencia de cómo funcionan tanto la proyección como la percepción. Veamos: un señor va al banco para decir que no puede pagar la cuota del crédito. La alumna que hace el papel de acusador, le dice gritando:

—¿Por qué no pagas? ¡Ya está bien!

Entonces, una alumna que observaba, le grita al que hacía el papel del señor:

—¿Por qué no le dices nada?, ¿por qué no te defiendes?

Aquí vemos otra proyección. Aprovechando la ocasión se le pregunta:

—Antes nos has dicho que estás divorciada. ¿Nos puedes decir cuál fue el motivo?

A lo que nos responde:

—No lo sé.

Insisto y, al poco rato, nos dice:

—Mi marido me dijo que él se divorciaba porque no le dejaba hablar.

Gracias a la proyección, ella toma conciencia de que su reacción es entrar en la escenificación. Lleva una programación —información— de que en su casa su madre gritaba mientras su padre se quedaba callado. Ella repite la historia, siendo el aprendizaje que hay que dejar expresarse a los hombres.

Invertir la proyección supone ampliar la conciencia. La mente humana puede quedar atrapada en el fanatismo y en la intolerancia, y por consiguiente aceptar como verdad algo que no lo es; e incluso defenderlo hasta la muerte.

Curiosamente, el fanatismo ve el defecto en el otro y no se da cuenta de que, para verlo, tiene que estar escondido en su inconsciente. Durante el desarrollo de la observación consciente, nos damos cuenta de que, al escuchar nuestros propios pensamientos, nos percatamos de que estamos escuchando nuestra programación.

Esto nos permite hacernos responsables de nuestros pensamientos, sentimientos y acciones. Buscamos la causa en nosotros mismos, en la información que se halla en nuestro inconsciente, la cual lucha para manifestarse al exterior. Esto nos permite tomar conciencia, tal como hemos visto en los casos anteriores.

La doctora Nathalie Zammatteo, en su libro *El impacto de las emociones en el ADN*, nos dice en portada:

Ahora puedes escribir una nueva página en tu historia y crear lo mejor para ti y para tu salud.

¿Qué quiere decir esto? Conviene tener siempre presente que nuestra mente está cargada de opiniones. Las opiniones surgen de nuestros posicionamientos, y con ellos reforzamos nuestras historias y proyecciones. Silenciar nuestras opiniones o, mejor dicho, ser conscientes de que se sustentan en nuestra programación, es un primer paso para desprenderse de los posicionamientos, sobre todo los que tomamos a ultranza; nos permite desarrollar la flexibilidad mental y activar la plasticidad neurológica.

Cuando ves —comprendes—, sabes que todo está relacionado, que no hay cabos sueltos. Cuando estás en el conocimiento, la mente no ve conflictos, sino oportunidades de sanarnos y conocernos a nosotros mismos.

Cuando estamos en la comprensión, no interpretamos; vemos. La observación es pura, no vemos que haya cosas mejores o peores, sabemos que todo tiene una razón de ser. Todo resuena, todo es experiencia y aprendizaje.

La comprensión emerge cuando empezamos a cuestionarnos la verdad de nuestras percepciones y las utilizamos para conocernos a nosotros mismos. Es la entrada al paraíso, el regreso al hogar. Ahora ya puedo reescribir mi historia. Tengo otro argumento, otra forma de ver y entender la vida. A este fenómeno lo llamaremos *percepción verdadera* o *percepción inocente*.

La percepción verdadera, o percepción inocente, significa que nunca percibes falsamente y que siempre ves correctamente. Dicho de una manera más llana, significa que nunca ves lo que no existe pero siempre ves lo que sí existe.
—*UCDM* (T-3.II.2:5-6)

Cuando percibes correctamente cancelas tus percepciones falsas y las de los demás simultáneamente.
—*UCDM* (T-3.II.6:5)

La percepción tiene que ser corregida antes de que puedas llegar a saber nada. Saber es tener certeza.
—*UCDM* (T-3.III.1:2-3)

Nuestra conciencia cambia cuando nos liberamos de la proyección. Liberarse de la proyección implica liberarse de todo juicio. Al dejar de juzgar dejamos de sufrir, no como un esfuerzo, sino como una consecuencia.

En una ocasión, el psicólogo Carl G. Jung sugirió que la acción más importante que un individuo puede emprender en nombre de la paz mundial no es ninguna iniciativa política particular, sino la simple retirada de sus proyecciones personales. Y Buda también nos recalca:

Todo lo que te molesta de otros seres es solo una proyección de lo que no has resuelto de ti mismo.

TU NOMBRE ANCESTRAL ES ABUNDANCIA

DIFERENTES ÓRDENES DE REALIDAD

Los órdenes de realidad hacen referencia a los distintos niveles de percepción, atendiendo a su grado de objetividad-subjetividad con respecto a lo observado.

- Primer orden o evidencias sensoriales: elementos verificables por los sentidos. Ejemplo: Llueve.
- Segundo orden o interpretaciones personales: apreciaciones e interpretaciones subjetivas de la realidad. Ejemplo: Hace mal día.
- Tercer orden: sentimientos y emociones derivadas de la interpretación de una realidad subjetiva. Ejemplo: Cuando hace mal tiempo me pongo triste.

Normalmente hablamos desde el segundo o tercer orden de realidad. Nos contamos cómo nos sentimos cuando vivimos ciertas experiencias. Estamos interpretando sin ser conscientes de que las interpretaciones son subjetivas y nunca son verdad. Está escrito que nunca llueve a gusto de todos. Nuestras interpretaciones no son verdad, son nuestra verdad y, cuando la manifestamos, tenemos la oportunidad de desenmascararlas para poder conocernos mejor a nosotros mismos. Nuestras interpretaciones son el fruto de nuestras percepciones, y estas manifiestan una información inconsciente, una manera de ver y entender el mundo que nos rodea.

Pero hay algo que hemos de tener en cuenta: nuestras historias nos permiten adentrarnos en nuestro inconsciente y de esta manera saber quiénes somos realmente. Utilizamos la percepción, que es hija de la proyección, para conocernos.

VIVIR EN UN UNIVERSO POLARIZADO

¿Qué quiero indicar con este enunciado? El mundo dual, el mundo de la separación, donde vemos cuerpos, ideas, culturas, creencias, etc., y en el que hay un sinnúmero de demarcaciones, no existe; es una ilusión.

Cuando digo que no existe, no quiero decir que delante de mí no haya edificios, coches y personas. Lo que quiero decir es que todos los elementos que conforman nuestro universo están conectados. Ante esto, se me puede preguntar: "¿Qué tipo de conexión?".

La evolución espiritual implica un proceso de integración de los llamados opuestos gracias a la comprensión de que en realidad son complementarios. Ya no queremos eliminar al otro, lo que nos molesta, sino que lo comprendemos e integramos.

Las leyes de la mecánica cuántica apuntan hacia una concepción de la realidad en la que nosotros, como seres humanos, interactuamos con nuestro entorno a un nivel más profundo del habitual.

La conciencia dual nos hace vivir la vida como que estamos alejados —separados— de aquello que nos da la vida. Buscamos la solución a nuestros problemas sin darnos cuenta de que está bajo nuestros pies. Nos movemos por encima de lo que nos da la vida. Nos sentimos como flores que adornan un jardín, olvidándonos de que hay un sustrato que sustenta nuestra vida.

Esta ignorancia nos hace vivir con miedo y en una búsqueda permanente. Tenemos que desarrollar el estado fundamental de conciencia. Según el *Curso*, el sendero más adecuado que nos guía a ese estado pasa por las proyecciones.

Es cierto que muchos místicos nos dicen que hay que mirar adentro, porque ahí es donde vive el *verdadero ser*. Ellos nos indican dónde está y no cómo es. Porque, en la medida en que nos escuchemos, en que nos indaguemos, veremos que la respuesta no está fuera. Nos daremos cuenta de que el exterior y el interior son lo mismo, el sujeto y el objeto, el que ve y los que son vistos son una misma cosa. Como nos dice la física cuántica, la que se empieza a *llamar física de la consciencia*, vivimos en un universo participativo donde el observador y lo observado se influyen. Como afirman los doctores Bruce Rosenblum y Fred Kuttner (2010) en su libro *El enigma cuántico:*

[...] *no hay manera de interpretar la teoría cuántica sin encontrarse con la consciencia.*

Todas las personas con las que establecemos algún tipo de vínculo están sustentadas por este sustrato de Inteligencia que no ve separación alguna. Es como un jardinero que observa su jardín; ve el conjunto y su unidad como un *todo*. Esta Inteligencia es pluripotencial y, como prueba de ello, crea la diversidad. La variedad es su mayor riqueza, y el sentido fundamental de la vida es conocerse a uno mismo a través de los demás. Las diferencias, lejos de alejarnos, nos muestran aquello que no podríamos ver si no fuera por la magnificencia de la proyección. La proyección, cuando la invertimos, nos abre al conocimiento. Entonces, se produce el estado de trascendencia. La trascendencia es una experiencia que ve —en el sentido estricto de la palabra— la unión de las polaridades y comprende su correlación, permitiendo el desarrollo del estado fundamental de conciencia: vivir en plena Consciencia.

Greg Braden, en su libro *La matriz divina* (2006), escribió:

En 1854, el jefe indio americano Seattle informó a los legisladores de Washington D.C. de que las consecuencias que conllevaba la destrucción de la naturaleza de Estados Unidos se prolongarían en el tiempo, poniendo en peligro la propia supervivencia de la especie en las generaciones venideras. Utilizó las siguientes palabras: "El hombre no tejió la red de la vida —el hombre no es más que una hebra de esta red—. Todo lo que el hombre le hace a la red se lo está haciendo a sí mismo".

Así, podemos aplicar el principio del entrelazamiento cuántico, como hizo Jung. En este sentido, los analistas equiparan el entrelazamiento cuántico con una forma de conocer nuestra personalidad examinando nuestras proyecciones, es decir, las valoraciones y los juicios que emitimos con respecto a otras personas.

Resulta llamativo que, lo mismo que sucede con una pareja de partículas entrelazadas, también suele suceder en las relaciones humanas. Solemos confluir con quienes parecen ser nuestros opuestos. Si prestamos atención a una pareja que conozcamos personalmente, es fácil darse cuenta de que uno manifiesta unos rasgos de personalidad que el otro no muestra, y viceversa, de tal modo que se complementan y completan. Lo mismo suele suceder en nuestras amistades y en las relaciones familiares. Estamos *entrelazados* con la información del clan, que heredamos por repetición u oposición, hasta que logramos trascenderla.

La física moderna proclama que la realidad no puede ser considerada más que como una unión de opuestos —reposo-movimiento— que llegan a ser totalmente indistinguibles, *cada uno es ambos*. Esto es lo mismo que decir que en la realidad fundamental no hay demarcaciones, no hay fronteras.

La conclusión que se deriva de lo anterior es que separar los opuestos no tiene ningún sentido. Si pudiéramos separar uno de ellos, el otro desaparecería. Al final describiremos que no hay tal oposición —esto es una percepción—, y sí que hay complementarios que se buscan y se relacionan. De ahí, la importancia de tomar conciencia de nuestras relaciones interpersonales, pues encierran el poder del autoconocimiento.

LA RESISTENCIA

No hay que hacer nada para vivir en la conciencia de unidad. Ten siempre presente que el intento de hacer algo está fuera de lugar. He aquí la gran paradoja de la conciencia de unidad:

no se puede hacer nada para conseguirla. Sin embargo, es evidente que, si no hacemos nada, seguiremos donde estamos. El maestro zen Ma-tsu lo expresó sin rodeos:

> *En el Tao no hay nada en lo que disciplinarse. Si hay en él alguna disciplina, cumplirla significa la destrucción del Tao. Pero si en el Tao no hay disciplina alguna, uno sigue en la ignorancia.*

Entonces, ¿qué debemos comprender? La experiencia advaita —no-dos— conduce nuestra mente a un estado de equilibrio entre los aparentes opuestos, por lo que desarrolla una observación en la que los posicionamientos no tienen ningún sentido. Eso te conduce a la comprensión de que, cuanto más te polarizas, más refuerzas la polaridad complementaria. Te lleva a desarrollar una mente que está presente, experimentando un estado de comprensión que es totalmente indefinible. No hay explicación posible. Repito: no hay disciplina con respecto a hacer o dejar de hacer, pues eso te alejaría de la conciencia de unidad. No olvidemos que las palabras solo tienen sentido en el mundo dual, y nos alejan doblemente de la realidad, como nos recuerda *Un curso de milagros,* que no olvidemos que expresa la experiencia advaita.

Hay unas condiciones especiales, pero no necesarias, para la realización de la conciencia de unidad. Estas condiciones especiales no nos conducen a la conciencia de unidad, sino que ellas mismas son la expresión de esta. No se me ocurre otra manera de decirlo: es lo mismo que verse a sí mismo sin dejar de ser sí mismo. Dicho de otra manera, la conciencia de unidad no es un estado futuro que resulte de alguna práctica, porque eso implicaría que la conciencia de unidad tiene un principio o comienzo en el tiempo. La conciencia de unidad no es un estado estrictamente temporal; está siempre presente.

Ken Wilber, en su libro *La conciencia sin fronteras,* nos recuerda que nuestra práctica no conduce a la conciencia de unidad; es la conciencia de unidad desde el comienzo. ¿Qué debemos entender con ello? Algo tan sencillo como que no buscaríamos a Dios si no lo hubiéramos encontrado. Más sencillo todavía: no podemos anhelar nada que no esté en nosotros. Y aún más simple: no puedo ver nada afuera que no esté ya dentro de mí.

De esta manera se cierra el círculo que va desde la conciencia de unidad a la conciencia de unidad, pasando por la conciencia dual o conciencia de la ilusión, que se llama así porque no se puede salir de la Unidad.

Ken Wilber nos recuerda que, en la medida en que una persona se abre a estas condiciones especiales de las que estamos hablando, empieza a darse cuenta de un hecho exasperante: nadie quiere vivir en la conciencia de unidad. La comprensión de esta resistencia secreta, que es secreta porque nos negamos a reconocerla, resulta que es la clave del despertar.

Estamos enamorados de las entidades creadas por el ego. Nos mantienen en una hipnosis profunda que nos sumerge en el sufrimiento y el dolor.

Toda la teoría psicoanalítica se asienta en la percepción de la resistencia que ejerce el paciente cuando intentamos hacer que tome conciencia de su inconsciente. En Bioneuroemoción, pedimos a nuestro consultante que no hable, porque le queremos escuchar. El consultante intenta por todos los medios dar sus explicaciones, sus justificaciones; es decir, sus argumentos necesarios para no salir de su historia. Permitírselo sería como darle el beneplácito para reactivar una y otra vez su programación inconsciente. Le haríamos un flaco favor y nos tendríamos que alargar en el tiempo para conseguir algún objetivo concreto.

Esta resistencia primaria da como resultado lo que llamamos *percepción*, es decir, que todo lo que vemos es como si estuviera separado de nosotros. Nos resistimos, rechazamos la toma de conciencia de nuestra unidad con todo lo percibido.

No olvidemos que, por principio, cualquier movimiento que hagamos crea resistencia. La vivencia de ser un *yo separado* es muy fuerte. Cuando vislumbramos este efecto, vemos que las sensaciones del *yo separado* y de la resistencia son una misma cosa.

Como hemos visto antes, aplicando el principio de la proyección es posible realizar un proceso de transformación, también llamado *apertura de la mente.* Esta apertura afecta a nuestra biología gracias a la gran capacidad que tiene nuestro cerebro para la *plasticidad neuronal.* De esta manera, convertimos nuestras historias, que son percepciones y las considerábamos irreversibles, en totalmente reversibles. El cerebro se moldea a sí mismo gracias a las experiencias que siempre van a ser subjetivas; se reforzarán unas conexiones y se debilitarán otras. Richard Davidson, doctor en Neuropsicología, nos dice que este proceso empieza a las dos horas del cambio profundo de percepción. Nos aclara que el entrenamiento de la mente en la autoobservación contemplativa permite cambiar la estructura del cerebro y, por supuesto, su función. Los primeros síntomas físicos que hemos visto cuando se realiza este proceso son somnolencia, falta de concentración, deseos de orinar y, sobre todo, sensación de no estar en el lugar que ocupabas antes del proceso. La apertura de la mente lleva implícito el vislumbrar otras posibilidades de vivir y de experimentar los diferentes sucesos, tanto pasados como presentes.

Nuestro trabajo consiste en acompañar a la persona que viene a consulta para que pueda ver precisamente estas resistencias que se encuentran en su sombra. Cuando se consigue esto —como explican la doctora Nathalie Zammatteo y el doctor Davidson— la mente se abre a otras verdades o percepciones, y reestructura su neurología afectando directamente a la corporalidad. Nuestro trabajo consiste en reconciliar la mente consciente y la mente inconsciente del condicionamiento emocional. Llevar a la persona, no al enfrentamiento con su sombra, sino a las resistencias, para así poder integrarla. Al hacerlo, podremos ver nuestras historias pasadas a la luz de otra percepción. No hay resistencia, solo aceptación porque ya no hay juicio. Aquí se expresa con toda su fuerza la esencia de la vida: la conciencia de unidad. Estamos hollando la senda de nuestra Abundancia.

Reflexiones:

- Evita la polaridad, utilízala. Para ello, observa tus opiniones y comprenderás que te hacen daño, y que desencadenan enfrentamientos y discusiones. Tus opiniones están sustentadas por creencias y valores, muchos de los cuales han sido introyectados.
- Crea el hábito de observar tus pensamientos y escucharás tu programación.
- Cualquier fanatismo desea la muerte del otro. Siempre encontrará argumentos para realizar lo que más desea: que desaparezca tu oponente.
- Desarrolla la capacidad de observar tus proyecciones sin justificarlas ni enjuiciarlas. Empezarás a despertar. Cambiarás el guion de tu vida.
- No existen los opuestos o los contrarios; todo se complementa. Observa lo que más te gusta y/o te disgusta de aquel con el que estás involucrado emocionalmente. Es el maestro que la vida te presenta.
- Cualquier situación, por simple que sea, es una oportunidad para conocerte.
- Nuestras resistencias están sujetas por apegos a unas identidades que no son reales. Queremos que nuestras vidas mejoren haciendo pequeños cambios, y que estos cambien a los demás.
- La ignorancia no es no saber; es resistirse a salir de nuestras posiciones fijas. Resistirse a cuestionarse a uno mismo.

- Cada uno de nosotros se sintoniza con el campo de pensamiento según su apertura mental o de conciencia. Intenta comprender más que condenar.
- Si te cuesta tomar una decisión, proyéctate en tu lecho de muerte y pregúntate cuál sería la decisión más adecuada. O simplemente pregúntate: ¿Esta es la vida que yo quería vivir?

RECAPITULANDO

- *Nunca estoy disgustado por la razón que creo.*
- Mientras tenga un enemigo afuera que me esté disgustando, estaré exigiendo que mi enemigo cambie.
- Nuestras historias no deben ser deshechas, deben ser comprendidas y trascendidas.
- Cuando abres tu mente a la Comprensión, se produce automáticamente una apertura de conciencia y los cambios en tu vida vienen solos.
- *Cuando hay comprensión, siempre hay acción.*
- Nuestra mente se proyecta, y dicha proyección tiene que ver con la información que hemos heredado, que a su vez se relaciona —resuena— con las experiencias que vivimos, con *nuestra vida*.
- *El hombre no tejió la red de la vida —el hombre no es más que una hebra de esta red—. Todo lo que el hombre le hace a la red, se lo está haciendo a sí mismo.*
- Estamos enamorados de las entidades creadas por el ego. Nos mantienen en una hipnosis profunda que nos sumerge en el sufrimiento y en el dolor.
- Prefieres vivir en el desastre antes que cambiar.
- Al no ser conscientes de nuestros programas Inconscientes, nos percibimos como víctimas de fuerzas externas.

- Ocultar una verdad es mentir; estás encubriendo al mentiroso, entonces formas parte de su ardid.
- Detrás de nuestras mentiras se ocultan el miedo y la culpabilidad.
- Busca tu *alter ego* y sé feliz expresándolo.

CAPÍTULO IV

Crear nuestra realidad.

El poder de la atención

No es lo mismo observar los acontecimientos como si estos no formaran parte de mí, que observar los acontecimientos como si estos fueran una parte de mí mismo. Definitivamente, ¡no es lo mismo! De alguna manera, el mundo que vemos es el mundo que queremos ver. Todos estamos formados de pequeñas partículas que están sujetas a las leyes cuánticas; por lo tanto, mí capacidad de ver y observar está en función de estas partículas. Mejor dicho, estas partículas están sujetas a mi forma de observar el mundo. Todo mi ser se alterará de una manera o de otra en función de mi forma de pensar a la hora de observar. (Enric Corbera, El Observador en Bioneuroemoción)

INTRODUCCIÓN

Una vida no observada no merece ser vivida.
—Sócrates

Surge una pregunta que para mí es clave: ¿Con qué actitud mental debo observar?

Hace casi 30 años empecé a tomar conciencia de que, en los acontecimientos que van surgiendo en nuestra vida, es de capital importancia la actitud mental con que los observemos y la gestión emocional que hagamos de ellos. En mi habitación coloqué un panel, al que yo llamaba *panel cuántico*, y en él dibujaba o expresaba proyectos e ideas. Cada día, al levantarme, lo miraba durante unos minutos sin decir nada. Simplemente lo veía realizado, sin preocuparme de cuándo o de qué manera. Lo entregaba al *Campo de Conciencia Universal*. Sabía y sé, ahora con más certeza, de la importancia de utilizar el *poder de observación* y con qué actitud mental hay que hacerlo. Esto es precisamente lo que quiero compartir con todo aquel que lea el libro, sabiendo que, si quieres algo, lo primero que tienes que hacer es darlo.

No se trata de dar tu coche favorito ni tu casa, se trata de compartir el gran poder que todos tenemos y que Lynne McTaggart explica muy bien en su libro *El poder de la intención*. La *intención* con que haces las cosas es para mí la clave esencial, junto con lo que llamo su hermana gemela, la *rendición*.

En el libro de David R. Hawkins, *El éxito es para ti*, el autor lo refleja muy bien en la siguiente reflexión, que constituye su gran secreto:

Tu libertad descansa en la libertad del otro. Tu abundancia es creada en los demás. Si quieres aprender, enseña.

Y continúa:

El éxito significa tener la capacidad de demostrar, ejecutar, manifestar, producir, materializar y hacer que algo ocurra en el mundo.

Para muchos, un servidor es una persona de éxito, pues cumplo todas las características de las que nos habla David R. Hawkins. Añadiré además que yo no tenía estos objetivos, como tener tantos seguidores o que los vídeos de mis conferencias y talleres hayan alcanzado la cifra de más de cien millones de visionados. Mi actitud y mi intención era, y es, dar recursos a las personas que me escuchan. Mi intención era, y es, transmitir la capacidad de cambiar nuestras vidas, sin ser plenamente consciente de que al hacerlo estaba cambiando la mía. Y me dejo algo muy importante: *no esperaba nada a cambio*. Era un servicio que me hacía a mí mismo a través de los demás.

La capacidad de generar el éxito en tu vida descansa en el tipo de observador que eres. Este capítulo del libro pretende mostrar las actitudes mentales necesarias para desarrollar la observación consciente, una observación asentada en la conciencia no-dual, una conciencia Advaita.

DE LO QUE SE TRATA ES DE DAR

Cuando nos enojamos, estamos pidiendo al otro que cambie.
Cuando nos irritamos, estamos pidiendo algo.
—Jon Mundy

La proyección y el ataque están inevitablemente relacionados, ya que la proyección es siempre un medio para justificar el ataque. Sin proyección no puede haber ira.
—*UCDM* (T-6.II.3:5-6)

La vida es para dar. Da lo que tengas de tu tiempo, dinero, sonrisas, amor, halagos, cualquier cosa, y recibirás lo que no tengas. Da con lujo y recibe agradecido. Gracia y gratitud son factores energizantes del dar y recibir.

Comparte, comparte, comparte. Es una inversión en el banco del universo que produce unos intereses increíbles. Comparte con gusto y genuinamente.

Desarrolla una conciencia que te permita estar atento y ver todas las oportunidades donde puedas dar algo libre y alegremente. Puedes dar objetos materiales, tu tiempo, habilidades o cualquier otra cosa.

Desarrolla el dar hasta que sea un hábito, algo que haces naturalmente sin pensar. Esto te convierte en un dador persistente y consistente, y entonces el universo trabaja para ti.

Nunca des esperando obtener, pues aquí se asienta la pobreza del alma y de tu vida. Dar es un don que todos tenemos. Solo el ego da para obtener. Él vive en la duda, en el miedo y en la carencia, sin ser consciente de que la Inteligencia Universal, el Campo de Energía, que es plena Consciencia, se lo va a dar todo.

Si no puedes hablar bien de alguien, es mejor que te quedes callado. Observa sus miedos e inseguridades y mira en él su "poder", el que todos tenemos. Tu mirada inocente es uno de los mayores regalos que puedes dar.

No caigas en la polaridad de solamente dar, pues aquí puede haber carencia. Si das, recibes, y aquello que recibes es lo que estás dando. Sobre todo, evita dar para obtener.

DAR Y RECIBIR

Nunca deberíamos olvidar que, cuando enseñamos algo, debemos estar agradecidos a la vida, que es la que nos pone delante la magnífica oportunidad de seguir aprendiendo, y esos alumnos también dan aliento y sentido a nuestras vidas. *Cuando enseñas algo lo aprendes dos veces.*

Por otra parte, debe quedar claro, y nunca hemos de olvidar, que aquello que damos es lo que recibimos.

- Pregúntate: ¿qué estás dando?
- O quizás: ¿qué no te estás dando?

Para ganar tienes que dar, no regatear.
—UCDM (T-7.I.4:3)

Cuenta una historia que un magnate y gran empresario buscaba quien le pudiera sustituir o ayudarle en todos sus proyectos y quehaceres. Convocó una selección de jóvenes con potencial de conocimientos y de sabiduría. Al final se quedó con dos, ambos eran los más brillantes de su generación; tenían las mismas notas y se les consideraba unos genios.

Un día, el magnate les invitó a una fiesta y los sentó en su mesa. Pasadas las horas y en un momento de tranquilidad y relax, los hizo llamar para que se sentaran con él. Una vez sentados y tomando una bebida les dijo: ya he seleccionado a quien va a acompañarme en mis proyectos, el que va a ser mi mano derecha y hombre de confianza.

Ambos jóvenes se mantuvieron a la expectativa mientras oían quién era el seleccionado. El descartado no comprendía cuál era la causa de no haber sido escogido y sin dudarlo le preguntó:

— Si ambos tenemos el mismo nivel de conocimientos, ¿por qué no soy el escogido?

A lo que el magnate respondió:

—Mientras estábamos comiendo, tu compañero se mostraba atento y daba las gracias a los camareros que nos servían. Tú, por el contrario, actuabas como si no los vieras. Además, mantenía conversaciones con todos los comensales, adaptándose a la conversación que le estaban dando, mientras tú permanecías altivo, como si estuvieras por encima de los demás.

El magnate prosiguió:

—No quiero a mi lado a una persona distante emocionalmente y alejada de las personas con las que tiene que trabajar. No quiero a una persona que no sepa ponerse en el lugar de aquellos que están a sus órdenes, que carezca de empatía y, sobre todo, que no viva con gratitud.

Hay que huir de la ley del ego que es: dar para obtener.

Al dar, recibes. Pero recibir es aceptar, no obtener. Es imposible no tener, pero es posible que no sepas que tienes.
—UCDM (T-9.II.11:4-6)

Solo tú puedes privarte a ti mismo de algo. No resistas este hecho, pues es en verdad el comienzo de la iluminación.
—*UCDM* (T-11.IV.4:1-2)

Cuando hayas aprendido que dar es lo mismo que recibir, ya no habrá necesidad de tiempo.
—*UCDM* (T-9.VI.6:5)

LA IMPORTANCIA DE LA PERCEPCIÓN

La regla psicológica dice que cuando una situación no se lleva a la conciencia, ocurre afuera como destino. Esto es, cuando un individuo permanece dividido y no se vuelve consciente de sus propias contradicciones, el mundo por fuerza interviene en el conflicto y él queda desgarrado en mitades opuestas.
—Carl G. Jung

El acto de percibir es el acto de proyectar, y lo que proyectamos está dentro de nuestra mente, concretamente en nuestro inconsciente. Un observador consciente sabe que lo que más le gusta o desagrada de los demás está en su mente. Verá todo lo que le rodea como un espejo que le permite conocerse a sí mismo. Así, podemos definir como observador consciente al que se percata, observa y registra lo que está ocurriendo en el mundo que le rodea, como una información que está dentro de él.

La proyección da lugar a la percepción. [...] Es el testimonio de tu estado mental, la imagen externa de una condición interna. Tal como el hombre piense, así percibirá.
—*UCDM* (T-21.I.1,5-6)

El mundo, nuestro mundo, se convierte en una pantalla que nos permite, si estamos dispuestos a ello, conocernos a nosotros mismos. Para mí, este acto, al que llamo *Inversión de Pensamiento,* es el acto más amoroso que uno puede hacer hacia sí mismo y también hacia los demás. Porque dejamos de proyectar la culpabilidad, con lo que esta deja de ser un juego para castigar o castigarnos, y se produce un acto de liberación para todos.

En la web *Conciencia y emociones,* el doctor Adalberto Pacheco y la doctora Begoña Carbelo nos dicen:

Tendríamos que estar dispuestos a sentarnos un rato cada día y empezar a observarnos y a diseñarnos un futuro nuevo y posible, eligiendo los estados emocionales en los que queremos permanecer. Creemos que la disciplina es clave en todo este proceso para obtener resultados, ya que el ejercicio de la atención concentrada supone un aumento progresivo de su eficacia. Ahora también se ha demostrado en laboratorio, según una investigación de 1998 titulada La demostración de la teoría cuántica: la observación afecta a la realidad, de Weizmann Institute of Science de Israel, que cuanto más tiempo se observan las partículas, más se ven afectadas por el observador, en una clara relación proporcional. Este experimento nos dice que, centrando nuestra atención y manteniéndola más tiempo, es posible mantener simultáneamente el estado de la realidad que deseamos fijar.

Por lo tanto, nuestra realidad estará construida por una serie de recuerdos e informaciones inconscientes que se manifestarán en forma de percepciones, que a su vez activarán una serie de emociones y sentimientos, los cuales nos llevarán a realizar ciertos actos que tendrán consecuencias que, muy probablemente, llamaremos *destino.* Nuestra percepción, como indica el estudio, es un acto de observación, y cuanto más nos aferremos a ella, más nos va a dar la razón.

Esto concuerda con la ley fundamental de la percepción: ves lo que crees que está ahí, y crees que está ahí porque quieres que lo esté.
—*UCDM* (T-25.III.1.3)

La ley que prevalece dentro del Reino se adapta fuera de él a la premisa: "Crees en lo que proyectas".
—*UCDM* (T-7.II.3:1)

La percepción selecciona y configura el mundo que ves. Literalmente lo selecciona siguiendo las directrices de la mente. [...] La percepción es una elección, no un hecho.
—*UCDM* (T-21.V.1:1-2,7)

La percepción es la elección de lo que quieres ser, del mundo en el que quieres vivir y del estado en el que crees que tu mente se encontrará contenta y satisfecha.
—*UCDM* (T-25.I.3:1)

La reflexión clave para evitar caer en la tentación de querer cambiar la realidad es preguntarnos: "¿Qué hacemos para vivir y repetir lo que llamamos nuestra realidad?". De esto trata el presente libro: para abrir nuestra conciencia debemos evitar querer cambiar lo que vemos. Se trata de cambiar la causa de lo que nos sucede en nuestra vida y dicha causa está en cada uno de nosotros. En esta actitud de Inversión de Pensamiento se fundamenta el desarrollo de una mente abundante. Una mente que *sabe* que nunca le va a faltar lo que necesite para realizar su función en el mundo.

Cada vez que hacemos una elección, existen innumerables posibilidades o resultados paralelos; todos a la vez. A modo de resumen, el proceso funcionaría de esta manera: cuando interviene un observador humano, primero nos hacemos una pregunta sobre la realidad. En segundo lugar, surgen las infinitas posibilidades y, finalmente, la observación desintegra todas las posibilidades y solo queda una, que es la elección deseada. Como vengo diciendo, somos un *tomador de decisiones*, nunca deberíamos de olvidarlo. Cuando estemos frente a una experiencia lo suficientemente estresante, mantengamos la calma y recurramos a nuestro poder de decidir quién queremos ser en esa situación. Guardamos silencio, observamos nuestra mente, nos convertimos en el observador del observador confuso que está involucrado en la situación. En este punto, pedimos un Instante de Liberación, un Instante Santo, y dejamos que, de todas las opciones posibles en esa toma de decisiones, me sea inspirada la que voy a elegir. Sabré que es la correcta porque me sentiré en paz.

Para comprender el acto de observación, quiero dejar claro un aspecto fundamental del acto de observar. Se trata del *yo observado* y del *yo observador*.

El *yo observado*, comúnmente conocido como el *yo,* está formado por un conglomerado de experiencias pasadas, de condicionamientos y de programación. Su característica principal es que cambia constantemente.

El *yo observador* no se identifica con nada. Nunca se siente amenazado. Observa lo que está ocurriendo fuera y dentro del *yo observado* como si le estuviera ocurriendo a otra persona. Al yo observado también lo llamo el *yo confundido*, el que está atrapado en sus historias y justificaciones, y por ello no resuelve la situación que percibe como un problema.

Cuando el *yo observador* se identifica con el *yo observado*, empieza el sufrimiento. Ya no hay disociación. Si queremos reescribir nuestra vida, tendremos que ejercitar, una y otra vez con plena disciplina, al *yo observador*.

Por último, no me preguntes cómo hacer esto de observarte a ti mismo, porque te estaría enseñando una técnica, es decir, programándote. La autoobservación es una experiencia liberadora que comporta mucho dolor. Implica observar todas las cosas internas y externas, y hacerlo como si estuvieran ocurriéndole a otra persona. Hay una disociación, como si estuvieras viendo una película.

Sigamos indagando en nuestra percepción, que es la hija de nuestras proyecciones. El mundo de la percepción es el mundo del tiempo, de los comienzos y de los finales. Se basa en interpretaciones y no en hechos, nos dice *UCDM* en el Prefacio.

Cuando quedamos atrapados en el mundo de la percepción, o sea, en el mundo que sustenta nuestras creencias, estamos en la ilusión. Vivimos en la mentira. Entonces empezamos a argumentar su existencia, y utilizamos conceptos, símbolos y creencias para justificarla. Estamos en la Gran Mentira.

El mundo que vemos refleja simplemente nuestro marco de referencia interno. Las ideas predominantes, los deseos y las emociones que albergan nuestras mentes.
—*UCDM* (Prefacio XIII)

Hacemos que nuestro mundo sea real mediante las interpretaciones, que nos permiten justificar nuestras acciones, nuestra ira, y nuestra falta de amor a todo lo que nos rodea. Nuestras interpretaciones están creando nuestra realidad sin que seamos conscientes de ello. Empezar a cuestionarlas es un acto de sabiduría que nos permite trascenderlas e iniciar el sendero para liberar nuestra mente, sabiendo que nuestras historias contienen la colección de sentimientos, creencias y conclusiones que hemos estado acumulando y arrastrando toda nuestra vida.

Pero hay algo que hemos de tener en cuenta: nuestras historias nos permiten adentrarnos en nuestro inconsciente y, de esta manera, saber quiénes somos realmente.

Lo que se proyecta y parece ser externo a la mente no está fuera en absoluto, sino que es un efecto de lo que está dentro y no ha abandonado su fuente.
—*UCDM* (T-26.VII.4:9)

Estoy haciendo una distinción entre lo que tú realmente eres y lo que crees ser. El Observador consciente es el yo real, el observador confuso es una ilusión, no es real. Este último es el que está atrapado, el que sufre, el que quiere cambiar todo lo que no le gusta, el que vive sus mentiras como si fueran verdad.

Una de las primeras cosas de las que te darás cuenta es de la cantidad de juicios que emites sobre ti y sobre los demás. Todo tu diálogo interno, tus creencias, tus opiniones —las cuales te están condicionando—, son lo que aprendiste. Todo eso que llena tu mente es mentira.

¿Qué es real? ¿Qué es virtual? No podemos saber lo que es real hasta que no dejemos de darle fuerza a lo virtual. Vivir en el mundo virtual no es bueno ni malo. De hecho, actualmente hemos creado máquinas que nos permiten vivir en otros mundos y muchas veces nos quedamos atrapados en ellos. Sabemos que es virtual, pero nos emocionamos, nos enfadamos, saltamos de alegría, nos sumergimos en este juego que está dentro de otro juego llamado vida.

Cuando estamos en el mundo real, seguimos viendo lo mismo, pero ya no nos afecta como antes. Simplemente ya no estamos apegados. Sabemos que todo se complementa, que lo que aceptamos o rechazamos habla de nosotros mismos. Sabemos lidiar con las polaridades porque comprendemos que una da vida a la otra y ambas son necesarias. Entonces, nuestra mente se mueve en lo que se ha dado en llamar *el filo de la navaja*.

Si este fuese el mundo real, Dios sería *ciertamente cruel.*
—UCDM (T-13.Int.3:1)

El mundo real ciertamente se puede percibir. Lo único que se requiere es que estés dispuesto a no percibir nada más. Pues si percibes tanto el bien como el mal, estarás aceptando lo falso y lo verdadero sin hacer una distinción clara entre ellos.
—UCDM (T-11.VII.2:6-8)

Para llegar al mundo real hay que encontrar la zona fronteriza que lo separa del mundo de la ilusión, del sueño de la separación, que nos ha condenado a creer en la pobreza, en la enfermedad y en la muerte como un final. Esta zona fronteriza está en nuestra mente.

No es un lugar, y cuando llegas a ella, te das cuenta de que está fuera de los confines del tiempo. Ahí es donde se lleva todo pensamiento, donde se reconcilian los valores conflictivos y donde todas las ilusiones se depositan ante la verdad y se juzgan como falsas.
—UCDM (T-26.III.2:2-3)

En este mundo, elegir se vuelve imposible. En el mundo real, se simplifica.
—UCDM (T-26.III.4:9-10)

UCDM sigue iluminándonos cuando nos habla de la consecución del mundo real, diciéndonos:

Siéntate sosegadamente, y según contemplas el mundo que ves, repite para tus adentros: "El mundo real no es así. En él no hay edificios ni calles donde sus habitantes caminan solos y separados. En él no hay tiendas donde la gente compra una infinidad de cosas innecesarias. No está iluminado por luces artificiales, ni la noche desciende sobre él. No tiene días radiantes que luego se nublan. En el mundo real nadie sufre pérdidas de ninguna clase. En él todo resplandece, y resplandece eternamente".
—UCDM (T-13.VII.1)

Tienes que negar el mundo que ves, pues verlo te impide otro tipo de visión. No puedes ver ambos mundos [...] Los dos no pueden ser verdad; no obstante, cada uno de ellos te parecerá tan real como el valor que le atribuyas.
—UCDM (T-13.VII.2:1-2,4)

Una reflexión de *UCDM:* aprenderás lo que eres de lo que has proyectado sobre los demás, y de lo que, por lo tanto, crees que ellos son. Comprende que no reaccionas a nada directamente, sino a tu propia interpretación de ello. Tu interpretación, por lo tanto, se convierte en la justificación de tus reacciones. Por eso, analizar los motivos de los demás es peligroso.

Todo lo que percibes es un reflejo de lo que es real, pero no hay nada detrás de este espejo. Él es la pantalla en la cual proyectas tus historias y tus interpretaciones, y tu mente intenta dar sentido a todo lo que percibe, y lo hace según el significado que le das gracias a tus programaciones. Nunca olvides que cada sentido que das a lo que percibes está filtrado por tu sistema de creencias.

Practiquemos un poco la autoindagación, que nos permite ver la naturaleza de las emociones. Observa *dónde nace el impulso inicial*, y el marco que lo rodea con todos los factores alienantes. Te conviertes en observador de ti mismo. Un *yo observador* que ve al *yo confundido* como a alguien que no pertenece al *Self*, al Sí Mismo, al Yo.

El observador se hace preguntas muy sencillas: ¿Qué percibe este yo confundido? ¿Con qué o con quién se identifica?

- Estas preguntas le permitirán al yo observador empezar a tomar conciencia de hasta qué punto las informaciones inconscientes se manifiestan en su vida, no para sufrirlas, sino para liberarlas.
- Le permitirá comprender sus percepciones para así poder trascenderlas.
- Aquí se sustenta la autogestión emocional.

Por ejemplo, no te digas "estoy triste", sino "siento tristeza". ¿Qué me está diciendo la tristeza? ¿Qué motivo creo que me entristece?

Cuenta la historia que un alumno preguntó a su maestro:

—¿Puedes decirme dónde te ha llevado la autoobservación?

A lo que el maestro le contestó:

—Antes tenía depresión, ahora veo la depresión. Ella está ahí, no está en mí.

Obsérvate cuando te enfadas con alguien. ¿Eres consciente de tu enfado o simplemente te estás identificando con el enfado? Luego, cuando tengas tiempo, analiza la experiencia, busca qué hay detrás de tu enfado, trata de entenderlo y evita justificarlo. Como puedes ver, es un hábito, un logro estrictamente personal.

LA PRÁCTICA DE LA ATENCIÓN

Tenemos que adiestrar nuestra mente, hemos de entrenarla para desarrollar la atención, el observador consciente, el que sabe que hay un observador confuso que está atrapado en sus creencias y percepciones. Este observador consciente ilumina al observador confuso para que se dé cuenta de que está atrapado en sus interpretaciones y que sus reacciones emocionales están sujetas a ellas. Propongo el desarrollo de la *atención flotante*, que es clave para ver las mentiras que nos contamos a fin de sustentar nuestras experiencias, y comprender que la queja no tiene sentido alguno. Es un paso crucial para entrar en una percepción inocente, una percepción pura. Veremos que vivimos una realidad virtual que recreamos en nuestra mente, y nos identificamos tanto con ella que convertimos la mentira en nuestra verdad.

Cuando no hacemos juicios, la percepción ya no tiene lugar, pues percibir se vuelve imposible. La Verdad solo se puede conocer y la Verdad es total. La percepción divide, entraña una conciencia parcial. Por lo tanto, se basa en la escasez, en la pobreza. De ello se deduce que, si desarrollamos la percepción inocente, veremos nuestra abundancia.

Este es el cambio que brinda la percepción verdadera: lo que antes se había proyectado afuera, ahora se ve adentro, y ahí el perdón deja que desaparezca.
—*UCDM* (C-4.6:1)

Una de las ilusiones de las que adoleces es la creencia de que los juicios que emites no tienen ningún efecto.
—*UCDM* (T-3.VI.2:7)

La atención es energía y la proyectamos al Campo de Consciencia Universal. Nuestra atención está condicionada por la información que almacenamos en nuestro inconsciente. Esto nos lleva a hacer un viaje al revés: no se trata de mirar afuera con determinada atención e intención, sino de mirar adentro. Y la mejor manera de saber qué información tenemos dentro consiste en mirar afuera. Todo esto parece un contrasentido, pero nada más lejos de la realidad. Lo que vemos fuera, nuestra forma de percibirlo, habla de nosotros. No me cansaré de repetirlo.

Por lo tanto, lo primero que tenemos que hacer es aceptar nuestra manera de ver las cosas, luego observar nuestras incomodidades, opiniones y juicios. En ese momento, hay que hacer un acto de valentía y decir: estoy ciego, solo puedo ver aquello que yo creo que soy. Renuncio a creer que soy esto que veo, y renuncio a pensar que lo que veo es la verdad. Siempre estoy interpretando; por lo tanto, si quiero *ver*, tengo que renunciar a tener razón. Acto seguido me quedo en silencio y recuerdo aquellas palabras de *Un curso de milagros* que dicen: "en la quietud mental hallarás todas las respuestas". En este instante de renuncia, aquietas tu alma, aquietas tu mente y te abres a la respuesta que te será inspirada. Es un instante de liberación porque estarás en paz.

Para desarrollar esta actitud mental se requiere un estado de *alerta*, de observar los contenidos de tu mente y no darles fuerza. Hay que dejarlos pasar sin juzgarlos ni rechazarlos. Están ahí, me hablan de mí mismo. Son información, formas de interpretar la vida.

La verdadera riqueza es un estado mental, un vivir en el aquí y ahora. No hay preocupación, sencillamente te ocupas, en el día a día, de lo que sea menester y das lo mejor de ti mismo.

La física nos enseña que, antes de prestar atención a algo, la información está presente en forma de onda que contiene múltiples probabilidades. Cuando hay observación, la onda se convierte en partícula y se manifiesta en el espacio-tiempo, en el reino material. De hecho, toda creación material solo es el ser que se experimenta a sí mismo a través de diferentes cualidades de su propia atención. Esta atención está condicionada por los datos —información— que mantienen y alimentan la mente del observador. Como observadores que somos, estamos creando nuestra realidad, a la que llamamos *destino,* y muchas veces no somos conscientes de que lo estamos creando nosotros mismos.

Te encuentras en una situación imposible únicamente porque crees que te puedes encontrar en una situación así.
—*UCDM* (T-6.IV.10:1)

Lo que tienes que reconocer es que, cuando no compartes un sistema de pensamiento, lo debilitas.
—*UCDM* (T-6.V.B.1:7)

Siempre debemos tener presente a qué le prestamos atención. Nunca olvidemos que hay un sistema —el del ego— que manipula nuestra atención —que es poder— para utilizarla como medio de alimentar en nuestra mente la creencia en la separación. De esta manera, el ego divide y siempre gana, porque él vive y se alimenta de la creencia de que todo está separado. El ego coloca nuestras mentes en nuestros cerebros y vive en nuestros cuerpos. De esta manera, alimenta el miedo al otro y pone la atención en que la causa está afuera y no en cada uno de nosotros.

Hay que mantenerse alerta a los contenidos que albergamos en nuestra mente. Hay que estar alerta ante el conflicto, que es el alimento del ego. A él le encanta el sufrimiento, pues es uno de los requisitos para sentirse aislado y, por ende, atacado por todo aquel que no piense como nosotros. Hay que mantenerse alerta en favor de la conciencia de unidad, a pesar del caos que nos pueda rodear. Mientras nuestra mente se mantenga alerta por encima del caos y se aquiete, entraremos en un estado de paz que nos permitirá tomar la mejor decisión, que se nos dará como inspiración. Esta elección no vendrá de nuestro ego y lo sabremos por una sencilla razón: nos sorprenderá, pues no la considerábamos como una opción.

Hablaré sobre ello en un capítulo posterior. También hablaré de la importancia del tiempo, de lo sujeto que está al tipo de observador que somos y de sus consecuencias en nuestra vida.

La vigilancia requiere esfuerzo, pero solo hasta que aprendas que el esfuerzo en sí es innecesario.
—UCDM (T-6.V.C.10:4)

Mantente alerta solo a favor de Dios y de Su Reino.
—UCDM (T-6.V.C.2:8)

Hay que tener siempre presente que la atención da vida a una partícula que almacena posibilidades en el campo de las infinitas posibilidades. Nuestra atención se manifestará en forma de experiencias, sin olvidar que somos un tomador de decisiones, y muchas veces las respuestas a nuestros problemas siempre son las mismas. Recordemos también que un pensamiento no solo pone en funcionamiento la química cerebral, sino la de todo nuestro cuerpo. Tenemos que prestar atención a nuestras palabras, a nuestras opiniones y, por supuesto, evitar los juicios. Nuestras palabras, que son la expresión de nuestra atención, transforman lo invisible en visible. ¿A qué prestas atención? Eso será lo que vivirá en ti. Tu verdad.

LA PERCEPCIÓN Y EL SIGNIFICADO

Cuando miras, ¿qué ves? Imagínate que estás en otro mundo; tú ves, por supuesto, pero no sabes lo que estás viendo. Te lo puedes imaginar, tu mente busca experiencias para poder comparar, pero no las encuentra. Tú sigues mirando y mirando y al final te rindes. Ahora ya observas limpiamente, tu mente está en silencio y, entonces, empiezas a comprender, ves otro significado que no tiene nada que ver con tu mundo. Jesús lo explicó maravillosamente con una frase que para muchos era enigmática, cuando dijo:

Hasta que no seáis como niños no podréis entrar en el reino de los Cielos.

Se refería a desarrollar una mente inocente, que no supone, que no interpreta, una mente ávida de lo que ve y de *saber*. Una mente que no hace juicio alguno. Entonces no necesita preguntar, porque ¡sabe! Está en el Cielo.

A este estado mental es al que yo mismo quiero llegar y, de ser posible, con todos vosotros. Este libro pretende abrir nuestra mente a otras realidades, pretende liberarnos de las creencias, conceptos y símbolos que permitimos que coarten nuestra libertad. Nosotros somos los carceleros y los encarcelados. Nosotros tenemos la llave. No hay nadie más.

El primer paso es saber que no vemos, que estamos interpretando, proyectando nuestros conceptos y nuestras creencias. La mente humana no es otra cosa que una realidad virtual.

No es real. Lo único que es real es la Verdad, la que nos hace libres. *Un curso de milagros* postula:

> *Nada real puede ser amenazado.*
> *Nada irreal existe.*
> *En esto radica la paz de Dios.*
> —*UCDM* (T-in.2:2-4)

Establece claramente la diferencia entre el conocimiento y la percepción. Para llegar a este conocimiento, a lo real, tenemos que trascender nuestras percepciones y liberarnos de la creencia de que existen los opuestos. En este mundo dual todo se complementa. Estamos en el *infierno* cuando queremos deshacernos de todo lo que no encaja en nuestra manera de ver y entender la vida.

TU YO ES EL CREADOR DE TU UNIVERSO

Tu Yo superior es la Primera Causa de todo tu mundo. Cualquier estado en el que te encuentres debe ser causado por el Yo superior, el Ser. Tus pensamientos provienen del Ser. Tus deseos provienen del Ser. ¿Puedes pensar en algo que no provenga del espíritu? Nada puede existir fuera del espíritu; nada puede existir fuera de la Vida.

Las personas atraen lo que son, no lo que quieren. Atraen lo que les gusta y lo que temen. Sostienen lo que juzgan y condenan. Aquello a lo que se resisten, persiste. Lo que aceptan y examinan conscientemente los libera. Lo que realmente creen es lo que se vuelve real en sus vidas.

El cambio es la única constante en el universo. Todo cambia a cada momento. La vida es cambio y con el cambio viene el crecimiento. Un día dejarás hasta tu propio cuerpo. Nunca puedes ser propietario de nada aquí en la Tierra.

El cambio es tu única constante. Ámalo. Abrázalo. Encuentra los dones que te trae. Cambia. De todas maneras, es el único juego que hay, el juego de la vida, el juego de los cambios.

LA IMPORTANCIA DE LA GRATITUD

La gratitud por todas las cosas del pasado, presente y futuro obra milagros. Una gran verdad con respecto a esto: siéntete agradecido por todo lo que te rodea. Da las gracias, las tienes que dar con un corazón lleno de gratitud. Da las gracias por tener enemigos, pues ellos hablan de tu poder y de tus capacidades. No hay mejor halago que saber que te están copiando o que simplemente te están imitando. Da las gracias por mover y remover conciencias. Da las gracias por saber que tu paso por el mundo deja huella. Da las gracias por todas las oportunidades que la Vida te da para poder ejercer el perdón. Da las gracias por todos aquellos que hablan mal de ti porque se sienten incomodados; esta es una señal inequívoca de que has sembrado la semilla del cambio. Da las gracias al que te sirve, al que te tiene miedo, al que te bendice, al que piensa algo de ti. Da las gracias por todo ello y mucho más... Es la manifestación del Ser en tu vida.

Tu Ser es el arquitecto de tu vida, es la causa primera de todo.

Desarrolla la calma ante cualquier acontecimiento. Lo primero es la calma. Para ello, pide inspiración, pide luz, pide comprensión. Aleja de tu mente todo miedo, deja que el milagro se manifieste, pues un Hijo de Dios no puede sufrir. El gran obstáculo es que no creemos ser Hijos de Dios, y esto nos condena al sufrimiento y al dolor. No confiamos en la Gran Sabiduría. La calma es el fruto de la sabiduría adquirida con el tiempo. La calma puede soportar el verdadero control y precisión del pensamiento.

El crecimiento a lo nuevo, la capacidad de abrir nuestra mente, radica en aprender a vivir en la incertidumbre. Creer en el control es una locura. Vive cada experiencia como única, déjate fluir en las ondas del Amor. Déjate sostener por ellas, pues te acompañarán en toda experiencia. Te sumergirán en la más absoluta oscuridad para que puedas reconocer lo que eres: Luz. Bendice tus dificultades, pues ellas están en tu vida para que desarrolles tu fuerza, la esencia de tu alma. Ama todo lo que hagas y no esperes nada a cambio, pues ello te aleja de la fuente. Esta se manifiesta en ti y a través de ti. Sé un instrumento de Paz y el resto déjaselo al Ser, a la Sabiduría Universal. Con esta actitud mental vivirás la abundancia primigenia, la que se manifiesta a través de ti siempre que abres las puertas de tu mente a vivir en la incertidumbre. Cuando desarrollas esta actitud mental, el Universo sencillamente te da las gracias.

Decide en todo momento no preocuparte, no sentirte frustrado, no desear estar en otro lugar haciendo algo distinto, y no tener miedo. Todas estas declaraciones son de no tener y perpetúan el estado de no tener.

Nada sucede en tu entorno sin que tú hayas sido la causa —en algún nivel de tu Ser—, a pesar de que tal vez no seas consciente de las decisiones que tomas para causar tu mundo. La condena y el juicio retienen aquello que es condenado y enjuiciado.

Tu alma es la parte de ti que está más cerca de la fuente de Todo lo que Es. Es una individuación de la fuente, hecha a imagen y semejanza de la fuente. Tu alma sabe y percibe mucho más de lo que perciben la mente y el cuerpo físico. El alma se comunica con tu mente a través del cuerpo utilizando sentimientos e intuiciones. Si quieres acelerar tu crecimiento y reducir contratiempos innecesarios y sufrimientos, escucha siempre a tus sentimientos e intuiciones.

La Fuente nos habla a través de todas las formas de comunicación interna y externa. Siempre y de todas las maneras.

Somos nosotros los que interrumpimos esa comunicación. Empieza a prestar atención a qué películas ves, qué programas de televisión miras, qué revistas lees, con qué personas hablas, qué eventos de la vida observas y qué intuiciones tienes. Todos ellos y muchos otros traen mensajes para tu avance, mensajes de la fuente. Sencillamente estate abierto y dispuesto.

Tienes más potencial dentro de ti del que puedas usar en toda una vida, o incluso en varias vidas. Deja de poner excusas y creer en limitaciones. Generalmente, una persona saludable se encuentra en una buena posición para crear riqueza. La salud indica un acuerdo entre el cuerpo, la mente y el espíritu. La falta de salud es causada por un desacuerdo entre los tres: por ejemplo, una mente iracunda y con pensamientos negativos causa un cuerpo que no es saludable. Un cuerpo que no está descansado, nutrido, ejercitado y libre de toxinas mata a la mente. Escucha, presta atención y respeta las señales que te envían tu cuerpo, mente y espíritu.

Ejercita tu cuerpo para que pueda sostener esta vibración. Ejercita tu cuerpo diariamente. Tu cuerpo es un sistema de energía y una extensión de tu mente. El ejercicio abre los canales de energía en tu cuerpo y en tu mente. Recuerda, el pensamiento es energía y tu mente está en todo tu cuerpo, en cada célula de tu cuerpo, no solo en el cerebro. Ejercitando tu cuerpo todos los días, mejoran mucho tu mente y tus pensamientos.

LAS PROPIEDADES EMERGENTES

Estas propiedades surgen cuando tu atención está equilibrada, cuando te sintonizas con un estado de atención de calidad. Dicho de otra manera, cuando observas sin juicios, con una mente inocente.

Es imprescindible que te muestres: aquí estoy yo, esta es mi posición. Esta es mi verdad. Esta es mi experiencia. Te acepto y me acepto, sé que tú formas parte de mí. Has de saber estar en la posición de recibir ataques y trabajar positivamente con ellos. No has de caer en la trampa reactiva de hacer frente a los razonamientos de aquellos que no están de acuerdo contigo, y agradecer sin complacencia a los que están encantados con lo que muestras y explicas. Todo forma parte del baile de la Vida, que es fundamental para la existencia de este mundo.

Para mantenerse en el Campo, para sentirlo, es muy importante mantener tu mente en el presente, evitando que divague. La atención implica un *ver;* implica energía y un nivel de conciencia sustentado en que todo está interrelacionado. Todo tiene su razón de ser.

Tenemos que desarrollar la práctica de estar presentes a cada instante. Se trata de convertirte en observador de todo el proceso y de ti mismo, el que actúa. Es una conciencia no reactiva. Es el observador que observa al actor como un todo.

Recordemos lo que he dicho en el primer capítulo: observamos con benevolencia al yo que actúa para que pueda abrirse a una vida emocionalmente equilibrada. Se trata de desarrollar una observación compasiva hacia todo lo que se despliega en nuestra vida.

El observador se hace una reflexión —a modo de pregunta— llena de sabiduría y con pleno poder de transformación: "¿Qué energías estoy moviendo para vivir esta experiencia?".

Entra de lleno en una observación consciente, sin juicios, sin excusas, viendo qué creencias se manifiestan en tu conciencia. Hay un estado deseado que tus creencias bloquean y limitan, y eso te lleva a vivirlo como un estado problemático. El observador comprende que ambos estados están entrelazados y en este momento empieza un proceso de alquimia, de transformación, sencillamente porque no hay rechazo. En ese momento uno deja de buscar soluciones y entra en el estado de *rendición*.

Recordemos que la rendición es un estado de no-hacer, una no-búsqueda, un escuchar, un estado de presencia. Con este estado de conciencia, te abres a una solución que está fuera de tu paradigma, fuera de tu percepción actual del problema.

RECAPITULANDO

Este capítulo, que tiene que ver con el tipo de observador que somos, pretende llevarnos a la Santa Comprensión de que la causa está en nosotros. Debemos sanar nuestras percepciones al comprender que ellas hablan de nosotros. Entonces aplicaremos la actitud mental necesaria, llamada inversión del pensamiento. Consiste en invertir causa y efecto, comprendiendo que el poder de decidir, de cambiar nuestra observación, está en nosotros al vivir cada experiencia con la certeza de que todo está interrelacionado.

Es fundamental desarrollar una mente que vive plenamente desde la Conciencia Original, llamada también *conciencia de unidad,* una mente holotrópica que sabe que el Todo contiene las partes y cada parte contiene el Todo.

¿No es el mar —aunque vasto y profundo— una sola gota?
¿No es la Tierra —por extensa que sea— una sola esfera?
¿No son las esferas —aunque innumerables— un universo?

También la humanidad es un solo hombre. De manera semejante, el hombre, con todos sus mundos, es una unidad completa.
—Mikhail Naimy, *El Libro de Mirdad*

Estoy disgustado porque veo algo que no está ahí.
—*UCDM* (L-6)

CAPÍTULO V

Tu esencia. En el universo solo existe abundancia

La prosperidad es una forma de vivir y de pensar, no solo la posesión de dinero.
—Campo de sueños

INTRODUCCIÓN

Para sentirnos realizados y plenos, es importante reconocer la abundancia que ya tenemos, la abundancia que ya somos. Si no vemos que ya somos plenos, no podemos conocer la abundancia. Somos abundantes, y como seres humanos creativos e inspirados, manifestaremos aún más abundancia que ahora.

No tenemos que convertirnos en nada especial, en algo que no somos. Tenemos que abrir la mente al Ser que nos habita y sostiene a todos, y hacerle un lugar para que se exprese.

No hay ningún lugar adonde ir. No hay ningún maestro a cuyos pies tengamos que sentarnos. No hay ningún libro que tengamos que leer. Sencillamente, tu corazón te dirá dónde tienes que ir, a quién escuchar, qué leer. ¡¡Nunca tu mente!!, pues está atrapada en la dualidad. Tal como nos enseña el *Curso*, al final del camino tomarás conciencia de que:

No tengo que hacer nada.
—*UCDM* (T-18.VII)

Presta siempre atención a lo que tienes y no a lo que crees que te falta. Si piensas en lo que no tienes, estás alimentando la pobreza.

Una persona próspera es una persona que da. Esta persona da lo mejor de sí misma en todo lo que hace, se entrega con toda su alma en su ocupación, bien sea limpiar una casa, atender llamadas telefónicas, dar clases, dirigir un proyecto, etc. Hagas lo que hagas, pon todo tu amor en ello.

El otro día, tenía que ir a una ferretería a comprar unos tacos para poder fijar una barandilla. Me dirigía a una ferretería situada en el centro de mi pueblo, y mi mujer me dijo que no fuéramos allí porque el encargado y dueño no le gusta nada, pues atiende a la gente sin poner interés.

—Entonces, ¿adónde vamos? —le pregunte.

Ella me llevo a otra ferretería en las afueras del pueblo, diciéndome:

—En esta ferretería, el dueño es muy agradable; se ve y se nota que la ferretería es su pasión.

Al llegar, el comercio estaba cerrado y en la puerta había un cartel que decía: vuelvo en 5 minutos. Y así fue: nos atendió con toda amabilidad y respondió mis dudas y preguntas. Salimos de la tienda con lo que necesitaba, un camping gas, varias herramientas y una linterna que me fascinó. Hubiera seguido comprando, porque, aunque no sea muy *manitas*, me gusta tener herramientas por si las necesito en algún momento. Lo que me conquistó fue su amor y pasión por su trabajo. Me comentó que, cuando iba a comprar con su mujer y veía una ferretería, siempre se perdía en ella durante unos minutos. Este hombre no solo te vende lo que necesitas, sino que te aconseja lo mejor en función de tus necesidades, y encima procura que no te gastes más de lo necesario y que no compres cosas superfluas.

Reflexiones: ¿Das lo mejor de ti mismo en todo lo que haces? ¿Estás pendiente de la hora de salir y dejas cosas para mañana? ¿Te lamentas del sueldo que te pagan? ¿Estás esperando que te feliciten? ¿Sientes que formas parte de algo mucho más grande que tú o simplemente te limitas a cumplir?

La generosidad es un campo de energía poderoso y magnético al que atraes ideas, circunstancias y personas que armonizan con tus proyectos de vida y los sueños que más valoras. La persona generosa no da para recibir; da porque siente y sabe que nunca le va a faltar nada para llevar a cabo lo que la vida le inspire. *Si no sabes lo que estás dando, observa lo que estás recibiendo.*

Un día entré en un restaurante que me habían aconsejado. Era un restaurante de unas 15 mesas atendidas por un camarero. Me quedé embelesado con la atención y cariño con que atendía a todas las mesas, prestando su máxima atención, aconsejando a los comensales como si no hubiera más mesas en la sala. Lo que más me cautivó fue su servicio a todas y a cada una de las mesas, el control del tiempo, y sobre todo la calma y la tranquilidad que transmitía, hasta el punto de que se perdía la noción del tiempo y no tenías prisa alguna para que te sirviera. Cuando nos sirvió, me sentí como si fuéramos las personas más importantes del mundo. Y cuando llegó la hora de pagar, le dije:

—La comida ha sido excelente, felicite al cocinero por favor; pero, lo que realmente me hará volver a este restaurante será su servicio. Gracias por la generosidad que ha mostrado en el servicio a todas las mesas.

Y diciéndole esto, le di una suculenta propina. Hemos vuelto a ir a este restaurante varias veces, y siempre me quedo admirado por el amor y entrega de este camarero en el servicio tan ejemplar que da a cada mesa. Es una inspiración de generosidad para los demás, para su jefe y sobre todo para sí mismo.

Hemos de desarrollar la confianza. Olvidar las ideas preconcebidas acerca de cómo deberían ser las cosas nos proporcionará una intensa paz interior y el espacio mental para que la Inteligencia Universal nos inspire en nuestros proyectos, o simplemente nos sorprenda. Tengo un ejemplo particular de lo que estoy expresando con estas palabras. Por decirlo de alguna manera, he llegado a crear un proyecto que nunca imaginé, pero que me sentía impelido a hacer. En su día comprendí que poner expectativas era poner límites a esta Fuerza Infinita, que siempre respeta nuestras limitaciones.

No temáis, pequeño rebaño, porque vuestro Padre ha decidido daros el Reino.
—Lucas 12:32

SOLO EXISTE UNA FUENTE CON INFINITOS CANALES

Cuando uno aprecia lo que posee y comparte su abundancia, la fuente le dará más. Pero, aquel que acumula teniendo miedo a no tener, aunque tenga mucho, siempre vivirá en la carencia. La abundancia no es tener cierta cantidad de dinero o propiedades, sino la certeza de que siempre tendrás lo que necesites para realizar tu función en este mundo.

La abundancia es un nivel de conciencia. Cuando la alcanzas, *tener* es simplemente una consecuencia automática. Este es precisamente el objetivo que quiero mostrar en este libro. Lo cierto es que esta idea se puede hallar en muchas fuentes. Buda decía:

Somos lo que pensamos. Todo lo que somos surge con nuestros pensamientos. Con nuestros pensamientos hacemos el mundo.

En el *Brihadaranyaka Upanishad* se afirma:

Como un hombre actúa, así se vuelve. Como es su deseo, así es su destino.

Jámblico, filósofo griego del siglo IV, decía:

El Destino no controla todas las cosas del mundo de la Naturaleza, porque el alma tiene un principio propio.

La Biblia afirma:

Pedid y se os dará. [...] Si tenéis fe, nada será imposible para vosotros.

El rabino Adin Steinsaltz, en la obra cabalística *The Thirteen Petalled Rose,* escribió:

El destino de una persona está asociado con las cosas que ella misma hace y crea.

El antiguo astronauta Edgar Mitchell —el sexto hombre en pisar la Luna, y desde hace mucho tiempo un explorador tanto del espacio interior como del exterior— utiliza una táctica similar. En 1973, fundó el Instituto de Ciencias Noéticas, una organización con base en California que se dedica a investigar los poderes de la mente. El instituto todavía sigue en plena forma, y entre sus proyectos actuales figura un estudio a gran escala del papel de la mente en las curaciones milagrosas y en las remisiones espontáneas, así como otro estudio del papel de la consciencia en la creación de un futuro global positivo. En su opinión:

Creamos nuestra propia realidad porque nuestra realidad emocional interior —el subconsciente— nos arrastra a situaciones de las que aprendemos. Las vivimos como cosas extrañas que nos pasan en la vida y conocemos a personas de las que necesitamos aprender. Así pues, creamos esas circunstancias en un nivel subconsciente y metafísico muy profundo.

¿Es posible que lo que Bohm llama el *nivel implicado* de la realidad sea realmente el terreno del espíritu, la fuente del resplandor espiritual que ha transformado a los místicos de todos los tiempos? El propio Bohm no descarta la idea. El dominio implicado también podría llamarse Espíritu o Consciencia, declara con una actitud muy realista.

> *La separación de los dos —materia y espíritu— es un concepto abstracto. La base siempre es una.*
> —Michael Talbot, *El universo holográfico*

VIVIR CON CONCIENCIA

Vivir con conciencia es el estado mental de *saber* que todo está interconectado, que todo tiene su razón de ser, que a través de nuestra mente estamos enviando información al Campo que lo une y sostiene todo, al que podemos llamar conciencia de unidad.

Para mí, vivir con plenitud la *abundancia* es vivir desde la conciencia que *sabe* que está sostenida por esta Inteligencia Universal. Nuestro error fundamental es creer que vivimos separados —conciencia dual—, que los acontecimientos que vivimos no están relacionados. Esta forma de ver y entender la vida nos expulsa del Edén. Parafraseando a Robert A. Johnson, vivir en el infierno es vivir creyendo en el mundo dual. A esto se le llama *vivir en la ilusión*.

El "no hacer nada" al que se refiere el Curso implica trascender la ilusión, soltando la necesidad de control y confiando en una guía más elevada. Este no hacer nada es algo que la mente dual no entiende. Ella vive en el hacer y en el conseguir. Con ello, no quiero decir que no tengamos que hacer cosas, por supuesto. Lo que quiero decir es que tú no tienes que hacer nada para alcanzar algo que puedas considerar espiritual. Lo que hay que hacer, en todo caso, es deshacer. Deshacer todas la barreras que hemos interpuesto entre nuestra esencia —Ser— y la identidad que hemos creado, a la que llamamos yo.

Entonces, ¿qué debemos comprender? La experiencia Advaita —no-dos— conduce nuestra mente a un estado de equilibrio entre los aparentes opuestos, nos permite desarrollar una observación en la que los posicionamientos no tienen ningún sentido. Nos lleva a la comprensión de que, cuanto más nos polarizamos, más reforzamos la polaridad complementaria. Nos acompaña a desarrollar una mente que está presente, experimentando un estado de comprensión que es totalmente indefinible. No hay explicación posible. No olvidemos que las palabras solamente tienen sentido en el mundo dual. Tal como nos recuerda *Un curso de milagros* —que, no olvidemos, expresa la experiencia Advaita—, las palabras nos alejan doblemente de la realidad.

Gregory Bateson, en su libro *Pasos hacia una ecología de la mente*, nos transmite con una claridad meridiana la propuesta de la Mente como una unidad que sustenta una infinidad de mentes individuales:

La mente individual es inmanente, pero no solo en el cuerpo. También es inmanente en rutas y mensajes fuera del cuerpo; y hay una Mente Mayor, de la que la mente individual solo es un subsistema. Esta mente Mayor es comparable a Dios, y es, posiblemente, a lo que algunas personas se refieren con la palabra Dios, pero sigue siendo inmanente en la totalidad del sistema social interconectado y de la ecología planetaria.

Como dice Lao-Tse:

El gran Tao se extiende por todas partes, a la izquierda y a la derecha, ama y nutre a todas las cosas.

Los *Vedas* comparten esta misma visión. En un conjunto de textos sagrados de la India, datados del siglo V a.C., se menciona la existencia de un campo unificado de *pura conciencia* que sustenta la existencia misma y que estaba presente antes del comienzo de la vida.

En la antigua Grecia, Pitágoras y Aristóteles también hicieron referencia a un campo de energía universal que conecta todas las cosas, que denominaban *éter* o quinto elemento, del que emergen los otros cuatro: agua, fuego, aire y tierra.

Greg Braden, en su libro *La matriz divina*, nos dice:

> *A partir del poder del Silencio surgió un gran poder, la Mente del Universo que controla todas las cosas.*

Este proceso de creación también se menciona en los evangelios gnósticos escritos en su mayoría entre los siglos II y IV d.C. Ken Wilber, en su libro *La conciencia sin fronteras*, menciona al maestro zen Hakuin Ekako, una de las figuras más influyentes del budismo zen japonés (1686-1769), que nos dice que buscar la conciencia de unidad es como saltar de una ola a otra buscando la acuosidad. Lo expresó con este maravilloso poema:

> *Sin saber lo cerca que está la Verdad.*
> *La gente la busca lejos: ¡Qué lamentable!*
> *Son como quienes, en medio del agua,*
> *lastimeramente se quejan de sed.*

LA ESENCIA UNIVERSAL: LA CONSCIENCIA

Nuestra conexión intrínseca con el entorno y la intuición de que estamos conectados con todo el universo es una idea compartida por muchas religiones y culturas conocidas: cristianismo, hinduismo, budismo, taoísmo, judaísmo, egipcios, vedas, alquimistas, chinos, japoneses, griegos o romanos. Todas estas tradiciones apuntan a la idea de que existe una inteligencia superior que conecta todas las cosas, y gracias a la cual podemos influir en nuestra realidad. Tanto la ciencia como el misticismo explican que, en un nivel básico de nuestra existencia, no vivimos separados de nada de lo que nos rodea.

La conciencia dual nos hace vivir como si estuviéramos alejados —separados— de aquello que nos da la vida. Buscamos la solución a nuestros problemas —o a la creencia en ellos—, sin darnos cuenta de que la tenemos bajo nuestros pies. Nos sentimos como flores que adornan un jardín, olvidándonos de que hay un sustrato que nos sostiene y nos da vida.

HAY QUE RESUCITAR

La persona dormida siempre piensa que su felicidad y bienestar están afuera. Esto la empobrece. Estamos muertos y no somos conscientes de ello. Como ya he venido indicando en capítulos anteriores vivimos en un mar de mentiras, sustentadas por un océano de creencias. Comimos el fruto del árbol prohibido dejándonos engañar por la serpiente cuando nos preguntó: ¿quieres ser como Dios?

Al aceptar el ofrecimiento de la serpiente, dimos por sentado que no éramos Dios y aquí surgió la primera creencia, la cual se convirtió en la madre de todas las demás. Entramos de lleno en la dualidad, surgió el miedo a no tener, surgió la culpabilidad y el miedo a ser castigados, y este fue nuestro castigo, o mejor dicho, nuestro autocastigo. El siguiente paso consistió en crear liturgias, ceremonias, sacrificios, para ablandar a este Dios que nos expulsó del Edén, sin ser conscientes de que fuimos nosotros los que nos expulsamos. La cosa hubiera sido tan sencilla como decirle a la serpiente que ya somos Dios.

Estamos muertos, atrapados en una liturgia llena de preceptos que hay que cumplir para que algún día seamos, otra vez, gratos a los ojos de Dios. Nos hemos alejado de nuestra esencia, de nuestra divinidad, y para lograrlo hemos creado un universo de conceptos que tienen por objeto mantener la distancia entre Dios y nosotros.

Cuando Jesús le dijo a un hombre "sígueme", este le dijo que primero tenía que enterrar a su padre, que acababa de morir, y luego le seguiría. A lo que Jesús le contestó: "dejad que los muertos entierren a sus muertos".

Estamos muertos en vida, envenenados por nuestras creencias que son todas mentira, y construimos iglesias para adorarlas. Hemos creado un sinnúmero de símbolos para acordarnos de adónde hemos de ir, a un estado mental del cual no hemos salido, pero que no expresamos ni vivimos. Esto es así porque creemos que es algo externo que hay que integrar, cuando es algo que está en nosotros —es nuestra esencia—, y hay que liberarla.

En este momento, Jesús es nuestro guía y nos indica el sendero para despertar a la realidad y dejar atrás el sueño de la separación, el sueño de todos aquellos que están muertos. Por eso, el significado de lo que dijo es: que los que están muertos se entierren a sí mismos.

He dicho anteriormente que la verdad es la madre de todas las mentiras. Nuestra verdad es una lápida que cierra nuestro sepulcro, y hasta que despertemos a que ella es la gran mentira, la lápida seguirá guardando nuestro sepulcro. Cuando resucitemos a la única Verdad, la que nos liberará a todos, entonces y solo entonces la lápida cederá y ascenderemos al Reino de los Cielos.

Jesús resució al tercer día. "¿Por qué no lo hizo al primer día?", podríamos preguntarnos. "¿Qué significado lleva implícito resucitar al tercer día?". Es un lapso de tiempo simbólico y necesario para deshacer todas nuestras mentiras. Un estado de silencio, de estar encerrado con uno mismo y realizar la alquimia donde el plomo, que es nuestra densidad mental, se convierta en el oro de nuestra divinidad.

TU ESENCIA ES LA ABUNDANCIA

Tu creencia con relación a lo que das, y la intención con que das, es la lápida de tu sepulcro. Al sentirnos expulsados, convertimos este acto mental en nuestra pobreza ancestral. Por eso, nuestras creencias son el muro que nos impide acceder al Santo Grial que contiene nuestra esencia divina. Hasta que no bebamos un sorbo de esta esencia, no despertaremos a la realidad de que nunca morimos, de que la muerte física es un ritual que la mente que se sintió separada fabricó a fin de darse tiempo a sí misma para despertar. Se sintió tan alejada de su divinidad —su esencia—, que surgió el espacio/tiempo. Esta fue nuestra condena, nuestro castigo. Vagar por la vida dando tumbos una y otra vez, como una noria sin fin, esperando ser rescatados por alguna luz que redima nuestros pecados. Nacemos con el estigma del pecado, y por mucho que se nos bautice, seguimos sintiéndonos pecadores. El pecado no es real, hay que cambiar urgentemente su simbología por *error original,* para reflejar una nueva comprensión que nos permite alejarnos de la carga moral y del concepto de culpa. El pecado nos condena y nos aleja del Reino de los Cielos; el error se deshace cuando comprendemos que nuestra esencia es divina y que siempre está brillando en nuestro corazón. El corazón no miente, no puede hacerlo. Es la mente gobernada por el ego, que se alimenta de nuestro miedo al castigo, la que nos hace construir templos, y con ello consigue que vivamos, más si cabe, en la creencia de que estamos separados.

Tu esencia, el átomo primordial que te une al Gran Átomo, es tu patrimonio. Es el poder que te empuja a realizar lo que estás haciendo, alimenta tus sueños y sobre todo alimenta tu deseo de retornar al hogar. De alguna manera intuyes que nunca has salido de él, porque la separación es imposible. En cambio es posible el alejamiento mental, que sería el *pecado original*, mejor dicho: *el error original*. Cambiar el concepto de pecado por el de error te libera automáticamente, porque todo error puede ser reparado, y todo pecado merece ser castigado y condenado.

Comimos el fruto del Árbol del Conocimiento, que es el Árbol de la muerte. Cuando lo comimos, morimos. Desde mi perspectiva, hay miles de millones de personas que están muertas sin saberlo. Siguen soñando, siguen atrapadas en rituales, siguen proyectando su pobreza, su destierro. Lo único que hacen es que la Inteligencia Universal les siga dando aquello en lo que creen: que están fuera del Paraíso, fuera del Reino de los Cielos. No somos conscientes de que es imposible que suceda esto, pero podemos rodearnos de límites y fronteras, todas sostenidas por nuestra creencia de que estamos fuera de Dios.

Nos sentimos víctimas, que es el sueño de la inmensa mayoría. Víctimas de la religión, de los gobiernos; en definitiva, de nuestras creencias.

Hay que dejar de creer, tenemos que dejar de contarnos mentiras, dejar de proyectar afuera la causa de nuestros problemas. Tenemos que ver cada experiencia como una oportunidad para reconocer dónde está nuestra Esencia Divina. Y para poder verla, solo hay que hacer una cosa: verla en nuestro hermano.

Así funciona la Inteligencia Universal. Ella está para servirnos, ella solo da, y lo que da es lo que le pedimos conscientemente, pero sobre todo inconscientemente.

Tengamos cuidado de no caer en la trampa de las lamentaciones, pues viviremos lamentos. La Divinidad no ve necesidad en cada uno de nosotros. Si ve carencia, es simplemente porque vivimos de lleno en ella.

Jesús dijo: si aquellos que os guían os dijeran: ¡ved, el Reino está en el Cielo!, entonces las aves del Cielo os precederían. Si os dijeran: ¡está en el mar!, entonces los peces del mar os precederían. Más bien, el Reino de Dios está dentro de vosotros y está fuera de vosotros. Quienes lleguen a conocerse a sí

mismos lo hallarán, y cuando lleguéis a conoceros a vosotros mismos, sabréis que sois los Hijos del Padre viviente. Pero si no os conocéis a vosotros mismos, sois empobrecidos y sois la pobreza.
—Evangelio apócrifo de Tomás, dicho 3

Para conocerse a uno mismo no hace falta ir a ningún lugar ni hacer técnica alguna. Basta con ser plenamente consciente de que estás en el lugar adecuado, con las personas correctas, y viviendo la experiencia necesaria para poder conocerte mejor. Ten siempre presente que tu proyección, y su hija la percepción, sencillamente hablan de ti.

Jesús dijo: conoce lo que está enfrente de tu rostro y lo que se esconde de ti se te revelará. Pues no hay nada escondido que no será revelado, y nada enterrado que no será levantado.
—Evangelio apócrifo de Tomás, dicho 5

Seguimos creyendo que es necesario hacer algo para ser gratos a los ojos de Dios. Nos parece increíble que nos haya perdonado. Nos sentimos tan culpables que llegamos incluso a enfermar.

Sus discípulos le preguntaron: ¿cómo quieres que ayunemos, y cómo oraremos? ¿Y cómo daremos limosna, y qué dieta seguiremos?
Jesús dijo: si ayunáis, os causaréis transgresión a vosotros mismos. Y si oráis, seréis condenados. Y si dais limosna, haréis daño a vuestros espíritus. Y cuando entréis en cualquier país para vagar por las regiones, si os reciben, comed lo que os pongan frente a vosotros y curad a los enfermos entre ellos. Pues lo que entra en vuestra boca no os profanará, sino lo que sale de vuestra boca, eso es lo que os profanará.
—Evangelio apócrifo de Tomás, dichos 6 y 14

Hemos de tener siempre presente que la Abundancia es nuestra esencia y que debemos mantenernos alerta a qué contenidos alimentamos en nuestra mente en lo relativo a la carencia, al lamento, a la preocupación y a la culpabilidad.

El gran recurso que tenemos, y que el *Curso* deja muy claro, es pedir al Espíritu Santo que queremos ver las cosas de otra manera.

> *Deja, entonces, todas tus necesidades en Sus manos. Él las colmará sin darles ninguna importancia.*
> —*UCDM* (T-13.VII.13:1-2)

También deja muy claro que en esta vida es imposible perder, pero sí que puede suceder si crees en la pérdida y sobre todo en la separación, pues esta última es la semilla de la pobreza.

> *La creencia de que es posible perder no es sino el reflejo de la premisa subyacente de que Dios está loco. Pues en este mundo parece que alguien tiene que perder porque otro ganó.*
> —*UCDM* (T-25.VII.11:1-2)

> *Puedes estar seguro de que la solución a cualquier problema que el E.S. resuelva será siempre una solución en la que nadie pierde.*
> —*UCDM* (T-25.IX.3:1)

En definitiva, tu esencia la reflejan estas palabras:

Yo y el Padre somos Uno.
—Jesús

El Cielo significa ser uno con Dios.
—Confucio

RECAPITULANDO

- Para sentirnos realizados y plenos, es importante reconocer la abundancia que ya tenemos, la abundancia que ya somos.

- La generosidad es un campo de energía poderoso y magnético al que atraes ideas, circunstancias y personas que armonizan con tus proyectos de vida y tus sueños más queridos.

- La abundancia es un nivel de conciencia. Cuando la alcanzas, *tener* es simplemente una consecuencia automática.

- No hay que hacer nada para vivir en la conciencia de unidad, pues tanto intentar hacer algo como dejar de hacerlo están fuera de lugar.

- Estamos enamorados de las entidades creadas por el ego. Nos mantienen en una hipnosis profunda que nos sumerge en el sufrimiento y en el dolor.

- La conciencia dual nos hace vivir la vida como que estamos alejados —separados— de aquello que nos da la vida.

- Las diferencias, lejos de alejarnos, nos muestran aquello que no podríamos ver si no fuera por la magnificencia de la proyección. La proyección, cuando la invertimos, nos abre al conocimiento.

- Tus creencias en relación a lo que das, y la intención con que das, son la lápida de tu sepulcro.

- Tengamos cuidado de no caer en la trampa de las lamentaciones, pues viviremos lamentos.

- Hemos de tener siempre presente que la Abundancia es nuestra esencia, y que debemos mantenernos alerta a qué contenidos alimentamos en nuestra mente en lo relativo a la carencia, al lamento, a la preocupación y a la culpabilidad.

CAPÍTULO VI

El tiempo. El Instante Santo

Albert Einstein escribió en 1955 a un amigo que había perdido a un ser querido estas palabras indeleblemente asociadas con su legado:

Ahora él se ha ido de este extraño mundo un poco antes que yo. Eso no significa nada. Las personas como nosotros, que creemos en la física, sabemos que la distinción entre pasado, presente y futuro solo es una ilusión tercamente persistente.

INTRODUCCIÓN

Tu paso por el tiempo y el espacio no es al azar. No puedes sino estar en el lugar perfecto, en el momento perfecto.
—UCDM (L-42.2:3-4)

Le preguntaron en cierta ocasión a Buda:
—¿Qué es un hombre santo?
Y Buda respondió:
—Cada hora se divide en cierto número de segundos, y cada segundo en cierto número de fracciones. El santo es en realidad el que es capaz de estar totalmente presente en cada fracción de segundo.
—Anthony de Mello, *La santidad en el instante presente*

Cada instante de nuestra vida es un instante de creación. No somos conscientes del *poder* de mantenerse alerta ante los pensamientos y prestarles atención. *El ser humano que vive en el presente se parece a los lirios del campo y a los pájaros del cielo. Una flor no pretende alargarse en el tiempo. Ella florece como agradecimiento a la Vida. Se muestra y se marchita. Lo ha dado todo.*

Si mi atención está pendiente del pasado, estoy creando muchas posibilidades de que las mismas experiencias se repitan en lo que llamamos futuro.

Las pruebas por las que pasas no son más que lecciones que aún no has aprendido, que vuelven a presentarse de nuevo a fin de que, donde antes hiciste una elección equivocada, puedas ahora hacer una mejor y escaparte así del dolor que te ocasionó lo que elegiste previamente.
—*UCDM* (T-31.VIII.3:1)

Nuestro ego, que es la identidad nacida de la creencia en la separación, nos aleja de cada instante de creación y controla nuestra mente haciendo que repitamos las experiencias de nuestra vida una y otra vez. Y, para más inri, nos preguntamos el porqué. No somos conscientes de que nuestro ego siempre recuerda viejas heridas, de que almacena recuerdos de dolor y esta es la causa de la repetición de las experiencias.

El tiempo es el gran aliado del ego. El maestro Eckhart nos dice:

El tiempo es lo que impide que la luz llegue hasta nosotros. No hay mayor obstáculo para Dios (la conciencia de unidad) que el tiempo.
—Ken Wilber, *La conciencia sin fronteras*

El presente es la única realidad, y al ego solo le interesa el pasado para poder controlar el futuro. De esta forma, él se perpetúa. Para conseguirlo, recuerda viejas heridas, agravios y desconsuelos. Así nos mantiene atados al pasado. Cuando se le habla del perdón, él lo acepta, pero no olvida. Por su parte, el Espíritu Santo nos lleva allí donde cometimos el error para aplicar el auténtico perdón mediante la Expiación. Recordar el pasado nos permite observarlo desde una conciencia de unidad, y deshacer así los efectos de una causa que ahora vemos como un aprendizaje y el resultado de una decisión que tomamos. En este instante decidimos tomar otra muy diferente, asentada en la comprensión. En este mismo instante estamos creando otro mañana. Cuando el pasado se funde con el presente, el observador vive el presente, que es el instante de máxima creación. Vivir en este instante nos libera de las garras del tiempo. En este preciso instante se vive la Esencia de la Abundancia. El pasado y el futuro se perciben como lo que realmente son, tiempos inexistentes.

Renacer es abandonar el pasado y contemplar el presente sin condenación.
—*UCDM* (T-13.VI.3:5)

En este capítulo orientaré la atención del lector a la capacidad que todos tenemos de reescribir nuestras vidas; a la posibilidad de cambiar la flecha del tiempo, gracias al cambio de percepción de los eventos experimentados en lo que llamamos el *pasado*.

El eterno ahora es conciencia.
—Aldous Huxley

La conciencia de unidad y el presente son un mismo estado, pues desde la conciencia de unidad todo es aquí y ahora. Como analogía, podemos tomar un disco de vinilo, con su agujero en medio. Estar en la conciencia de unidad es estar en el agujero, y estar en el tiempo es estar dando vueltas. El *Curso,* por otro lado, sería como deshacer una cebolla. Vamos quitando capas y más capas, y empezamos a experimentar, o mejor dicho a percibir, que el tiempo pasa muy rápido o que ocurren muchas experiencias en poco tiempo. Esto indica que estamos acercándonos al agujero del disco de vinilo. En mis últimos veinte años, he hecho tantas cosas y he vivido tantas experiencias, que a veces pienso que estoy viviendo varias vidas en esta. Mucha gente me ha dicho y me sigue diciendo: "¿de dónde sacas el tiempo?". Y mi respuesta suele ser: procuro vivir el presente con todo mi Ser. Me mantengo muy alerta a todo lo que me rodea, y he adiestrado mi mente a quedarse en silencio. En este instante sé lo que tengo que hacer.

En la quietud todas las cosas reciben respuestas y todo problema queda resuelto serenamente.
—*UCDM* (T-27.IV.1:1)

El tiempo no está involucrado en la solución de ningún problema, ya que cualquiera de ellos se puede resolver ahora mismo.
—*UCDM* (T-27.IV.2:1)

Cuando fijamos nuestra atención en el pasado y en el futuro, nuestra conciencia entra en el espacio del tiempo, creando envejecimiento. Al evitar proyectar en ellos, se crea un espacio, un vacío en nuestra mente que permite que la *inspiración* nos guíe y retroalimente todo nuestro ser. En consecuencia, el cuerpo se regenera, y para muchos parece que el tiempo se ha detenido. En este estado de conciencia abrimos una brecha para que la Abundancia se manifieste en nuestra vida.

Nuestras células se ajustan constantemente a nuestra percepción del tiempo.
—Deepak Chopra, *Cuerpos sin edad, mentes sin tiempo*

Parafraseando al gran maestro Deepak Chopra, debemos recordar que una vida entera de existencia inconsciente conduce a numerosos deterioros. En cambio, una vida entera de participación consciente los previene. Como la mente influye en todas las células del cuerpo, el envejecimiento es fluido y cambiante; puede acelerarse, demorarse, detenerse un tiempo y hasta revertirse. Nada tiene más poder sobre el cuerpo que las creencias. En un plano más profundo, tu cuerpo carece de edad y tu mente de tiempo.

La intención es parte activa de la atención; es una manera de convertir los procesos automáticos en conscientes. *La calidad de tu vida* dependerá de la calidad de tu atención. Detrás de esta hay una intención. Ser conscientes de nuestras intenciones permite convertir nuestros procesos automáticos en conscientes. Al reescribir mi vida pretendo hacerme consciente de los procesos automáticos que se producen en mi mente, entiéndase como pensamientos, sentimientos y emociones, los cuales me llevan a repetir conductas automáticas y condicionadas. Aprender a prestar atención —observador— consiste en adiestrar la mente en el silencio. Evitar llenarla con ruidos tales como música, televisión, programas basura, debates, etc. Cuando le digo a la gente que podría vivir sin música, la mayoría ponen cara de asombro. No estoy diciendo que no me guste la música ni que no me emocione con ella. El silencio al que me refiero nos lleva a escuchar la música de la naturaleza; una experiencia sobrecogedora. La característica de no envejecer es conservar un potencial creativo, al que se renuncia en favor de hábitos, ritos, creencias rígidas y conductas repetitivas. Desde hace mucho tiempo se sabe que todos ellos son característicos del envejecimiento.

La gente envejece y muere porque ve a la gente envejecer y morir.
—Shankara

Envejecer es algo que le ocurre a la mente.
—Eric Pfeiffer, psiquiatra de Duke

Todo lo flexible y fluyente tenderá a crecer, todo lo rígido y bloqueado se marchitará y morirá.
—*Tao Te Ching*

EL CEREBRO, UN UNIVERSO.

Una de las grandes capacidades del cerebro, el vehículo de nuestra mente, es gestionar el tiempo y el almacenamiento de la memoria.

La percepción del tiempo es clave, y consiste en saber vivir plenamente el presente. El *Curso* le llama el Instante Santo, el instante de máxima creación en el que se deja de prestar atención al pasado y al futuro.

Reflexionemos:

- El futuro es nuestro pasado.
- El pasado es nuestro futuro.
- Futuro y pasado son tiempos inexistentes.
- El espacio es tiempo presente.
- El tiempo es espacio en movimiento.

Desarrollaré estas reflexiones a lo largo del presente capítulo. Lo razonaré a partir de lo que se entiende como el Universo Holográfico, o también como el Holograma Cósmico.

Para mayor comprensión de estos conceptos, recomiendo al lector que lea lo expuesto en mi libro *El observador en Bioneuroemoción* (pp.37-38).

Nuestro cerebro es un universo de información. Lo descubrió y lo demostró el doctor Kark H. Pribram diciendo que los recuerdos se distribuyen de forma holográfica y que, por lo tanto, la memoria se halla por todo el cerebro y en todas partes. Comprendió que la memoria se almacena en forma de patrones de interferencia de ondas, que estos no están en ninguna célula particular y que se debían almacenar en los espacios existentes entre las neuronas, en las sinapsis. La memoria está almacenada en lo que Bohm llama el orden implicado, y cuando recordamos la llevamos al orden explicado.

Todo ello y mucho más nos lleva a la comprensión de que el Todo contiene las partes y cada una de ellas contiene al Todo. Esta es la idea que propongo en este capítulo y en el libro en su totalidad.

De lo anterior podemos deducir que nuestra mente es holográfica, tal como demostró Denis Gabor, Premio Nobel en 1971 por su descubrimiento de la holografía. En ella queda bien reflejado que la información se almacena en patrones de interferencia.

EL TIEMPO ES HOLOGRÁFICO

El reconocimiento de que la parte es igual al todo y de que el todo está en cada parte es perfectamente natural, pues así es como Dios piensa, y lo que es natural para Él es natural para ti.
—*UCDM* (T-16.II.3:3)

Los seres humanos no somos insignificantes entidades newtonianas, como nos recuerda Stanislav Grof, psiquiatra y Doctor en medicina, en su libro *La mente holotrópica*, sino que somos campos integrales de holomovimiento. Somos campos de conciencia ilimitados que trascendemos el tiempo, el espacio, la materia y la causalidad lineal. Nuestra conciencia puede trascender el tiempo y el espacio.

El hogar de la mente, como de todas las cosas, es el orden implicado. En ese nivel, que es el plénum fundamental de todo el universo manifiesto, el tiempo lineal no existe. El dominio de lo

implicado es atemporal; los momentos no están unidos en serie como las cuentas de un collar.
— Michael Talbot, *El universo holográfico,* p.231

Pasado, presente y futuro están entrelazados. Como diría David Bohm:

El pasado está activo en el presente como una especie de orden implicado.
—Michael Talbot, *El universo holográfico*, p.235

Ello quiere decir que el pasado vuelve al almacén cósmico, u orden implicado. Esta propiedad nos permite recuperarlo y transformarlo gracias a un cambio de percepción, que es uno de los objetivos de este libro.

Sigamos: holotrópico significa orientado a la totalidad, o que se mueve en dirección a la totalidad. Sugiere que en nuestro estado de conciencia cotidiano no estamos enteros; estamos fragmentados o identificados solo con una pequeña fracción de lo que realmente somos. Lo que llamamos preocupaciones o conflictos.

En el holograma se encuentra toda la información, lo que nos lleva a pensar que podemos tener acceso a ella. Una posibilidad es pedir la solución del problema que creemos tener de forma incondicional, es decir, no pedir la solución que nosotros queremos o creemos mejor. Es vital una petición sin juicio — veremos esto más adelante cuando hable del Instante Santo—, además de sentirnos merecedores.

La idea de este apartado es llevar a nuestra mente la comprensión de que pasado, presente y futuro están siempre aquí y ahora, siendo una de sus características fundamentales que van a diferentes velocidades. Esto es una oportunidad de mover —vislumbrar— en nuestra mente las posibles soluciones observando lo que consideramos el problema. Este proceso viene a explicar el método de la Bioneuroemoción: hacer viajar nuestra mente a través de los recuerdos con la mente del observador consciente, una mente exenta de juicios y abierta a cualquier posibilidad. La vengo llamando el observador que observa al observador.

No olvidemos que espacio/tiempo están unidos; actualmente, cuando hablamos de ir a algún lugar, no acostumbramos a decir: este pueblo está a 150 km, sino que decimos que te llevará más o menos una hora y media.

Einstein nos lo explica en su Teoría de la Relatividad, recordándonos que:

El espacio-tiempo es el modelo matemático que combina el espacio y el tiempo en un único continuo como dos conceptos inseparablemente relacionados. En este continuo espacio-temporal se representan todos los sucesos físicos del Universo, de acuerdo con la teoría de la relatividad y otras teorías físicas.

También nos refleja la importante relación del tiempo con la conciencia al decir:

El ser humano forma parte de una totalidad, llamada por nosotros Universo, una parte limitada en el tiempo y en el espacio. Cada ser humano se experimenta a sí mismo, a sus pensamientos y a sus sentimientos como algo separado del resto, en una especie de ilusión óptica de la conciencia.

En la película *Lucy,* queda muy bien explicado cuando le preguntan: "¿qué gobierna la vida si no son las leyes matemáticas?". Lucy responde:

Si grabas un coche en una carretera y aceleras la velocidad infinitas veces, el coche desaparece. Entonces, ¿qué pruebas tenemos de su existencia?

Ella misma contesta que el tiempo da legitimidad a su existencia porque es la única y verdadera unidad de medida. Es la prueba de la existencia de la materia. Sin el tiempo no existiríamos.

Podemos deducir que nuestra mente despliega el tiempo en tres aspectos archiconocidos: pasado, presente y futuro, cuando en realidad solamente existe el presente. Así que, en este instante que llamamos Santo, está la posibilidad de crear lo que llamamos futuro. El problema reside básicamente en que nuestra mente está atrapada por el ego y este tiene edificada su *iglesia* sobre la roca de la separación. En este instante preciso en el que esta idea germina, surge el miedo, la necesidad de control, y todo ello alimenta la locura en la mente del ser humano. Porque, cuanto más miedo se tenga, más crece el egoísmo y la necesidad de protegernos de los demás. Como nos diría Robert A. Johnson en *La sombra del inconsciente*, esta locura es el infierno.

EL INSTANTE SANTO (I.S.)

Te puedes preguntar por qué se le llama santo. Una de las respuestas sería que es santo porque es el instante de máxima creación. Para que el I.S. sea posible, uno debe renunciar a su percepción del pasado y/o presente. No olvidemos que, a día de hoy, la percepción está condicionada por mis creencias inconscientes, y sobre todo por la información que he heredado de mis ancestros. De hecho, esta información heredada me hace repetir experiencias relacionadas con ella. Mis experiencias pueden repetirse de dos formas complementarias, es decir, directas u opuestas. Por ejemplo, como decía una amiga mía: mi madre tuvo muchos hijos y yo no quiero tenerlos.

Este instante de máxima creación requiere un estado mental de rendición, muy lejos del concepto de resignación, de decirse algo como: "¡Qué le vamos hacer, así son las cosas!". Este Instante requiere una actitud mental de silencio, un estado de máxima alerta, de renuncia a hacer planes y a buscar soluciones. Este estado de quietud mental abre infinitas posibilidades; es cuando se manifiesta el *observador* en plenitud, que observa y, sobre todo, escucha. Su *ausencia de búsqueda* se asienta en la *certeza* de que sus preguntas, sus dudas, sus acciones, serán aclaradas, resueltas, y vislumbrará un camino a seguir. No olvidemos que, cuando hacemos la pregunta, es porque la respuesta necesita salir de nuestro inconsciente, el cual está conectado al Campo de Inteligencia Universal.

La *certeza* es un estado mental, es saber que todo está interconectado e interrelacionado. La certeza no busca soluciones. Se sustenta en el estado de rendición y de cuidar lo que se expresa de pensamiento, palabra y obra. La certeza comprende que nada, absolutamente nada, sucede por azar.

El I.S. es la expresión de una conciencia que pone al ego en su lugar, que sabe que no ve las cosas como son, que comprende que el ego solamente ve el pasado y quiere controlar el futuro haciendo precisamente actos que atan el pasado al futuro. Esto es así porque nuestro ego no renuncia a su verdad, a su interpretación de lo que él llama la verdad.

Cuando renuncias a tu verdad, a creer que tienes razón, en ese instante presente empiezas a liberarte de las cadenas que te atan a tu pasado. Desaparecen el resentimiento, el rencor, la rabia. Ves tu dolor, tu sufrimiento, y empiezas a desarrollar una conciencia de que la causa no está afuera, sino dentro de ti mismo. Renuncias a tener razón, a tu verdad, a tus soluciones y solo queda un último paso: pedir ver las cosas de otra manera, abriendo tu mente a infinitas posibilidades.

El pasado está allí, pero su recuerdo ya no hace mella en ti; lo asumes como una experiencia para conocerte mejor a ti mismo. Aquí empieza la libertad emocional tan deseada, pues tus experiencias son fruto de las proyecciones inconscientes y, al pedir un I.S., estas se convierten en conocimiento, o mejor dicho, autoconocimiento. Ahora eres libre de soltar tus juicios, tus opiniones y tus comentarios, pues solo expresan una forma de ver las cosas. Ciertamente que hay percepciones que tienen que ver con el inconsciente colectivo de la humanidad, y es muy normal sentirse incómodo ante ellas. Dicho de otra manera: *Hay muchas situaciones en la vida en las que manifestar sentimientos negativos es de lo más natural. Es el caso de violaciones, abusos, malos tratos, asesinatos, genocidios, todos ellos justifican nuestra rabia. Forman parte del elenco de información básica de nuestro inconsciente.*

Cuando pides un I.S., abandonas tu percepción del pasado. Los recuerdos están allí, pero ya no hacen mella en tu estado emocional. Vives ese preciso instante como la totalidad del tiempo —recuerda que el tiempo es relativo—, tomas la decisión de soltar tus prejuicios y opiniones, y dejas que tu mente reciba otras posibilidades de actuar frente a los acontecimientos que te quitaban la paz interior.

UCDM nos lo recuerda diciéndonos:

No es el presente lo que da miedo, sino el pasado y el futuro, mas estos no existen.
—UCDM (T-15.I.8:2)

Y nos da un consejo que para mí es clave:

Elige este preciso instante, ahora mismo, y piensa en él como si fuese todo el tiempo que existe.
—UCDM (T-15.I.9:5)

Cada instante de nuestra vida es único e irrepetible. Cuando entregas este instante a la Inteligencia Universal, abres tu mente a la inspiración y recibes respuestas y soluciones que no estaban en tu inconsciente. Aprecias algo nuevo, que te sorprende, y sientes, o mejor dicho sabes, que ahora sí que se te abre una senda que no podías ver.

Esta inspiración no tiene por qué venir directamente a tu mente. Muchas veces viene a través de las personas que te rodean, sean conocidas o no. Lo que quiero expresar es algo simple: cuando te abres a la experiencia del I.S. sin ningún plan preestablecido, sintiendo que se te va a responder, y sobre todo sin escuchar a tu ego —que como sabes es el amo y señor de tus miedos—, solo tienes que mantenerte alerta, pues la respuesta a tu búsqueda se manifestará. ¡Déjate sorprender!

No permitas que ninguna necesidad que percibas nuble la necesidad que tienes del instante santo.
—UCDM (T-15.VI.6:9)

Hay un obstáculo que no es real pero al que damos fuerza: la enfermiza atracción que ejerce la culpabilidad. Tampoco olvidemos que la culpabilidad surge de la creencia-madre de estar separados.

La creencia en la separación es el alimento que necesita nuestro ego para reforzar el miedo, sentirnos abandonados y solos. Esta es la magnificencia de la pobreza en todos sus aspectos.

A lo largo de este libro resaltaré la importancia de ver qué creencias alimentan nuestra mente. El *error original* es la creencia en la separación, madre de la culpabilidad y de todos nuestros miedos.

Recordemos que la abundancia no es tener más o menos dinero en el banco, o posesiones materiales. La abundancia se asienta en un estado mental, en el que se tiene la certeza de que no nos va a faltar nada para realizar nuestro propósito en esta vida.

Una mente abundante sabe que todo está interconectado. Es una mente holográfica que siente que ella es una parte del

Todo y que, como tal, contiene a este Todo. Así, se nos ha dicho que estamos hechos a imagen y semejanza de la Fuente Original, que puedes llamarla como quieras. Como decía Rumi:

Solamente uno entre un millón comprende que una gota de agua contiene todo el océano.
El punto clave consiste sencillamente en que la parte tiene acceso al todo.
—Ken Wilber, *The Holographic Paradigm and Other paradoxes*

Este holismo de los últimos tiempos tiene antecedentes tanto en Oriente como en Occidente. Como expresa el Sutra del Diamante budista:

Se decía que en la casa de Indra había una red de perlas tan bien dispuestas que, cuando mirabas una, veías todas las demás reflejadas en ella. De la misma manera, cada uno de los objetos existentes en el mundo no es sencillamente él mismo, sino que abarca a cada uno de los demás objetos, y de hecho es todos los objetos.
—Danah Zohar, *La conciencia cuántica*

En palabras de Danah Zohar, física y filósofa de formación, si el holismo llega a alcanzar algún significado real, debe basarse en la actual física de la conciencia, en una física que pueda mantener la unidad de la conciencia y ponerla en relación con la estructura del cerebro, que es un holograma.

Compartamos una reflexión con Danah Zohar: si el cerebro es un holograma que percibe y participa de un universo holográfico, como nos dice Ken Wilber, entonces, ¿quién mira el holograma? Los dualistas podrían agarrarse a este razonamiento, pero me permito hacer una observación: pongamos nuestra atención en el *Gran Ojo*, la Fuente. Dicho de otra ma-

TU NOMBRE ANCESTRAL ES ABUNDANCIA

nera, nos convertimos en el Observador del observador. El observador vive y transita en un sueño y está conectado al Gran Observador, que le permite vislumbrar infinitas posibilidades de manifestación. David Bohm puede aportar luz a lo expuesto en el paradigma holográfico de la totalidad indivisa al mostrarnos que nuestro mundo es el orden desplegado de un infinito orden plegado. Nuestro mundo es un despliegue de nuestra conciencia.

Para entender mejor lo que expongo, recomiendo leer mi libro *El observador en Bioneuroemoción*, en el que desarrollo lo que es la holografía y el experimento que demuestra que el Todo contiene a la parte y esta al Todo (p.37).

Cuando te sientas aturdido, como en un callejón sin salida, pide un Instante Santo y ten presente lo que nos dice el *Curso*:

> *El Instante Santo es aquel en el que la mente está lo suficientemente serena para poder escuchar una respuesta que no está implícita en la pregunta; una que ofrece algo nuevo y distinto.*
> —*UCDM* (T-27.IV.6:9-10)

LA CONCIENCIA TOTAL

Desde el principio hemos de tener presente que la clave de todo lo que estoy exponiendo se sustenta en la conciencia o, dicho de otra manera, en la percepción con la que vemos el mundo que nos rodea. Esta conciencia se puede desdoblar en dos aspectos complementarios y a la vez separados: la conciencia dual —todo está separado— y la conciencia de unidad —todo está interconectado—.

Una mente que interrelaciona la conciencia dual y la de unidad se abre a desarrollar el *poder* para superar todas nuestras resistencias, nuestras consideraciones, nuestros retrasos, nuestra tendencia a dejar las cosas para mañana, nuestra indecisión, nuestras dudas, nuestra confusión, nuestros peros, nuestros *"y si..."*, y consigue que algo sea evidente para nosotros. *La plena conciencia es vivir la dualidad como un orden explicado que está sujeto a la conciencia de unidad como orden implicado que sostiene todas las posibilidades.*

El propósito es desarrollar una mente holotrópica, lo que significa orientada a la totalidad. Ello sugiere que en nuestro estado cotidiano de conciencia no estamos realmente enteros; estamos fragmentados y solo tenemos en cuenta una pequeña parte de lo que realmente somos.

Retomando el concepto de Instante Santo, veamos una serie de condiciones y actitudes mentales para su manifestación.

El Instante Santo renuncia a lo que creemos ver para que abramos nuestra mente a aquello que siempre ha estado presente, y que nuestra mente fragmentada no nos permitía ver.

El Instante Santo es el reconocimiento de que todas las mentes están en comunicación. Por lo tanto, tu mente no trata de cambiar nada, sino simplemente de aceptarlo todo.
—UCDM (T-15.IV.6:7-8)

El Instante Santo es la suspensión de todo juicio. Es imposible juzgar sin el pasado, pues sin él no entiendes nada. Cuando percibimos el pasado como el efecto de causas creadas por nosotros mismos, suspendemos automáticamente todo juicio y abrimos la mente a comprender para qué estamos viviendo las experiencias que llamamos vida, lo que a su vez nos lleva al Perdón —en mayúsculas— y nos da acceso a la Compasión.

El infierno es únicamente lo que el ego ha hecho del presente.
—UCDM (T-15.I.7:2)

No permitas que el tiempo sea motivo de preocupación para ti.
—UCDM (T-15.II.2:1)

Un curso de milagros nos habla de la invulnerabilidad como consecuencia de desarrollar una mente inocente. Desarrollar esta conciencia provocará cambios muy sustanciales en nuestras vidas. Este estado mental es donde se asienta nuestra abundancia. Consiste en tener la *certeza* de que nunca nos va a faltar nada que sea necesario para desarrollar nuestra función en este mundo. Teniendo siempre presente que el objetivo de esta función no lo sabemos ni nos va a preocupar. Con esta actitud mental fluiremos por el mar de La Gran Inteligencia Universal. Haciendo referencia a David Bohm, entraremos mentalmente en el *orden implicado,* o lo que es lo mismo, en el Campo de las infinitas posibilidades. El orden explicado —nuestras vidas— solo muestra una ínfima parte del vasto campo llamado orden implicado. La abundancia reside precisamente ahí, y las puertas que nos dan acceso a él están cerradas por unas cerraduras llamadas creencias.

COHERENCIA INTERNA

Para adquirir coherencia interna se hace imprescindible desarrollar una nueva conciencia sostenida por una mente holográfica. Es decir: todo está en todas partes en todo momento.

Es muy importante desarrollar la *coherencia interna*, y para ello aconsejo algunas actitudes mentales que considero básicas:

- La asertividad. Que tu palabra esté en armonía con lo que piensas y sientes.
- Empezar a ser fiel a uno mismo. Escuchar tus emociones, tus sentimientos, y abrazarlos. Ellos te hablan desde lo más profundo de tu corazón. Se ha dicho que la mente muchas veces no comprende el lenguaje del corazón.
- Dejar de vivir la vida de los demás. Uno solo puede vivir su propia vida. Si te entrometes en la vida de los demás, estás impidiendo su proceso evolutivo de conciencia.

- Empezar a reescribir nuestra vida. Lo hacemos cuando cambia nuestra forma de ver y entender la vida. Hablaré de ello más extensamente.

- Cambiar el *locus de control externo* por el *interno*. El primero es pensar que lo que nos sucede depende de lo exterior, como por ejemplo de la buena suerte, del destino, o de las decisiones de otros. Es una forma de no responsabilizarse de lo que uno mismo hace, buscando las causas afuera. Estar en el locus de control *interno* es sentirnos capaces de transformar una situación por nosotros mismos. La persona no se resigna a las malas situaciones, sabe sacar *oro* de ellas y salir fortalecida. También se caracteriza por persistir frente a los fracasos iniciales, por ser más independiente, por comprometerse con las decisiones que toma, sin poner excusas si estas no dan los frutos previstos. Lo más importante es no caer en excesos tales como pensar que algo ha salido mal por culpa de uno. La clave está en tener un locus de control interno y ser conscientes de que, en ocasiones, hay situaciones que no podemos controlar por más que queramos.

Veamos ahora unas historias cortas ocurridas en una consulta de Bioneuroemoción. Tienen como objetivo mostrar la incoherencia en la que vivimos sin darnos cuenta de que nuestros actos no son coherentes con nuestros sentimientos y emociones. Para sostener esta incoherencia nos contamos *historias* que son mentira, y al contárnoslas tantas veces, se convierten en verdad y en el *leitmotiv* de nuestra vida.

—Hola, ¿cuál es tu motivo de consulta? —pregunto.

—Me he divorciado de mi marido —contesta.

—Muy bien, pero ¿cuál es tu motivo de consulta? —insisto.

—Mi marido me da lástima y no sé por qué.

—¿Cuál fue el motivo para divorciarte? —pregunto.

—Problemas con el alcohol —contesta.

—Cuando te casaste, ¿tenía este problema? —indago.

—Sí, lo tenía antes de casarnos.

Como puedes ver, aquí él es el único que es coherente. Para que entiendas lo que quiero decir hago una analogía: te casas con un hombre cojo y ahora te quejas de que cojea. Todo ello tiene que ver con una historia instalada en tu inconsciente. Hay que indagar.

Otra historia:

—Soy vegana y cada vez que voy a comer con mi familia, se meten conmigo —me cuenta una consultante.

Le planteo una reflexión:

—¿Para qué vas si ya sabes lo que va a ocurrir? Y además, ¿por qué te molesta?

—No respetan mis creencias —contesta.

—Muy bien, ¿tú crees que tus creencias no resuenan en los demás? Tú no respetas las suyas. Nunca olvides que todo se complementa. Hay un juicio inconsciente hacia tu familia y ellos te proyectan tu rechazo, lo percibes como si ellos te rechazaran. Mi consejo es muy simple: vive tu vida y deja que los demás vivan las suyas. No intentes convencer a nadie. No adoctrines, pues al hacerlo siempre encontrarás rechazo.

Y otra más:

—Estoy cansada de que mi amigo siempre se queje de su madre —me consultan.

—¿Esto hace tiempo que dura? —pregunto.

—Desde que nos conocimos, y de esto hace años —contesta.

—¿Para qué te enfadas si ya lo sabes?

—Es que le quiero ayudar —responde.

Reflexión: ¿cuál es el problema con tu madre? La falta de coherencia consume un montón de energía y nos hunde en el estrés negativo. Nos enferma a todos los niveles. Nuestra insistencia en querer cambiar a los demás solo nos muestra la historia dolorosa que se esconde en nuestro inconsciente. Hacemos aquello que no queremos hacer y nos contamos historias que sostienen nuestra incoherencia.

REESCRIBIENDO MI VIDA. REESCRIBIENDO MI REALIDAD

Vivimos en un universo participativo, que nos refleja mediante experiencias las creencias que alimentamos consciente e inconscientemente.

El proceso de reescribir tu historia no consiste en cambiar un guion por otro. No nos confundamos. Sencillamente consiste en tomar conciencia de que la vida que pensabas que era verdad no lo es. Así de claro y de tajante.

Es un deshacer, quitar y desaprender todo aquello que hemos construido a nuestro alrededor. Requiere constancia, determinación y liberarnos de las creencias que se nos muestran como las auténticas cadenas que aprisionan nuestras vidas.

Reescribir tu vida es un proceso de desprendimiento, de deshacer. No te identificas con el personaje de tu historia explicada, sino con el observador de esa historia.

Es un proceso de renuncia, de desapego, que te permite darte cuenta de lo que es realmente valioso. Este proceso tiene sus etapas, muchas veces descritas como el viaje del héroe. Es un proceso inscrito en la naturaleza de la conciencia para que nunca olvides el camino de regreso a casa.

Si queremos reescribir nuestra vida, tendremos que esforzarnos por desentrañar todas aquellas creencias que estamos proyectando en nuestro mundo cotidiano. También hemos de dejar claro que no es una cuestión de voluntad, pues en esencia consiste en cambiar nuestra identidad. Para ello tenemos que escudriñar nuestras percepciones y tomar conciencia de que son la expresión de nuestras creencias más inconscientes.

El problema esencial es que nos sentimos cómodos tal como percibimos el mundo, y muchas veces ni tan siquiera pensamos en cuestionarnos. Cuando empezamos a hacerlo, los cimientos sobre los que hemos edificado nuestro mundo empiezan a tambalearse. Por eso me esfuerzo en mostrar otra perspectiva, alimentarla y convertirla en un hábito.

Si cuestionamos nuestras percepciones, veremos las creencias que las alimentan y ello nos permitirá vislumbrar un nuevo punto de partida.

Lo primero que hay que hacer —como nos diría Gregg Braden— es reparar las creencias que nos hacen daño. La autoindagación es fundamental para desarrollar el Gran Observador, que observa que el observador se mueve como un autómata, sin conciencia de que su forma de percibir está creando su realidad. Y, sobre todo, se trata de ver que muchas veces la maldice.

Cuando nuestra mente consciente vea una razón para pensar de otra manera —uno de los objetivos de este libro—, permitirá que este nuevo pensamiento, esta nueva percepción, se adentre en su corazón y le dé la vida.

Hemos de desarrollar la actitud mental de aceptar nuestros comportamientos perjudiciales como hábitos, rutinas que hay que cambiar. Y hemos de saber que un hábito se quita instaurando otro hábito. Como vengo diciendo: si queremos ver y cambiar nuestras creencias, basta con mirar al mundo que nos rodea para ver sus reflejos en nuestras relaciones, profesiones, en la abundancia y en la salud.

Quédense con esta frase de Gregg Braden:

Lo que para una persona es lógico, para otra es un milagro.

Observa tus creencias y toma conciencia de que son solo eso, creencias. Muchas de ellas nos han sido inoculadas en edades tempranas. Frases como: "No sirves para estudiar, mejor un oficio que te dé estabilidad"; "Hay un Dios que nos vigila, y si te saltas las reglas, te condenará"; "Búscate un buen hombre que te cuide y que te dé hijos"; "Más vale pájaro en mano que ciento volando" y "Siempre serás pobre", añado yo.

A veces, necesitamos un milagro y, como diría Buda:

Los milagros solo son extraordinarios hasta que nos conocemos a nosotros mismos y entendemos cómo funciona el universo.

Muchas veces el milagro es un susurro. Cuando lo pedimos, tenemos que estar muy alerta y escuchar las palabras que nos llegan, pues muchas veces vienen de personas que no conocemos. Serán palabras justas y, al hacerlas conscientes, entenderemos algo de lo que hace solo un instante no nos dábamos cuenta. Es importante compartir nuestros logros para que otras personas puedan tomar conciencia de que ellas también los pueden conseguir. Es el caso de cuando me puse a estudiar psicología a los 44 años y me licencié a los 49. Cuando compartí esta experiencia, al menos 10 personas empezaron estos estudios y los terminaron. Había una creencia: a esta edad es muy difícil o imposible sacarse una licenciatura trabajando y manteniendo una familia de tres hijos. Al terminar mis estudios me dieron un certificado de *Alumno Emeritus*. Yo pregunté por qué me lo habían dado y la respuesta del catedrático fue: "¿Usted piensa que hay muchas personas de su edad y con familia que terminan los estudios en los cinco años que tiene la licenciatura?".

Me acuerdo de que, cuando comenté a un amigo que iba a estudiar psicología, me contestó:

—La vas a terminar cuando te jubiles.

Esta frase, lejos de amilanarme, me dio fuerza para demostrarle que no estaba en lo cierto. La verdad es que no hizo falta demostrárselo porque dejó de ser mi amigo. Mi consejo es que nunca escuches a los robasueños.

Nuestra conciencia vive inmersa en un Campo infinitamente mayor de Consciencia que los engloba a todos. Buscamos la paz, la curación y la abundancia dentro del mismo programa en el que hemos experimentado la ausencia de estas cosas. Nos sentimos separados, aislados de esta Consciencia o Inteligencia Universal, y Ella manifiesta esta ausencia para nosotros: no puede hacer nada más que servirnos. No tiene la capacidad de juzgar ni de evaluar, su *sino* es servir a todas sus partes. Hemos de tomar conciencia de que estamos dispuestos a resetear nuestro software. Reprogramar nuestra mente nos lleva a reescribir nuestra vida y, por lo tanto, a abrirnos a otras posibilidades.

Reflexión: ¿hasta qué punto estás dispuesto/a a cuestionarte tus verdades y deshacer las historias que te cuentas para sostenerlas?

Aquí empieza todo, y la actitud necesaria es comprender que nuestra realidad es consecuencia de que somos tomadores de decisiones.

Vivir en el presente. Se nos ha dicho hasta la saciedad que solo existe el instante presente. Si bien es cierto, la pregunta clave es: ¿cómo utilizas este instante? ¿Cuáles son tus pensamientos?

Una mente ocupada en preocupaciones pasadas, con miedo a que se repitan situaciones que ha juzgado como dolorosas, es una mente que está fuera del presente. Su atención está en lo que llamamos el pasado, pero para nuestra mente el pasado no existe, siempre es ahora. Nuestros viejos recuerdos dejan de serlo cuando les prestamos atención en este instante presente. Todo es presente para el inconsciente. El ego utiliza la memoria para recordar viejos agravios y heridas. Se proyecta en el futuro con la intención de no revivir experiencias, y el resultado es que las repetimos sin saber muy bien por qué.

El problema es cómo prestamos atención a este instante presente. Al tener el presente ocupado con situaciones que no ocurren, esto es lo que reforzamos en nuestra mente y es lo que la mente proyectará; lo viviremos en el futuro, que será nuestro nuevo presente. Dicho de una manera más directa: cuídate de tener miedo a algo, pues será lo que atraigas a tu vida.

Vivir en el presente es tener plena conciencia del cuidado que debemos tener en este instante, pues una mente limpia puede crear situaciones libres de pasado. Este instante libre de situaciones del pasado abre nuestra mente a infinitas posibilidades. Ya no hay miedo, ya no hay juicio sobre si lo que nos pasó fue bueno o malo; experimentamos una transformación.

Vivir en el presente, en este instante de creación, es el hábito que debes adquirir para reescribir tu historia. Recordemos que la historia siempre se repite. Pensamos en el pasado buscando soluciones para que no se repita lo sucedido, y resulta que se repite. ¿No reconocéis la frase: "Esta será la guerra que termine con todas las guerras"?

Les prometo que esta va a ser la última guerra, la guerra que acabará con todas las guerras.

—Woodrow Wilson, presidente de Estados Unidos (1913-1921)

La historia se repite por una causa simple: aplicamos las mismas soluciones para resolver los mismos problemas. El problema básico es el miedo a lo diferente, tanto si es una diferencia de cultura, como de religión o color de la piel. El miedo siempre está sostenido por la creencia en la separación.

Nuestro cerebro no ve el mundo tal como es, sino tal como le fue útil en el pasado y, por lo tanto, de la manera más apropiada para nuestra supervivencia. Desde un enfoque neurológico, la percepción es un punto de encuentro entre el observador y lo observado. No podemos hablar de un observador externo porque siempre hay algún grado de interacción entre quien mira y el objeto mirado.

—Vidal, S.F. & Miralles, F., *Artículos Académicos*, p.126-127

EL TOMADOR DE DECISIONES

El único tiempo que existe es el ahora. Este *ahora* es el instante de máxima creación; pasado y futuro son tiempos inexistentes. En cada instante de lo que llamamos ahora estamos tomando decisiones. Estas pueden estar muy condicionadas por el pasado y por las expectativas que ponemos en el mañana. Estar pendientes del pasado nos lleva a repetir experiencias en lo que llamamos futuro. Aquello a lo que le prestamos atención crece. Liberarse del pasado es un gran paso para vivir el presente con toda intensidad. Nuestro ego utiliza el tiempo para recordar viejas heridas, agravios y lo que consideramos situaciones de mala suerte. De esta manera el ego se perpetúa en el tiempo, convirtiendo el pasado en un impulso hacia un futuro al que llamaremos presente. Al dejarnos llevar por la noción del tiempo del ego, este nos quita el instante de máxima creación.

Observa tu pasado y libéralo. La forma de hacerlo es comprender que en aquel momento te creías separado de todos, víctima de las circunstancias, de la buena y la mala suerte. Obsérvalo desde la conciencia de unidad que nos muestra que todo está interconectado, y que hemos sido creadores de estas experiencias sin ser conscientes de ello. Cuando la mente observa de este modo el tiempo y los sucesos vividos en él, los bendice y aprende de ellos. Al hacer *este acto de conciencia, te liberas del pasado y creas una nueva línea espacio-temporal.* Ahora puedes elegir de nuevo quién quieres ser en cada situación, abrir la mente a la maestría.

Cuando nuestra mente observa el tiempo momento a momento, con la certeza de que en cada instante de nuestra vida tenemos el poder de elegir quién queremos ser en cada situación, entonces, y solo entonces, nuestra mente entra en el Campo donde solo existe la abundancia. En este caso, el empleo de la palabra *elegir* implica adoptar una determinada actitud mental, a saber:

- Mi verdad no es verdad.
- El Universo es una gran pantalla para proyectarnos y reconocernos.
- Mis creencias no son verdad, tan solo maneras de percibir, por lo tanto, son mentira.
- Evito juzgar. Juzgar es pagar un precio muy alto por creer que tengo razón.
- Todos somos información y nos buscamos para completarnos.

En la lección 31 del *Curso,* se nos invita a elegir de nuevo con la siguiente reflexión:

Elige de nuevo si quieres ocupar el lugar que te corresponde entre los salvadores del mundo, o si prefieres quedarte en el infierno y mantener a tus hermanos allí.
—*UCDM* (T-31.VIII.1:5)

A este instante se le llama santo porque abandonas todos los agravios vividos y las experiencias aprendidas que considerabas malas, y entras en un estado de paz mental y decides vivir con otra mente. El ego utiliza el tiempo como preocupación, así te impide crear algo nuevo y liberador. Tiene atrapada tu mente en el miedo y en la creencia de que es posible controlar. Esta actitud mental te empobrece, te quita la fuerza creativa que todos tenemos, pues las preocupaciones se sustentan en que sabemos lo que es mejor para nosotros y en buscar soluciones repetitivas. Un buen ejemplo de lo que expongo es la historia. En ella vemos que cometemos los mismos errores una y otra vez, esperando que nuestros actos cambien las cosas, cuando en realidad las perpetúan. Quiero enfocar tu mente en tus historias personales para que te des cuenta de que haces prácticamente lo mismo. Como vengo diciendo, las historias se repiten porque aplicamos las mismas soluciones una y otra vez.

Aprender a aislar este segundo y a experimentarlo como eterno es empezar a experimentarte a ti mismo como no separado.
—UCDM (T-15.II.6:3)

Hay que tener presente que, en cada decisión que tomamos en nuestra vida, siempre estamos frente a una encrucijada: debemos elegir si experimentamos la vida desde la dualidad —separación— o vivir desde la unidad —todo está interconectado—. Cada decisión que tomas se sustenta en lo que crees ser; en si vives desde el miedo a la escasez o desde la certeza de que nada te va a faltar para realizar tu función en este mundo.

La escasez se alimenta de tu pequeñez, del miedo al abandono, a la pérdida, y sobre todo de la buena o mala suerte. Hablamos del destino como si estuviera al margen de nosotros, cuando en realidad nosotros lo creamos. Y lo estamos creando de instante en instante. El problema es que este instante recibe la misma información, la de la separación, la cual alimenta la escasez, la pérdida y la carencia, y sobre todo nuestro miedo. Estamos en un bucle, repitiendo las historias y achacándolas a la mala suerte o a un destino que nos castiga.

Una mente que vive en la abundancia no pretende cambiar nada, más bien aceptarlo todo. Esta aceptación es sabiduría, porque comprende que cada experiencia, por dura que sea, conlleva un tesoro que nos acerca a la maestría.

La mente sumergida en la abundancia ha soltado el lastre que la mantenía atrapada en el miedo. El lastre son los *juicios*. Esta mente comprende que el juicio nos ata a unas experiencias que negamos que sean nuestras. Una mente abundante observa lo que le rodea y lo hace sin juicio, pues sabe que todo tiene su razón de ser, y que hay una causa ancestral que está en nuestro inconsciente individual y colectivo.

Cuando pedimos el Instante Santo de liberación, nuestras percepciones del pasado se desvanecen y aparecen oportunidades para elegir de nuevo. Entonces aplicamos el poder de la toma de decisiones, las cuales están libres de la carga del pasado, y se nos abren nuevas oportunidades limpias y redimidas. Nuestra mente se adentra de lleno en la abundancia que siempre está presente. No la veíamos porque nuestra mente estaba nublada por juicios, y a su vez estos por nuestras percepciones de que todo está separado.

Vivir en el presente es un instante de perfecta visión donde no se juzga lo que se ve. Observas una sucesión de acontecimientos que parecen estar ligados a un espacio-tiempo con la tranquilidad de que no te identificas con ellos. Están allí, pero no frente a tus ojos, pues estos no ven: sencillamente recogen una información que es transformada por tu mente, que está llena de creencias, prejuicios y supuestas verdades. Al no identificarte, no alimentas lo que ves, sencillamente lo dejas pasar frente a ti y lo liberas de toda preconcepción, de todo juicio. En este instante ya estás decidiendo quién quieres ser; te liberas de las ataduras que solo te llevan a repetir situaciones una y otra vez.

El presente es la única realidad. No hay otra. La *eternidad* no se puede encontrar, ella ya es siempre. La ilusión de lo temporal reside en la creencia de que todo está separado.

Vivir el presente no quiere decir que tengamos que olvidarnos del ayer y del mañana. Si no tuviéramos memoria, no percibiríamos el tiempo. El ego la utiliza para recordar viejas heridas. Cuando recuerdo el pasado, lo convierto en presente. Si vemos el pasado en forma de recuerdo, y el futuro en forma de anticipación, hacemos ambos presentes. Para el inconsciente todo es ahora. El *Yo,* o *conciencia de unidad,* emplea la memoria para conocerse uno a sí mismo y poder despertar.

Despertar implica vivir el tiempo en su totalidad. Reflexionas sobre el pasado y el futuro con la conciencia de que estas reflexiones son acontecimientos presentes. Así te liberas de las limitaciones que te imponen el pasado y el futuro.

Es un prejuicio casi absurdo suponer que la existencia solo puede ser física. De hecho, la única forma de existencia de la que tenemos conocimiento inmediato es espiritual.
—Carl G. Jung (1875-1961)

RECAPITULANDO

Cada instante de nuestra vida es un instante de creación.

- No somos conscientes del *poder* de mantenerse alerta a los pensamientos y prestarles atención.
- En la quietud, todas las cosas reciben respuesta y todo problema queda resuelto serenamente.
- Nuestras células se ajustan constantemente a nuestra percepción del tiempo.
- La certeza es un estado mental, un saber que todo está interconectado e interrelacionado. La certeza no busca soluciones, se sustenta en el estado de rendición y de cuidar lo que se expresa como pensamientos, palabras y actos. La certeza comprende que nada, absolutamente nada, sucede por azar.
- No es el presente lo que da miedo, sino el pasado y el futuro, mas estos no existen.
- El punto clave consiste sencillamente en que la parte tiene acceso al todo.
- Cuando percibes el pasado como un efecto de causas que tú mismo has creado, suspendes automáticamente todo juicio y abres tu mente a un estado de comprensión.
- La falta de coherencia consume un montón de energía y nos hunde en el estrés negativo. Nos enferma a todos los niveles.

- Los milagros son solo extraordinarios hasta que nos conocemos a nosotros mismos y entendemos cómo funciona el universo.
- ¿Hasta qué punto estás dispuesto a cuestionarte tus verdades y deshacer las historias que te cuentas para sostenerlas?
- El ego utiliza el tiempo como preocupación, de esta manera te impide crear algo nuevo y liberador.
- Cuando pedimos el Instante Santo de liberación, nuestras percepciones del pasado se desvanecen y aparecen oportunidades para elegir de nuevo.
- El presente es la única realidad. No hay otra. La *eternidad* no se puede encontrar, ella ya es siempre.

CAPÍTULO VII

Oración y gratitud

Tu gratitud hacia tu hermano es la única ofrenda que quiero.
—UCDM (T-4.VI.7:2)

La respuesta a todas tus oraciones reside en ellos [tus hermanos].
—UCDM (T-9.II.7:6)

La oración elimina el ruido que se superpone a la Voz de Dios.
La respuesta a cada problema ya existe. La norma del Universo
es la abundancia.
—Mary Manin Morrissey, Construye tu campo de sueños

INTRODUCCIÓN: EL MUNDO INOCENTE

¿Cuántas veces oramos y nuestra oración es básicamente una petición? Pedimos creyendo que Aquel que nos escucha no sabe nada. Clamamos por justicia, pedimos curación, y lo hacemos con miedo a no ser escuchados. Esta forma de orar es la locura de una mente poseída por la creencia de que estamos separados del Dios que nos creó.

Todo aquel que haya tratado alguna vez de usar la oración
para pedir algo ha experimentado lo que aparentemente es un
fracaso. [...] el Curso afirma, y repetidamente, que su propósito
es ayudarte a escapar del miedo.
—UCDM (T-9.II.1:1,4)

Antes de que me pidan ayuda, yo les responderé; no habrán terminado de hablar cuando ya los habré escuchado.
—Isaías 65:24

La única carencia que realmente necesitas corregir es tu sensación de estar separado de Dios.
—*UCDM* (T-1.VI.2:1)

Cuando oremos porque creamos que estamos necesitados, lo que hay que pedir es *luz* para nuestras mentes y comprensión de las circunstancias que estamos viviendo.

Hay que hacerlo con plena aceptación de que lo que estamos viviendo no es fruto de la casualidad o de la mala suerte, sino el efecto de una forma de pensar y actuar en nuestras vidas. Por encima de todo, hay que evitar sentirse culpable, pues es la roca donde el ego ha edificado su iglesia. La culpabilidad nos ha alejado del Edén —la no dualidad— y nos ha sumergido en el infierno de la dualidad cuya ley fundamental es: todo está separado. Esta ley nos sumerge en el miedo, y cuanto más miedo tengamos, más egoístas seremos.

La aceptación de la culpa en la mente del Hijo de Dios fue el comienzo de la separación, de la misma manera que la aceptación de la Expiación será su final. El mundo que ves es el sistema ilusorio de aquellos a quienes la culpabilidad ha enloquecido. Contempla detenidamente este mundo y te darás cuenta de que es así. Pues este mundo es el símbolo del castigo, y todas las leyes que parecen regirlo son las leyes de la muerte. Los niños vienen al mundo con dolor y mediante el dolor. Su crecimiento va acompañado de sufrimiento y muy pronto aprenden lo que son las penas, la separación y la muerte. Sus mentes parecen estar atrapadas en sus cerebros, y sus fuerzas parecen decaer cuando sus cuerpos se lastiman. Parecen amar, sin embargo, abandonan y son abandonados.

Y parecen perder aquello que aman, la cual es quizá la más descabellada de todas las creencias. Sus cuerpos se marchitan, exhalan el último suspiro, se les da sepultura y dejan de existir. Ni uno solo de ellos ha podido dejar de creer que Dios es cruel.
—*UCDM* (T-13.in.2)

Si este fuese el mundo real, Dios sería ciertamente cruel. Pues ningún padre podría someter a sus hijos a eso como pago por la salvación y al mismo tiempo ser amoroso. El amor no mata para salvar. Si lo hiciese, el ataque sería la salvación, y esa es la interpretación del ego, no la de Dios. Solo el mundo de la culpa podría exigir eso, pues solo los que se sienten culpables podrían concebirlo.
—*UCDM* (T-13.in.3:1-5)

LA JUSTICIA DE DIOS

Antes de la "separación", que es lo que significa la "caída", no se carecía de nada. No había necesidades de ninguna clase. Las necesidades surgen únicamente cuando tú te privas a ti mismo.
—*UCDM* (T-1.VI.1:6-8)

La Inteligencia Universal ya nos da antes de pedir, pues Ella conoce nuestras necesidades. Hay una creencia que es el miedo a Dios. Esta creencia es una auténtica locura basada en el miedo a la justicia de Dios. Para poder sostener esta creencia y este miedo, hay que rendir culto al ego. El culto al ego tiene sus reglas básicas, siendo la culpabilidad la primera y fundamental. Está basada en que Dios está enfadado con sus hijos y nos ha expulsado del Paraíso. Esta culpa está tan inoculada en nuestra mente que no sentirla o no intentar vivirla nos hace sentir más culpables si cabe.

La mente puede hacer que la creencia en la separación sea
muy real y aterradora, y esta creencia es lo que es el diablo.
—*UCDM* (T-3.VII.5:1)

En este estado mental, en el que el alma esta corroída por
la culpabilidad, empezamos a fabricar una serie de ídolos, rituales, penalidades —sacrificios— para ablandar el corazón de
Dios. Nuestras mentes alimentan la separación de Dios y proyectamos nuestra imagen en Él, haciéndolo a nuestra imagen y
semejanza. Como nosotros alimentamos la ira, el rencor, la envidia y, sobre todo, el castigo, el dios del ego refleja todas estas
características o cualidades. Tenemos miedo de su venganza,
de su ira, de su castigo. Por ejemplo, en nuestro inconsciente
colectivo, según parece, Dios nos envió el diluvio universal para
deshacerse de la humanidad pecadora.

Todas estas características se han manifestado en el mundo
desde los albores de los tiempos. Hemos creado lugares, a los
que llamamos santos, para rezarle a este dios y para rendirle
culto como si Dios tuviera ego y reclamase su culto so pena de
que, si no lo haces, te condenará a la eternidad del infierno.
Hay que ablandar el corazón de Dios, porque si realmente nos
amara, no ocurrirían los desastres que vivió y vive la humanidad.

El ego proyecta afuera la causa de nuestras desgracias. Hace
esto de forma cotidiana; pero, cuando las desgracias son grandes y causan muertes y destrozos, estos ocurren porque Dios lo
permite. El ego nos hace creer que Dios se regocija con nuestro
dolor y sufrimiento, nos hace creer que todas nuestras desgracias se deben a la Voluntad de Dios, cuando, en realidad, Su
Voluntad es que vivamos nuestra vida según los dictados de
la voluntad de cada uno. La Voluntad de Dios es que hagamos
nuestra voluntad, y nosotros negamos que nuestra voluntad
sea la Voluntad de Dios.

Una vez más, nada de lo que haces, piensas o deseas es necesario para establecer tu valía.
—UCDM (T-4.I.7:6)

De pronto, una idea se muestra en mi mente: la Justicia de Dios es que cada uno tiene lo que se merece. Esto no tiene por qué ser un castigo, sino más bien un hecho, que se sustenta en algo simple: si yo puedo hacer mi voluntad al margen de la Voluntad de Dios, Él tiene que obedecer mi voluntad y hacerme experimentar las consecuencias de una mente regida por mi voluntad que se cree separada y culpable.

Juzgar no es un atributo de Dios.
—UCDM (T-2.VIII.2:3)

Nuestras experiencias son el fruto de nuestras creencias y de la toma de decisiones realizada desde la conciencia dual. Por lo tanto, nuestras necesidades son colmadas por la Voluntad, que no tiene la capacidad de juzgar y solo puede manifestar nuestra voluntad. No busquemos la causa en el exterior, que solo nos muestra los efectos de nuestra conciencia dual regida por la creencia en la separación.

Cuando quitemos al ego del trono de nuestra mente y pongamos en él al Espíritu Santo, empezaremos a reconocer nuestras auténticas necesidades. Estas se manifestarán desde una conciencia que comprende que todo está interrelacionado, conectado, donde la mente se libera de la necesidad de juzgar. En este preciso instante empieza a florecer una mente inocente, y tal como nos dice el *Curso*:

Dios es alabado cada vez que una mente aprende a ser completamente servicial. Esto, sin embargo, es imposible a menos que también aprenda a ser completamente inofensiva, pues ambos conceptos tienen que coexistir. Los que son verdaderamente

serviciales son a su vez invulnerables porque no protegen a sus
egos, y, por lo tanto, nada puede hacerles daño.
—UCDM (T-4.VII.8:1-3)

La Justicia de Dios está íntimamente relacionada con nuestra percepción, y el *Curso* lo deja muy claro:

La percepción es la elección de lo que quieres ser, del mundo en
el que quieres vivir y del estado en el que crees que tu mente se
encontrará contenta y satisfecha.
—UCDM (T-25.I.3.1)

Y sigue:

Las leyes de Dios no pueden gobernar directamente en un mundo
regido por la percepción, pues un mundo así no pudo haber sido
creado por la Mente para la cual la percepción no tiene sentido.
—UCDM (T-25.III.2:1)

Ni uno solo de los Pensamientos de Dios tiene sentido en este
mundo. Y nada de lo que el mundo acepta como cierto tiene
sentido alguno en Su Mente.
—UCDM (T-25.VII.3:3-4)

Ni la justicia ni la injusticia existen en el Cielo, donde el error es
imposible y la idea de corrección carece de sentido.
—UCDM (M-19.1:4)

Nadie puede ser injusto contigo, a menos que tú hayas decidido ser injusto primero.
—UCDM (T-25.IX.7:7)

Todo milagro es la conciencia de que dar y recibir es lo mismo.
—UCDM (T-25.IX.10:6)

Puesto que crees estar separado, el Cielo se presenta ante ti como algo separado también.
—UCDM (T-25.I.5:1)

Esta creencia de que la separación es real impulsó a la Divinidad a manifestar el Espíritu Santo, cuya función es evitar que la creencia en la separación hunda al Hijo eternamente en el infierno. Nuestro mundo es el mundo de la separación, del dolor, del sufrimiento y de la muerte como final. Nuestro mundo es el reflejo de nuestra demencia. Nuestra locura es tal que tenemos miedo de ir al infierno, sin ser conscientes de que ya estamos en él. Nos sometemos a las leyes del ego, que aumenta la división fabricando diferentes dioses, con diferentes ritos. Y, sobre todo, nos lleva a luchar entre nosotros con la locura de que *nuestro dios* nos protegerá, pidiéndole que nos ayude a vencer a nuestro enemigo —que por cierto tiene otro dios, al que curiosamente pide lo mismo—. No hay mayor locura que esta: Hijos de Dios luchando entre sí para demostrar que su dios es el auténtico dios.

El Espíritu Santo enseña, por lo tanto, que el infierno no existe.
—UCDM (T-15.I.7:1)

El infierno es lo que fabrica la mente dual, sostenida en la separación, a través del ego. El infierno no es un lugar sino un estado mental. Nuestro mundo es un reflejo de nuestra conciencia que vive por y para la separación.

La auténtica Oración consiste en trascender la dualidad, comprendiendo que lo que percibimos como separado, y a veces como enemigos, son nuestros complementarios, nuestro tesoro para integrar la ilusoria separación y escapar del dolor y del sufrimiento.

La función del Espíritu Santo es enseñarte cómo experimentar esta unicidad, qué tienes que hacer para conseguirlo y a dónde debes dirigirte para lograrlo.
—*UCDM* (T-25.I.6:4)

UCDM nos recuerda nuestra locura con una pregunta reflexiva:

¿No es extraño que aún abrigues esperanzas de hallar satisfacción en el mundo que ves?
—*UCDM* (T-25.II.2:1)

Vivimos atrapados en la culpabilidad, lo que nos empuja a creer que el ataque está justificado. Nos sentimos tan mal que alimentamos otra creencia: si yo doy —proyecto— la culpabilidad al otro, me liberaré. Resulta que esto es imposible, pues está escrito que aquello que das es lo que vas a recibir, y que con la vara que midieses serás medido.

De todo ello se deduce que siempre recibirás lo que das sin ser consciente de ello, pues la ley del ego es dar para obtener, mientras que la ley del Espíritu Santo nos recuerda: si no sabes lo que estás dando, observa lo que estás recibiendo. Como vengo diciendo, aquí se asienta la *Justicia de Dios*. El ego se queja diciendo: ¿cuándo he pedido yo ser robado, engañado o ponerme enfermo? Se hace esta pregunta porque vive en la certeza de que la causa de todo lo que ocurre está afuera, y nunca nos permitirá mirar dentro.

Cuando proyectamos la culpabilidad en los demás, no solo no nos desprendemos de ella, sino que nos atrapa en todos los aspectos de nuestra vida.

Las mentes que están unidas, y que reconocen que lo están, no pueden sentir culpabilidad.
—*UCDM* (T-25.IV.1:1)

Cuando reconoces que toda situación tiene que ver contigo mismo, y solo contigo mismo, no solo dejarás de sentirte culpable, sino que te regocijarás. Tu mente se abrirá a la comprensión de saber utilizar correctamente la percepción:

Nada es perjudicial o beneficioso aparte de cómo tú desees que sea.
—UCDM (T-25.IV.2:3)

La Inteligencia Universal —Dios— no es un repartidor de castigos. Ella solo nos puede dar aquello que pedimos. Nunca hay que olvidar que pedir es no tener y que, por lo tanto, recibimos lo que realmente sentimos y creemos. De todo ello se deduce, una vez más, que la *Justicia de Dios* es nuestro justo merecido. Esto le duele mucho a nuestro querido ego, pues él quiere liberarse de sus *enemigos,* de todos los que no comulgan con sus ideas.

Debe ser, o bien que Dios está loco o bien que este mundo es un manicomio. Ni uno solo de los Pensamientos de Dios tiene sentido en este mundo. Y nada de lo que el mundo acepta como cierto tiene sentido alguno en Su Mente.
—UCDM (T-25.VII.3:2-3-4)

Y *UCDM* insiste diciendo:

Si una sola de las creencias que en tanta estima se tienen aquí fuese cierta, entonces todo Pensamiento que Dios haya tenido sería una ilusión.
—UCDM (T-25.VII.3:7)

Justificar uno solo de los valores que el mundo sostiene es negar la cordura de tu Padre y la tuya.
—UCDM (T-25.VII.4:1)

El ego siempre da para obtener y tiene mucho miedo de perder. Siempre piensa que él puede controlarlo todo, urde planes para protegerse del posible engaño, y en uno de ellos se presenta bajo una apariencia de inocencia, que oculta la cara de la codicia, la ira y el miedo a perder.

La creencia de que es posible perder no es sino el reflejo de la premisa subyacente de que Dios está loco. Pues en este mundo parece que alguien tiene que perder porque otro ganó.
—*UCDM* (T-25.VII.11:1-2)

La justicia contempla a todos de la misma manera. No es justo que a alguien le falte lo que el otro tiene. Pues eso es venganza, sea cual sea la forma que adopte. La justicia no exige ningún sacrificio, pues todo sacrificio se hace a fin de perpetuar y conservar el pecado.
—*UCDM* (T-25.VIII.4:2-5)

La creencia en la culpabilidad y el pecado nos tiene atrapados en pensar que Dios no nos puede perdonar, y por ello inventamos sacrificios esperando conmover Su corazón de piedra. Aquí, precisamente en este punto, se halla el centro neurálgico de nuestra pobreza. No nos creemos merecedores de la Gracia Divina. Nos sentimos expulsados del paraíso y sentimos con todo nuestro corazón que Dios está muy enfadado. El ego se siente satisfecho con todo eso, pues hemos creado a Dios a nuestra imagen y semejanza. No podemos considerar a un Dios amoroso e incapaz de juzgar, pues eso no es un atributo del dios que el ego ha creado. Creemos que este dios nos exige sacrificios, martirio, sufrimientos, rituales, y que, de no cumplir con ellos, nos condenará. Proyectamos un dios ávido de sangre, de penalidades, de pobreza, esperando que se compadezca de nosotros.

De la única manera en que el ego permite que se experimente el miedo al infierno es trayendo el infierno aquí, pero siempre como una muestra de lo que te espera en el futuro.
—*UCDM* (T-15.I.6:6)

Es imposible que una conciencia individual esté fuera de la conciencia de unidad, pero sí es posible que esta conciencia se sienta abandonada y castigada. No hay un infierno adonde ir, pues solo es el reflejo del miedo que proyectamos en nuestro mundo.

Puedes ser el reflejo del Cielo aquí.
—*UCDM* (T-14.IX.5:2)

Recuerda que no careces de nada excepto si tú mismo así lo has decidido, y toma entonces otra decisión.
—*UCDM* (T-4.IV.3:3)

Puedes estar seguro de que la solución a cualquier problema que el Espíritu Santo resuelva será siempre una en la que nadie pierde.
—*UCDM* (T-25.IX.3:1)

Reflexiones desde la conciencia de unidad: nadie puede ser injusto contigo si antes tú no has sido injusto contigo mismo. Esta reflexión es clave para desarrollar la comprensión de que nada te sucede por casualidad o mala suerte. No somos conscientes de que nuestros juicios están creando constantemente experiencias en nuestras vidas. Por ello, la Justicia de Dios viene a ser que cada cual tiene lo que se merece. La creencia en la culpabilidad es la que nos condena.

Te puedes preguntar: "¿Cuándo he sido yo injusto conmigo?". Podemos escoger alguna de estas respuestas entre las muchas posibles:

- Cuando hacemos algo que no nos apetece por miedo a no ser aceptados.
- Cuando vamos a algún sitio que no queremos ir.
- Cuando no nos respetamos, y esto alude a cualquier tipo de sacrificio que hagamos.
- Cuando faltamos a nuestra coherencia.
- Cuando criticamos a las personas con nuestras opiniones y juicios.
- Cuando nos sacrificamos esperando obtener algo a cambio.
- Cuando juzgamos algo como cierto.

El problema y la solución son siempre los mismos en todas las situaciones. El problema es ver la causa afuera, la solución es ver la causa en uno mismo. Esto es saber diferenciar entre la conciencia dual y la conciencia de unidad.

Tú no puedes ser tratado injustamente. La creencia de que puedes es solo otra forma de la idea de que es otro, y no tú, quien te está privando de algo. La proyección de la causa del sacrificio es la raíz de todo lo que percibes como injusto y no como tu justo merecido.
—*UCDM* (T-26.X.3:2-5)

Todo el mundo da tal como recibe, pero primero tiene que elegir qué es lo que quiere recibir. Y reconocerá lo que ha elegido por lo que da y por lo que recibe. Y no hay nada en el infierno o en el Cielo que pueda interferir en su decisión.
—*UCDM* (T-19.IV.D.20:5-7)

EL SUFRIMIENTO, UNA ADICCIÓN O UNA LIBERACIÓN

Empezaré este apartado haciendo referencia a lo que dice *Un curso de milagros* con relación al sufrimiento. Son puntos muy controvertidos, puesto que al ego le encanta unirse al dolor, al sufrimiento y al sacrificio. Pero esto no ayuda al que está atrapado en ellos. Uno puede llegar a ser comprendido, pero esta comprensión no le saca del dolor, sino que más bien lo refuerza, pudiendo —muchas veces— quedarse atrapado en el victimismo y en la culpabilidad.

Antes quiero dejar muy claro que la mente-ego se resiste a la comprensión, pues eso la lleva a perder su poder. El sufrimiento es una llamada a despertar. Veamos:

El "sacrificio", que él [el ego] considera una purificación, es de hecho la raíz de su amargo resentimiento.
—*UCDM* (T-15.VII.6:2)

El sacrificio y el sufrimiento son los regalos con los que el ego "bendice" toda unión.
—*UCDM* (T-15.VII.9:1)

El sufrimiento tiene dos caras, como todo en el mundo dual. Saber encontrar la cara que nos oculta el ego es fundamental para el objetivo de este libro. Los lados oscuros de nuestras vidas esconden el auténtico tesoro para liberarnos. Sentirse infeliz es el primer paso para iniciar este sendero. Este sentimiento oculta una potencialidad que quiere manifestarse. Cuando vivimos cualquier experiencia como sufrimiento, este nos impulsa a movernos hacia una apertura de conciencia que nos llevará a realidades más válidas. El dolor es inevitable en este mundo, pero el sufrimiento que se deriva de él puede destruirnos o despertarnos. Al final, hemos de decidir con plena conciencia reconectarnos con esta Inteligencia Universal, y guardar silencio con la certeza de que nos mostrará otra dirección.

En su libro *La conciencia sin fronteras*, Ken Wilber nos dice:

Se ha dicho, y creo sinceramente que es así, que el sufrimiento es la primera gracia. En cierto modo, cuando uno sufre, casi debería regocijarse, pues el sufrimiento señala el principio de la intuición creativa.

Por otro lado, el sufrimiento esconde una creencia fundamentada en que sufrir es bueno, y muchos buscan el sufrimiento por medio del sacrificio, un ardid del ego para alimentarse y sentirse especial y bondadoso.

El sufrimiento es un gran indicador de que estar mentalmente fuera de la conciencia de unidad no es tan ventajoso. Si estamos dispuestos a aprenderlo, nos lleva a tomar conciencia de que sufrir no tiene ningún sentido, y nadie gana con ello. La creencia de que hacer sentirse culpables a los demás nos libera de la causa que subyace en nuestro interior pierde valor, pierde sentido. Cuando el sufrimiento sigue presente, se convierte en resentimiento, el cual envenena el cuerpo, la mente y el alma.

El sufrimiento es el resultado del pensamiento incorrecto. Es una indicación de que no estamos en armonía con las leyes del universo. El único propósito del sufrimiento es avisar a la persona de que su pensamiento está errado.

El sufrimiento necesita comprensión, pues es una fuerza que sale de nuestro inconsciente llevando una información esencial. Sacarla a la luz de la conciencia nos permitirá trascenderlo. Hay que buscar la causa subyacente del sufrimiento. Esto implica liberarnos de las demarcaciones y tomar conciencia de que queremos que las cosas sean de otra manera. El sufrimiento nos muestra la pérdida de control en nuestras vidas. Dejar de creer en el control es un primer paso. El paso siguiente es desarrollar un estado de fluir con la vida, y el siguiente es observar nuestra vida, que se va vaciando de juicios e interpretaciones.

Los 3 errores básicos que alimentan el sufrimiento:

- Primero, unos dicen que todo lo que el ser humano experimenta en el mundo lo controla el destino.
- Segundo, otros dicen que todo es por la Voluntad de Dios.

- Tercero, otros dicen que todo ocurre por casualidad.

Todo tiene una Causa, que está en uno mismo. En cada instante de nuestra vida estamos creando nuestro destino y no somos conscientes de ello. Entonces hablamos de casualidad, mala suerte, destino.

Os invito a recordar que, cuando estamos en oración, nunca tiene que ser una petición, *un querer*, pues querer lleva implícito que no tienes. En todo caso, lo que hay que pedir es Comprensión mediante el Instante Santo, sabiendo que no vemos —percibimos— a las personas y los hechos de forma correcta. *Cuando la Comprensión entre en nuestras mentes y se instale en nuestros corazones, siempre obtendremos una respuesta que alumbrará la senda que estamos hollando.*

En una mente donde brilla la Comprensión, cada palabra se convierte en una oración. Cada acción inspira a muchos a seguir la senda que traerá paz a sus corazones y la Santa Comprensión a sus mentes. Entonces el sufrimiento dejará de tener sentido y el sacrificio se convertirá en una entelequia, una suposición, una conjetura.

Cuando la Comprensión ilumine tu mente, conocerás el significado de estas palabras:

> *Soy tan incapaz de recibir sacrificios como lo es Dios, y todo sacrificio que te exiges a ti mismo me lo exiges a mí también. Debes reconocer que cualquier clase de sacrificio no es sino una limitación que se le impone al acto de dar.*
> —*UCDM* (T-15.X.2:5-6)

Cuando caemos en la trampa del sacrificio, caemos en manos del ego, que santifica este acto como amor. En realidad, es un acto egoísta, pues quisiéramos que las cosas fueran de otra manera. No comprendemos que toda situación, toda experiencia, encierra un tesoro para el alma que está dormida creyendo en la separación, y alimenta el pensamiento de que la causa de lo que le ocurre no está en ella.

Veamos una reflexión de Mikhail Naimy en *El libro de Mirdad*, donde expresa la conciencia de unidad, para poder abrir nuestras mentes:

Vuestros sueños no son solo vuestros. Todo el universo está soñando vuestros sueños (p.49).

Y *Un curso de milagros,* en el capítulo La curación del sueño, nos dice:

Hubo un tiempo en que no eras consciente de cuál era la causa de todo lo que el mundo parecía hacerte sin tú haberlo pedido o provocado. De lo único que estabas seguro era de que entre las numerosas causas que percibías como responsables de tu dolor y sufrimiento, tu culpabilidad no era una de ellas. Ni tampoco eran el dolor y el sufrimiento algo que tú mismo hubieses pedido en modo alguno. Así es como surgieron todas las ilusiones. El que las teje no se da cuenta de que es él mismo quien las urde ni cree que la realidad de estas dependa de él. Cualquiera que sea su causa, es algo completamente ajeno a él, y su mente no tiene nada que ver con lo que él percibe. No puede dudar de la realidad de sus sueños porque no se da cuenta del papel que él mismo juega en su fabricación y en hacer que parezcan reales.
—UCDM (T-27.VII.7:3-9)

Es probable que hayas estado reaccionando durante muchos años como si te estuviesen crucificando. Esta es una marcada tendencia de los que creen estar separados, que siempre se niegan a examinar lo que se han hecho a sí mismos.
—UCDM (T-6.I.3:1-2)

LIBERARSE DEL SUFRIMIENTO

La mente que está libre de culpa no puede sufrir.
—UCDM (T-5.V.5:1)

Uno de los mayores regalos que puedes vivir es la liberación del sufrimiento. Sufrir es una adicción, un apego, un deseo oculto de querer que las cosas sean como uno cree que es mejor. El sufrimiento es uno de los mayores argumentos del ego para sentirnos abandonados por el Amor. El ego nos hace creer que, si sufrimos y nos sacrificamos, ello ablandará el corazón de Dios. En sus libros, Antony de Mello cuenta que tenía un compañero, sacerdote como él, que deseaba tener un cáncer para así sufrir y ser grato a los ojos de Dios. Para muchos, la búsqueda del martirio es querer demostrar a Dios que son buenos y esperan ser gratos a sus ojos.

El sufrimiento es egoísmo revestido de amor. El ego utiliza el sacrificio y el sufrimiento para hacer que los demás se sientan culpables. Para el ego, si no hay sufrimiento, no hay amor.

La Compasión de la Consciencia Universal se manifiesta mediante las experiencias humanas —muchas de ellas generadoras de sufrimiento— para que aprendamos a transcenderlas y mostrarnos la senda del Despertar. Se trata de rendirse a la Compasión de la Consciencia Universal, con la certeza de que las experiencias vividas, y las que quedan por vivir, nos llevan a trascender el mundo dual, el infierno del dolor, sustentado por la creencia en la separación y en la muerte.

Un estado mental que nos lleva a aquietar nuestra alma es la aceptación. Aceptemos cualquier cosa que se manifieste en nuestra vida. Si hay resentimiento, aceptemos que lo tenemos sin luchar contra él, pues eso lo reforzaría y nos haría sentir culpables. Aceptemos nuestros juicios y nuestras opiniones. Este acto de aceptación los debilita, pues es la manera de comprender que se trata de nuestro propio estado mental. Están allí, los observamos, y luego indagamos qué creencias los sostienen. No hay límite en la aceptación cuando nuestra mente está iluminada por la Santa Comprensión. Luego soltamos, no como un acto volitivo, sino como un acto de comprensión, que va acompañado de desapego.

Mi resentimiento, mi dolor, mi sufrimiento son una manifestación de una energía que hay que liberar. De no hacerlo, tarde o temprano hará mella en mi mente, en mis estados emocionales y en mi cuerpo. Es un estado de no aferrarse a nada, que no se ha de confundir con el estado de pasar de todo, como si ello no fuera conmigo. Mucha atención a esto, porque hay un hilo muy fino entre la aceptación y el pasar de todo. La aceptación da entrada al Espíritu Santo, el pasotismo da entrada al ego.

Seguimos adelante para ver la fuerza de la aceptación desde la conciencia de unidad:

Dios no tiene secretos. Él no te conduce por un mundo de sufrimiento, esperando hasta el final de la jornada para decirte por qué razón te hizo pasar por eso.
—*UCDM* (T-22.I.3:10-11)

El budismo nos lo deja muy claro al recordarnos algo que es evidente a todas luces: el mundo está lleno de sufrimiento. Nacer es sufrimiento, la decrepitud, la enfermedad y la muerte también son sufrimientos. El encuentro con alguien por el que se siente rencor, la separación del ser amado, la búsqueda de algo inalcanzable, todo ello es sufrimiento. En otras palabras, la vida que no está libre de los apegos y deseos siempre es sufrimiento. A esto se le llama la Primera Noble Verdad, la Verdad del Sufrimiento.

El budismo indica que la esencia del sufrimiento es el deseo y el apego. El dolor existe, y el sufrimiento surge cuando te resistes a él. Buda nos recordaba que el dolor es inevitable, pero que el sufrimiento es una decisión.

El budismo nos habla de la oscuridad fundamental como la sede del sacrificio y el sufrimiento. Nos recuerda: la *oscuridad fundamental* o *ignorancia fundamental* es vivir la vida creyendo que todo está desconectado del Todo. Nos habla de los tres venenos:

- Codicia.
- Odio.
- Ignorancia.

El sufrimiento tiene su base en la culpabilidad, y es una forma de proyectarla en los demás.

Siempre que consientes sufrir, sentir privación, ser tratado injustamente o tener cualquier tipo de necesidad, no haces sino acusar a tu hermano de haber atacado al Hijo De Dios.
—*UCDM* (T-27.I.3:1)

Esta reflexión del *Curso* pone enfermo a nuestro ego. Para él, es posible ser tratado injustamente, pues la causa de la injusticia es el otro. Siempre digo en mis clases: si no hablásemos del otro como causa y sí como efecto, nuestra vida daría un giro de 180 grados. El ego utiliza el sacrificio y el sufrimiento para bendecir toda unión. Y nos hace caer muchas veces en la trampa de la culpabilidad con esta sentencia: "Después de todo lo que he hecho por vosotros...". El ego utiliza el sufrimiento para manipular a los demás y hacer que se sientan culpables.

El secreto de la liberación te llegará cuando te hartes de sufrir.
—Anthony de Mello

Tú no sufres por lo que ves, sino por lo que crees que ves. Deja de identificarte.
La raíz del sufrimiento psicológico es: "*solamente veo el pasado*". Al final cada uno da el significado a las cosas que ve y ello tiene que ver con su pasado.

Una historia de transformación: conozco a una mujer —mi nuera—, a la que aprecio profundamente, que ha vivido una experiencia de gran dolor. Está embarazada de mi futuro nieto. Empezó a tener dolores muy fuertes debido a un cólico de riñón. Al principio, se quejaba y sufría, hasta que tomó conciencia de que el sufrimiento no la alejaba del dolor, es más, este era más fuerte. Debido a su estado, solamente le daban calmantes. Al final, como los dolores eran muy fuertes y los médicos tenían muy claro que afectaban al bebé, decidieron colocarle un catéter sin anestesia. Ella sentía como si le clavaran un puñal, pues los doctores tuvieron grandes dificultades para colocarlo debido a su embarazo. Al mes volvieron las molestias y observaron que el catéter estaba obturado por los sedimentos de la orina. Tenían que cambiarlo y ponerle otro. Finalmente, no hubo otra solución más que *arrancárselo*, y su grito estremeció a más de una persona en el quirófano. Al cabo de dos días escribió una carta a su futuro hijo diciéndole:

Quiero darte las gracias porque no has nacido aún y ya me enseñaste muchas cosas. Me diste la oportunidad de dejar de definirme a mí misma por todo lo que hacía y simplemente Ser en el presente. Me enseñaste que lo más bello de la vida puede estar acompañado del dolor más intenso. Me enseñaste que el dolor es parte de la plenitud de la vida. Me invitaste a entrar en mi corazón y a escucharlo. Muchos desde fuera podrán pensar: pobrecita, qué embarazo más duro. Pero yo siento en mi corazón que es una de mis mayores bendiciones [...] que a pesar del dolor [...] por amor a ti me encontré a mí misma. Nuestro proceso conjunto es un proceso propio de lo que siento que eres: un gladiador. El amor y la luz ganan todas las batallas y todo es simplemente como debe ser. Aún no te conozco, pero te amo para la eternidad.

El sufrimiento siempre se vale del sacrificio como un último intento de cambiar lo que ves o estás experimentando. El sufrimiento es un intento de proyectar la culpabilidad al exterior y con ello evitar la autoindagación. Esto nos aísla de los demás y, sobre todo, de nosotros mismos. El sacrificio es una paranoia del mundo dual.

Dios no cree en el castigo. Su mente no crea de esta manera. Dios no tiene nada contra ti por razón de tus "malas" acciones.
—*UCDM* (T-3.I.3:4-6)

El ego es adicto al sacrificio, lo utiliza porque cree que con él obtendrá algo y lo une al sufrimiento para manipular. Nuestra mente, que está poseída por nuestro ego, alimenta esta locura de que Dios está enfadado y nos va a castigar si no hacemos algo para calmarlo.

El *Curso* hace hincapié muchas veces en la asociación que hacemos entre sacrificio y amor.

Tu confusión entre lo que es sacrificio y el amor es tan aguda que te resulta imposible concebir el amor sin sacrificio. Y de lo que debes darte cuenta es de lo siguiente: el sacrificio no es amor, sino ataque.
—*UCDM* (T-15.X.5:8-9)

Reflexionemos: *¿cómo es posible que tú, que eres tan santo, puedas sufrir?*

- Porque sientes y crees que estás separado del otro.
- Porque querrías que el otro cambie.
- Porque crees en el control.
- Porque te olvidas de que todo lo que te rodea tiene que ver contigo.
- Porque te resistes a cuestionar tu percepción.

La realidad del pecado: cuando leemos la palabra *pecado* en el *Curso,* podemos sustituirla por *separación.*

El pecado es la creencia de que es posible hacer algo contra Dios. Y habiendo hecho algo contra Dios, el ego cree que, para ser feliz, es necesario sufrir o pagar un precio como penitencia por los pecados. El pecado llama al castigo. Los errores piden corrección de la percepción. El ego cree que el castigo es corrección. Entonces, no hay esperanza para los pobres pecadores del mundo. Serán hallados y castigados. Por lo tanto, es imposible creer que el pecado es verdad sin creer que el perdón es una mentira.
—Jon Mundy, *Lección 101 de UCDM*

Pues es imposible pensar que el pecado es verdad sin creer que el perdón es una mentira.
—*UCDM* (L-134.4:2)

Recapitulación y reflexiones: La creencia en la culpa y el pecado ha llevado a condenar la conciencia humana, a darle el poder a los opuestos, y a la consiguiente percepción basada en la dualidad.

No se puede erradicar una ilusión. Solo se puede comprender que es falsa. Con ello le quitamos la fuerza mediante el poder de una apertura de la conciencia.

No hay ilusión más peligrosa que las fantasías que pretenden eliminar las ilusiones. Esto lleva a un montón de prácticas y rituales etiquetados de espirituales, y a una identidad: ser espiritual.

¿De qué te sirve ser muy espiritual si eres pobre? Quiero dejar claro de antemano que ser pobre consiste en un estado mental de sentirse separado, que alimenta el miedo a no tener. Este miedo afecta a la salud y a los bienes materiales.

Separar el valor material del mundo de la espiritualidad es separar la materia de la energía, lo cual es imposible, porque TODO son diferentes estados de esta Energía Universal.

Generalmente, pobreza y enfermedad van de la mano. He visto gente que se hace llamar espiritual y está muy enferma.

Nunca olvidemos que la salud también es abundancia. Cuida de tu cuerpo, pues es tu mayor tesoro. Es el vehículo que tu alma utiliza para vivir la experiencia de la unidad a través de la dualidad. Es el juego de No-Ser para descubrir el Ser que eres.

La espiritualidad no busca reconocimientos, pero tampoco acepta culpabilidades.

Para vivir en el mundo dual hay que saber moverse por el sendero del medio, que nunca va en línea recta. Oscila de una polaridad a otra creando el necesario movimiento para que surja la vida. Polarizarse, posicionarse, lleva directamente al anquilosamiento mental. En un principio, puede llevarte a un estado de tranquilidad; pero, de seguir en él, surgirán situaciones y experiencias que vivirás con mucho estrés. ¡¡Hay que moverse!!

Retomando el tema del sufrimiento como poder, hay que canalizarlo y dejar que se exprese en acciones. Su fuerza nos puede convertir en personas que aporten luz y tranquilidad de espíritu a muchos otros. La vida está llena de ejemplos de personas que han pasado por grandes sufrimientos, y gracias a ellos se han convertido en benefactores de la humanidad.

Renuncia al sacrificio y al sufrimiento alimentados por alguna causa externa. Si no lo haces, corres el peligro de caer en el resentimiento, y esto envenenará tu mente y tu cuerpo. Para liberarte y transformarlos, haz de cada palabra una oración y de cada acto una ofrenda.

LA RESPUESTA A TUS ORACIONES

No hay nada más mortal que el ego religionalizado.
—David R. Hawkins (1927-2012)

Quiero que recordemos siempre que la respuesta a cada problema que creemos tener ya existe, pues la norma del universo es la abundancia. La oración, nuestro rezo, tiene que estar libre de carencias, es decir, no pidamos para que se solucione lo que creemos que es un problema. Nuestro rezo, nuestra oración, tiene que ser útil para que se haga silencio en nuestra mente y podamos oír los pensamientos que nos envía la Inteligencia Universal. No son palabras; son ideas, inspiraciones, encuentros, lo que llamamos casualidades. La oración elimina los ruidos de nuestra mente, el vocerío de nuestro ego. En el seno de la Conciencia Universal, de la Inteligencia Suprema, están las infinitas posibilidades. Por lo tanto, cuando rezamos, no pedimos nada concreto; pedimos luz, claridad. Luego hemos de quedarnos en silencio, sabiendo que la Conciencia Universal ya *sabe* la respuesta adecuada antes de que se nos ocurra la pregunta o la petición.

¿Qué significa rezar sin pausa? Considera esto: se ha dicho que aun antes de que lo pidas, se te ha concedido. También se ha dicho: pedid y se os dará. ¿Lo captas? Pedir no es suplicar, tú no le suplicas a la Fuente, puesto que ya te lo ha concedido antes de que lo pidas. Suplicar y querer simplemente te trae la carencia de lo que suplicas y quieres. Esto no es simplemente una idea espiritual.

En estos días en los que estoy escribiendo este libro, en mi país se ha generado una controversia a nivel nacional por una broma que se hizo en un programa de la televisión catalana con relación a la Virgen del Rocío, una virgen muy venerada en la comunidad andaluza. Los protagonistas de la broma han recibido centenares de amenazas de muerte, las televisiones estatales han dicho de todo, algún periodista ha llegado a decir que los catalanes encerrarían a todos los andaluces en campos de concentración porque son unos supremacistas; mejor no sigo porque hay un largo etcétera. Cuando veo y oigo todo esto, solo puedo pedir perdón, porque soy plenamente consciente de que todo, absolutamente todo, forma parte de nuestra consciencia colectiva, y por lo tanto yo estoy en ella. Y, por supuesto, no voy a echar más leña al fuego para que el ego siga engordando.

Aquí vemos la locura del ego, pues, que yo sepa, virgen María solo hay una y no cincuenta y una, por decir algo. El mayor afán del ego es separar y crear confrontación y, sobre todo, dividir creando diversos dioses, diversas religiones y buscando la confrontación constante de cuál es la mejor.

Introspección:

Nunca olvides que ves lo que buscas, y lo que buscas es lo que encontrarás.
—UCDM (T-12.VII.6:3)

Dos monjes están rezando sus oraciones diarias. Uno le dice al otro:

—Siempre te veo contento y yo siempre estoy apesadumbrado, ¿por qué?

—¿No será —le contesta el otro monje— porque tu rezas pidiendo y yo doy las gracias por todo?

Y siguiendo con la conciencia de unidad, debemos tener presente a qué tenemos que prestar atención para recibir respuesta a nuestras oraciones:

La respuesta a todas tus oraciones reside en ellos. Recibirás la respuesta a medida que la oigas en todos tus hermanos. No escuches nada más, pues, de lo contrario, no estarás oyendo correctamente.
—UCDM (T-9.II.7:6-8)

En tu hermano reside tu salvación. El Espíritu Santo se extiende desde tu mente a la suya, y te contesta.
—UCDM (T-9.II.6:3-4)

Y hay que tener presente que mis oraciones y sus consiguientes respuestas están condicionadas por cómo considero a mi hermano. El *Curso* nos recuerda que todo encuentro es santo. ¡¡Déjate sorprender!!

Cuando mi mente queda atrapada en una experiencia que considero un problema, aquieto mi alma y decido con plena conciencia que yo no sé lo que es lo mejor en esta circunstancia, teniendo la certeza de que recibiré la respuesta. Siempre, y digo siempre, la recibo, y quiero dejar claro que no pido nada en concreto, me rindo a la Inteligencia Universal.

Recuerdo una historia que me pasó. Estaba en mi herbolario solo y mi mente estaba centrada en cómo podría resolver mis problemas con la abundancia. Le pedí al Espíritu Santo que me diera luz para poder salir de la oscuridad que me envolvía. Estaba en una dependencia contigua al mostrador donde se atiende al público cuando, de repente, vi la proyección de una sombra en el umbral de la puerta. Al salir, veo a una niña desaliñada, descalza, sucia y mostrándome una mano cerrada.

—Pasa sin miedo, dime qué es lo que quieres —le dije.

La niña, dando unos pasos hacia delante, me dijo:

—Traigo las hojas de la abundancia.

—¿Me las enseñas? —pregunté.

La niña abre su mano y veo las hojas de una planta —podría ser cualquiera— arrugadas y sucias.

—Ooohhh, ¿puedes decirme lo que valen? —le pregunté.

—La voluntad, lo que usted quiera —me dijo.

—¿Te parece bien 200 pesetas? —pregunté.

Ella abrió los ojos como platos y movió la cabeza asintiendo. Cuando se fue, supe que mi oración había sido contestada.

Moraleja: mantente siempre alerta. Dios siempre te contestará. En esta historia Dios se presentó como una niña desaliñada, sucia y —aparentemente— con la intención de engañarme. Mi respuesta bien podía haber sido: vete, niña, y no molestes, que asustas a los clientes.

En tus oraciones, ten presente lo que vengo diciendo: así como consideres a tus hermanos, así serán las respuestas a tus oraciones.

Oración para desaprender: a lo largo del *Curso* se nos enseña, de forma implícita y explícita, que el primer acto de amor que tenemos que hacer es deshacer las ilusiones que el mundo dual promete.

La salvación es un deshacer. Si eliges ver el cuerpo, ves un mundo de separación, de cosas inconexas y de sucesos que no tienen ningún sentido.
—UCDM (T-31.VI.2:1)

Alegrémonos de que verás aquello que crees, y de que se te haya concedido poder cambiar tus creencias. El cuerpo simplemente te seguirá.
—UCDM (T-31.III.6:1-2)

He aquí la oración:

Permanezcamos muy quedos por un instante y olvidémonos de todas las cosas que hayamos aprendido, de todos los pensamientos que hayamos abrigado y de todas las ideas preconcebidas que tengamos acerca de lo que las cosas significan y de cuál es su propósito.
—UCDM (T-31.I.12:1)

Las respuestas a tus oraciones: veamos las reflexiones que nos transmite el *Curso*.

Tal vez insistas en que el Espíritu Santo no te contesta, pero quizá sería más prudente examinar qué clase de peticionario eres.
—UCDM (T-9.I.7:1)

Cualquier deseo que proceda del ego es un deseo de algo que no existe, y solicitarlo no constituye una petición.
—UCDM (T-9.I.10:2)

Esta reflexión es muy dura para nuestro ego, porque él piensa que sabe lo que es mejor para los demás, cuando en realidad nadie puede saber cuál es la esencia primordial de la experiencia de cada uno.

En esta maravillosa reflexión, el *Curso* también nos indica cuál es el mayor regalo que le puedes ofrecer a tu hermano:

Si reconoces al Espíritu Santo en todos, imagínate cuánto le estarás pidiendo y cuánto habrás de recibir.
—*UCDM* (T-9.II.12:2)

Tengamos presente que no sabemos pedir; casi siempre pedimos desde nuestro ego, o sea, deseando algo.

Quizás, querido lector, y solo digo quizás, puedas llegar a pensar que lo que expongo en estas líneas es bello, pero que yo no he vivido experiencias para poder transmitirlas y refrendar estas maravillosas reflexiones. Te voy a contar dos:

Mi hijo, a la edad de 12 años, iba a jugar a baloncesto a una ciudad cercana de donde vivíamos. Por la tarde/noche yo lo pasaba a recoger, pero hubo un día que le pedí a la hija de mi mujer, que es minusválida, que lo fuera a buscar. Al rato me llama y me dice que no encuentra a David. Me sentí impotente, y ella estaba limitada para buscarlo. Llamamos al entrenador y a los encargados de las instalaciones. Mi hijo no aparecía por ningún lado. El tiempo se me hizo eterno, los minutos muy densos, la impotencia era total. Recuerdo que me arrodillé y me dirigí a Dios más o menos con estas palabras: "Señor, acepto esta experiencia, tú me has dado a mi hijo y tú sabes lo que es mejor. ¡¡Guíame!!". Al instante me llaman por teléfono diciéndome que ya han encontrado a mi hijo, que estaba en un rincón de los vestuarios jugando a las maquinitas con un compañero.

La hija de mi mujer, que es minusválida, sufría muchos dolores de espalda debido a una escoliosis muy pronunciada. Ningún médico se atrevía a realizar una operación porque el riesgo de fallecimiento era muy elevado. Muchas veces lo hablábamos y siempre le decía lo mismo: "Corazón, tienes que rendirte y dejar todo en manos de Aquel que sabe lo que es mejor para tu alma. Sabrás lo que tienes que hacer y, si se tiene que operar, surgirá quien lo haga". Al cabo de unas semanas, nos dicen que hay un doctor que la va a operar. Ambos estaban de acuerdo en que, pasara lo que pasara, sería lo mejor. La noche antes de la operación, hicimos una cena los tres, mi mujer, su hija y un servidor. Estuvimos hablando de nuestras vidas, de la aceptación plena, de que la vida es una experiencia transitoria y de que estábamos de acuerdo en rendirnos a la Gran Voluntad.

Hago un paréntesis: ahora, cuando lo pienso al escribirlo, me viene a la memoria *la última cena*, la antesala del supremo acto de Amor que hizo Jesús que, como nos recuerda el *Curso*, no lo hizo porque fuéramos malos y para perdonar nuestros pecados, pues Dios no exige sacrificio a nadie.

El Sacrificio es una noción que Dios desconoce por completo. Procede únicamente del miedo.
—*UCDM* (T-3.I.4:1-2)

La crucifixión no estableció la Expiación; fue la resurrección la que lo hizo.
—*UCDM* (T-3.I.1:2)

[...] parece como si Dios hubiese permitido, e incluso fomentado, el que uno de Sus Hijos sufriese por ser bueno.
—*UCDM* (T-3.I.1:5)

Yo no fui "castigado" porque tú fueras malo.
—*UCDM* (T-3.I.2:10)

Con estas reflexiones, *Un curso de milagros* nos recuerda que tú no tienes por qué sufrir, ni sacrificarte para conseguir algo. Ello da a entender que tienes que convencer a la Divinidad, casi me atrevería a decir *regatear* con Ella, para que nos conceda nuestras peticiones.

La crucifixión fue un acto de amor y nos muestra un ejemplo supremo de invulnerabilidad en caso de que te sientas herido.

Tú no puedes herir ni ser herido, y son muchos los que necesitan de tu bendición para poder oír esto por sí mismos.
—*UCDM* (T-6.I.19:2)

Seguimos: al cabo de varias horas —unas seis—, finalizó la operación. Fuimos a una sala para que el doctor nos explicará cómo había ido todo. Cuando entró, su rostro brillaba y sus palabras expresaban asombro por lo que había vivido en la operación. Tenían que cortarle una arteria y la pérdida de sangre podía llevarla a la muerte. Con una cara de gran asombro, nos explicó que no fue así. Instantes después recuperó la compostura, y explicó, con absoluta sobriedad, que todo había ido muy bien.

Nunca olvides, por consiguiente, que eres tú el que determina el valor de lo que recibes, y el que fija el precio de acuerdo a lo que das. [...] Al dar, recibes. Pero recibir es aceptar, no obtener. Es imposible no tener, pero es posible que no sepas que tienes.
—*UCDM* (T-9.II.11.1,4-6)

Lo que hayas decidido acerca de tu hermano determina el mensaje que recibes.
—*UCDM* (T-9.II.5:4)

LA ADORACIÓN

Dios sería mucho más feliz, según Jesucristo, si os transformaseis que si le adoráis. Le gustaría mucho más vuestro amor que vuestra adoración.
—Anthony de Mello, *Redescubrir la vida*

¿Pensáis que hay un Ser que necesita de nuestra adoración y de nuestros rituales para agradarle? Si así lo hacéis, atribuís un ego a este Dios; un Dios castigador que, de no cumplir con sus normas y preceptos, nos castigará. Algunos los cumplen por miedo, no vaya a ser verdad que hay un Dios que quiere que se le venere.

Parafraseando a Anthony de Mello, Dios sería más feliz si nos transformásemos —si despertáramos— y dejásemos de adorarle. Por eso, en la primera línea de este capítulo VII, el *Curso* deja claro que la mejor ofrenda es el amor o la gratitud a tu hermano. Adorar lleva implícito que hay algo fuera de nosotros y esto es imposible; ser conscientes de ello sería una buena religión. Dios no está afuera, más bien es al contrario, nosotros estamos en Dios. Esto me recuerda la historia en la que un pececito se tropieza con un pez viejo y este le pregunta:

—¿A dónde vas, pececito?

—Estoy buscando el océano—contesta.

A lo que el pez mayor le dice:

—¡¡¡Pero si ya estás en él!!!

—No, esto es agua —le contesta el pececito.

¿Qué pretendes con tu sacrificio? ¿Agradar a Dios? Las cosas se hacen por amor o no se hacen, pues hacerlas sin amor implica que son solo apariencias, y al único que engañas es a ti mismo. Jesús ya nos lo dejó claro cuando les dijo a los fariseos: "el ser humano es más importante que el *sabbath*". Al final, no se trata de buscar nada, más bien de quitar las barreras que hemos puesto entre nosotros y la Divinidad. ¿Te sientes aislado? ¿Te sientes abandonado? Ten presente que tú eres el único responsable de tu aislamiento.

Tenemos que despertar, pues nuestro sufrimiento solo indica que estamos dormidos. Somos los soñadores del sueño, y ponemos énfasis en dejar muy claro que no somos los responsables de todo lo que nos ocurre.

> *El razonamiento que da lugar al mundo [...] es simplemente este: "Tú eres la causa de lo que yo hago. Tu sola presencia justifica mi ira, y existes y piensas aparte de mí. Yo debo ser el inocente, ya que eres tú el que ataca. Y lo que me hace sufrir son tus ataques".*
> —*UCDM* (T-27.VII.3:1-4)

Nadie puede despertar de un sueño si primero no reconoce que él es el que está soñando. Reconocer esto es fundamental para despertar. Para ello, se hace imprescindible dejar de hablar del otro como si él fuera la causa, y empezar a reconocer que sencillamente es uno de los efectos. Tu sueño está lleno de pesadillas y no eres consciente de que aparecen cuando te sientes separado de tu hermano y lo percibes como un teórico enemigo, un rival que te impide alcanzar tus objetivos mundanos.

> *El mundo no hace sino demostrar una verdad ancestral: creerás que otros te hacen a ti exactamente lo que tú crees haberles hecho a ellos. Y una vez te hayas engañado a ti mismo culpándolos, no verás la causa de sus actos porque desearás que la culpabilidad recaiga sobre ellos.*
> —*UCDM* (T-27.VIII.8:1-2)

El pilar fundamental del método de la Bioneuroemoción es la inversión de pensamiento. Es un método sencillo, pero muy difícil de aplicar, pues estamos acostumbrados a creer que nuestra percepción es verdad, y que la culpa o la responsabilidad de lo que nos ocurre está en el otro. Llevamos a nuestros consultantes a tomar conciencia de que su programación inconsciente se manifiesta —resuena— en sus relaciones personales, que lo que nos atrae o rechazamos habla de nosotros y no de los otros. En definitiva, consiste en llevar al consultante a un cambio de percepción mediante la comprensión de que el mundo que nos rodea habla de nosotros. No lo reconocemos sencillamente porque lo que vemos es una imagen especular de nosotros mismos. Ya está escrito que vemos la paja en el ojo ajeno y no vemos la viga en el nuestro. Lo que percibimos, sobre todo lo que más nos molesta, es lo que necesita primero autoindagación, y luego la inversión de pensamiento. Cuando integramos este proceso, nuestras vidas cambian radicalmente gracias al estado de paz interior. Precisamente este estado, la paz interior, es el objetivo fundamental del *Curso*.

Comprende que no reaccionas a nada directamente, sino a tu propia interpretación de ello. Tu interpretación, por lo tanto, se convierte en la justificación de tus reacciones. Por eso es por lo que analizar los motivos de otros es peligroso.
—*UCDM* (T-12.I.1:4-6)

Y ahondando en lo que expongo con relación a lo que podríamos llamar "nuestro espejo", el *Curso* nos deja muy claro que:

Las interpretaciones que haces de las necesidades de tu hermano son las interpretaciones que haces de las tuyas propias. Al prestar ayuda la estás pidiendo, y si percibes tan solo una necesidad en ti serás sanado.
—*UCDM* (T-12.I.7:1-2)

Esta reflexión del *Curso* muestra la esencia de lo que enseñamos en Bioneuroemoción. Tus necesidades, tus reacciones emocionales y tus actos con relación a los que te rodean hablan de tus programaciones inconscientes, y al hacerte consciente de ellos, empiezas a despertar, pues ya no juegas al juego de la culpabilidad. Entonces el perdón, fruto de esta comprensión, se manifiesta sin obstáculo alguno.

Un acto de amor supremo, que da sentido a este libro, es la siguiente frase del *Curso*:

> [...] *si no tienes interés alguno en las cosas de este mundo, puedes enseñar a los pobres dónde está su tesoro.*
> —*UCDM* (T-12.III.1:2)

El mundo refleja nuestro estado o vibración de conciencia. Poner énfasis en los valores del mundo y no llegar a conseguirlos hace que nos sintamos pobres y necesitados. Si invertimos nuestra atención en nosotros mismos y vemos que el cambio que tanto anhelamos está en nuestro interior, dejamos automáticamente de buscar afuera, olvidamos nuestras quejas y lamentos y nos abrimos a la experiencia.

El *Curso* lo deja claro en una reflexión que también comparte Carl G. Jung:

> *Si reconocieras que cualquier ataque que percibes se encuentra en tu mente y solo en tu mente, habrías por fin localizado su origen, y allí donde el ataque tiene su origen, allí mismo tiene que terminar.*
> —*UCDM* (T-12.III.10:1)

Pero para que este cambio pueda realizarse en nuestra mente libre de culpabilidad, tenemos que hacer la inversión de pensamiento, y permitir que el Espíritu Santo nos inspire. Para mí, la auténtica adoración reside en esta frase del *Curso* que, a decir verdad, me emociona profundamente y me da muchísima paz:

Cuando mires dentro de ti y me veas, será porque habrás decidido manifestar la verdad. Y al manifestarla la verás tanto fuera como dentro. La verás fuera porque primero la viste dentro. Todo lo que ves fuera es el juicio de lo que viste dentro.
—UCDM (T-12.VII.12:1-4)

LA ORACIÓN

Oráis en vano cuando os dirigís a otros dioses que no seáis vosotros mismos, pues en vosotros está el poder de atraer y el de repeler. Y en vosotros está aquello que atraéis y aquello que repeléis, pues poder recibir algo es poder dar eso mismo.
No elevéis a Dios vuestras innumerables preocupaciones y esperanzas. No Le pidáis que os abra las puertas de las que Él os dio las llaves. Mas buscadlas en la inmensidad de vuestros corazones, pues en ella se encuentra la llave de todas las puertas. Y en la inmensidad del corazón están todas las cosas por las que sentís sed y hambre, sean para bien o para mal.
Un poderoso ejército aguarda vuestra llamada, y ejecutará inmediatamente la menor de vuestras órdenes. Si se halla debidamente equipado, sabiamente disciplinado y valientemente mandado, podrá saltar eternidades y destruir todas las barreras que se opongan a su ideal. Si está mal equipado, indisciplinado y tímidamente capitaneado, vagará inútilmente o se retirará con presteza ante el menor obstáculo, arrastrando tras de sí la más negra derrota.
Para orar no precisáis tener lengua ni labios, sino un corazón silencioso y despierto, un Deseo-Director, un Pensamiento-Director y, por encima de todo, una Voluntad-Directora que no dude ni titubee; pues las palabras nada valen si el corazón no

está presente y despierto en cada sílaba. Y cuando el corazón está despierto y presente, es mejor que la lengua duerma o se esconda tras los labios cerrados.

Tampoco necesitáis templos para orar en ellos. Quien no pueda encontrar un templo en su corazón, jamás encontrará su corazón en un templo. Pero a vosotros y a todos los hombres, yo os ruego que oréis por la Comprensión. Cualquier deseo que no sea este jamás será cumplido.

—*El libro de Mirdad*, Cap.XIII

En el primer libro que escribí, *Algo de sabiduría para el autoconocimiento,* en el apartado VI, La oración, escribo unas palabras que me fueron totalmente inspiradas:

La oración es el reconocimiento de una fuerza espiritual por parte del ser, es darse cuenta de que provenimos de algún sitio y de que nuestra manifestación aquí en la Tierra es ocasional. La oración fortalece nuestro espíritu y nos ayuda a sobrellevar las vicisitudes de nuestra vida. Su fuerza es de orden superior. Practicándola constantemente se puede conseguir cambiar circunstancias que parecían imposibles de transformar. El principal cambio que se puede dar es sobre la persona que ora: la va transformando poco a poco, hasta llegar a ser un foco de luz. Existen muchas formas de orar, pero no existe la menor duda de que la oración debería ser constante a lo largo del día. ¿Cómo? Mediante la acción. No con la palabra, sino con la acción en todos los actos que realizamos en el transcurso del día. Ofreciéndoselos a Dios desde el despertar, en nuestro trabajo, en nuestra forma de hablar, en nuestros pensamientos, siendo constantemente una fuente de Paz para todos los que nos rodean. Si, además, en tu vida diaria dedicas una parte de tu tiempo a servir a los demás, entonces tu oración adquirirá vibraciones de orden superior por el servicio que estás realizando.

El ser que adquiera como hábito esta forma de vida notará que a su espíritu se le empieza a descubrir el Universo, ya que sus necesidades son las necesidades de los demás, así como sus miedos, sus dudas, sus tristezas, sus sinsabores... y todos ellos llegan a formar parte de uno mismo. Por otro lado, la oración también debe cuidar de las necesidades de cada uno, pues del propio cuidado y fortaleza se puede beneficiar muchísima gente, durante todo el tiempo que la Providencia considere necesario. Además, llega un momento en que el ser superior de cada uno puede conseguir entregarse plenamente a los demás. Uno debe encaminar la oración hacia su forma de vida, entonces su plegaria empezará a recorrer el sendero de la oración perfecta. Que tu oración sean tus actos, no tus palabras. Como dijo el Gran Maestro Jesús: "Por sus acciones conoceréis a los auténticos hijos de Dios". Tenemos que esforzarnos por hacer de nuestra vida una oración, pues esto nos permitirá trascender las puertas del conocimiento que traspasa todas las barreras y todos los sentidos; en definitiva, del conocimiento que algún día nos conducirá a Dios.

RECAPITULANDO

- Tu gratitud hacia tu hermano es la única ofrenda que quiero.
- Cuando oremos porque creemos que estamos necesitados, lo que tenemos que pedir es *luz* para nuestras mentes y comprensión de las circunstancias que estamos viviendo.
- El miedo a Dios es una auténtica locura.
- Nunca hay que olvidar que pedir es no tener y que recibimos lo que realmente sentimos y creemos.
- La Inteligencia Universal —Dios— no es un repartidor de castigos.

- No somos conscientes de que nuestros juicios están creando constantemente experiencias en nuestras vidas.
- El ego es adicto al sacrificio y lo utiliza porque cree que con él obtendrá algo. Y lo une al sufrimiento para manipular.
- Nadie puede despertar de un sueño si primero no reconoce que él es el que está soñando.
- Lo que percibimos, sobre todo lo que más nos molesta, es lo que en primer lugar necesita autoindagación y después la inversión de pensamiento.
- Para despertar tenemos que cerrar la brecha que hemos puesto entre nosotros.
- El único cambio posible está en uno mismo.
- Tenemos que soltar las historias del ego, pues las convertimos en verdad.
- Solo tú puedes privarte a ti mismo de algo.
- Cuando la Sagrada Comprensión penetre en nuestros corazones, no habrá nada en la inmensidad de Dios que no haga vibrar en nosotros una alegre respuesta cada vez que digamos *yo*.

AVISO AL LECTOR

Vamos a entrar en la comprensión del mensaje que la enfermedad lleva consigo. Hemos llegado a la última parte de este libro. Voy a tratar el tema de la *enfermedad*, un aspecto muy sensible con relación a la abundancia y la pobreza.

Es muy fácil caer en el victimismo, en la culpabilidad y, sobre todo, en el enfado. Los razonamientos del *ego* para justificarse y no tomar responsabilidad son infinitos. Entraremos en la cueva profunda, donde se hallan nuestros dragones, los que defienden nuestras *verdades* a ultranza y no se avienen a razones.

Mi experiencia me ha enseñado que superar el concepto de enfermedad es derruir la fortaleza que el ego ha construido para evitar que nuestra mente se sumerja en la *esencia* de nuestro Ser. Al hacerlo, entramos de lleno en la experiencia Advaita, la experiencia no-dual.

Evita leer este apartado del libro si antes no has integrado, en mayor o menor medida, los capítulos anteriores. Tómate tu tiempo, pero una vez lo hayas atravesado, vas a encontrar la Paz Interior, un estado de Comprensión que te llevará a *saber* que no hay nadie afuera.

Gracias.

CAPÍTULO VIII

La enfermedad, la puerta que te lleva a la curación

Date cuenta de que te pasas la vida a merced de personas, cosas o situaciones. Que te manipulan o que tú puedes manipular. Que no eres dueño de ti ni capaz de mirar las situaciones con sosiego, sin enfados ni ansiedad. Todas estas actitudes solo dependen de tu programación.
—Anthony de Mello

INTRODUCCIÓN

En nuestra mente hay dos voces, y por esta causa, nuestra mente está dividida. Una parte está gobernada por el ego y la otra por el Espíritu Santo. Nosotros tenemos la capacidad de escoger la voz que creamos necesario escuchar. No debemos olvidar que no podemos servir a dos amos. Estas voces nunca se encontrarán, y la elección es nuestra. Aquí reside nuestro libre albedrío. Por lo tanto, los únicos responsables de nuestras experiencias de vida somos cada uno de nosotros.

Todo lo que aceptas en tu mente se vuelve real para ti. Es tu aceptación lo que le confiere realidad.
—*UCDM* (T-5.V.4:1)

Cuando hablo de sanación, no estoy hablando del cuerpo, hablo de lo único que puede sanar: nuestra mente. El cuerpo puede y debe ser tratado, pero nunca debemos de olvidar que él muestra una información que muchas veces se halla *enterrada* en nuestro inconsciente. Las energías que están silenciadas en nuestro inconsciente, tarde o temprano, saldrán a la luz de la conciencia, y de no ser así serán transmitidas a nuestros descendientes. El ego considera este hecho como un castigo, pero el Espíritu lo ve como una liberación.

> *Una historia transmitida con una falsa explicación provoca destrozos en el inconsciente de los descendientes. Lo hace a través de obsesiones, sufrimientos, compensaciones, repeticiones, etc.*
> —Nina Canault, *Cómo pagamos los errores de nuestros padres*

Como ejemplo de cómo los hijos pueden compensar las historias de los padres, voy a contar algo que viví en una consulta. Este relato refrenda que las historias de los padres pueden afectar a experiencias personales que no acabamos de comprender, y que pueden ser el caldo de cultivo de muchos problemas, de los cuales pueden derivarse síntomas físicos.

Una mujer viene a mi consulta para indagar "para qué —como dice ella— siempre me enamoro de curas". Me cuenta que ha tenido varias relaciones con curas, y que actualmente está con otro cura. Le digo: "Aquí hay un gran secreto familiar". Por lo visto, su madre era hija de un cura. Cuando su abuela se quedó embarazada de su madre, se fue del pueblo. Cuando volvió, vino con una niña y contó que se la había dado en adopción una familia con muchos hijos que no podía mantenerla. Este secreto familiar había quedado en el inconsciente y, como decía Jung, los secretos van a salir a la luz, y lo pueden hacer de muchas maneras. Una de ellas son las repeticiones.

Los padres comieron uvas verdes y a los hijos les dio la dentera.
—Ezequiel 18,2

El Espíritu Santo hace una reinterpretación de lo que las generaciones previas entendieron mal y, a consecuencia de ello, el Dios del ego sentenció:

No te inclinarás ante ellas ni les rendirás culto, porque yo soy el SEÑOR, tu Dios, un Dios celoso que castiga en los hijos la maldad de los padres hasta la tercera y cuarta generación de los que me aborrecen.
—Éxodo 20:5

El Espíritu Santo nos enseña el camino de la curación mediante la reinterpretación de nuestra percepción:

[El Espíritu Santo] Tiene que llevar a cabo Su labor mediante el uso de los opuestos porque tiene que operar para una mente y con una mente que está en oposición.
—UCDM (T-5.III.11:3)

La curación de la que nos habla el *Curso* se tiene que realizar enteramente en nuestra mente. La curación se logra mediante la integración. Y para que tenga lugar, hay que utilizar los contrarios u opuestos como complementarios y empezar a vernos en ellos a nosotros mismos. El Espíritu Santo nos ayuda a reinterpretar nuestras percepciones. Cuando estamos dispuestos a cuestionarnos nuestras verdades, empezamos a sembrar las semillas de la sanación en nuestra mente, pues al hacerlo nos adentramos en la paz interior. Es el estado esencial para que se produzca cualquier sanación. Nunca olvidemos que albergar resentimientos contra alguien es como tomarse una copa de veneno y esperar que muera el otro.

La propuesta de este capítulo es la curación de la mente, y aquí se esconde el *tesoro* de nuestra liberación, cuya esencia es la comprensión de la abundancia que es nuestra herencia natural.

La enfermedad es una forma de búsqueda externa. La salud es paz interior.
—UCDM (T-2.I.5:10-11)

LA EXPIACIÓN

En el Capítulo 9, La aceptación de la Expiación, el *Curso* hace una reflexión que nos muestra hasta qué punto la mente humana está sumida en la demencia.

Tener miedo de la Voluntad de Dios es una de las creencias más extrañas que la mente humana haya podido concebir jamás.
—UCDM (T-9.I.1:1)

Debido a esta locura, la Divinidad se proyecta a Sí misma en Sí misma en la creación de la separación, y en ese instante se manifiesta el Espíritu Santo, que es la Voz que nos llama a retornar a *casa* y a despertar de la locura que hemos creado.

El Espíritu Santo es la Mente de la Expiación.
—UCDM (T-5.I.6:3)

La Expiación es el recurso más importante para entrar en la *cueva profunda*, donde están nuestros dragones, nuestros miedos, las creencias más ocultas que conforman nuestras vidas. Para alcanzar la Sanación es imprescindible adentrarse en ella.

Expiar no es pagar por tus pecados, sino que es una oportunidad de deshacer el error. Es pedir a la Inspiración Universal que deseamos integrar nuestra mente, pues somos conscientes de que está dividida. Es un deseo que te llega a quemar el corazón. Ya no quieres jugar a la culpabilidad y, por supuesto, dejas de proyectarla en los demás creyendo que de esta manera te liberas de ella.

La Expiación es la manifestación del regreso a la inocencia, la que tienen los niños antes de que nazca su ego. Está escrito que:

Si no os volvéis como niños y os hacéis como niños, no entraréis en el reino de los Cielos.
—Mateo 18:3

Hay que desarrollar una mente inocente, pues la mente inocente se vuelve invulnerable, y nada ni nadie le puede causar daño. Una mente inocente vive en la no-dualidad, donde reside el Amor.

Como dice el *Curso*, lo que es posible es reflejar el Amor del Cielo aquí, en la tierra, y este es el significado del perdón (L-pl.46).

La Expiación es el reconocimiento de que aquello que das es lo que vas a recibir. Por lo tanto, vas a entregar tu error al Espíritu Santo para que lo deshaga. Para que esto tenga lugar, el *Curso* nos dice:

Tu papel consiste simplemente en hacer que tu pensamiento retorne al punto en que se cometió el error, y en entregárselo allí a la Expiación en paz.
—*UCDM* (T-5.VII.6:5)

Nuestro método de Bioneuroemoción incide en este punto: la comprensión de que tenemos que cambiar nuestra percepción, dejar de ver en los demás las causas y vivir la experiencia de que estas están en nosotros. Ya no buscamos responsables, ni culpables, ni excusas para no hacer cambios en nuestra vida. De esta manera reescribimos nuestra vida.

La Expiación supone tomar plena conciencia de que la separación es una ilusión. De hecho, es imposible que *todo* no esté relacionado y que este *todo* no tenga su nacimiento en la mente. El ego siempre luchará para sentirse separado y diferente. La Expiación nos enseña que, de ser real el mundo, como lo es a juicio del ego, la Curación sería una quimera.

> *La Voluntad de Dios es que tú encuentres la salvación. [...] Si Su Voluntad es que te salves, tiene que haber dispuesto que alcanzar la salvación fuese posible y fácil. Tienes hermanos por todas partes.*
> —UCDM (T-9.VII.1:1,3-4)

Debemos recordar en todo momento que la curación indica un proceso de integración de nuestra mente. Los pares de opuestos no se oponen, se complementan y hablan de nosotros. Para mí, este punto es crucial para conectar con la Abundancia del Universo.

El ego cree en el aislamiento y en el miedo a todo lo que te rodea. El ego cree en el ataque y en la necesidad de defenderse. Esta creencia nos lleva a tener miedo de todo aquello que percibamos diferente a nosotros. El ego no ve la diversidad como un regalo. Para él, todo lo que es diferente es peligroso, y por lo tanto, hay que protegerse. Entonces busca aliados, mentes que piensen como él y, sobre todo, que se sientan diferentes de los demás. Aquí reside la esencia de la enfermedad.

Estas creencias alimentan y sostienen situaciones que se perciben como peligrosas e indeseables. El *Curso* nos previene cuando dice:

> *Te encuentras en una situación imposible únicamente porque crees que es posible estar en una situación así.*
> —UCDM (T-6.IV.10:1)

En definitiva, expiar es deshacer, y no tener que pagar por nuestros errores. El deshacimiento se produce en un instante, cuando comprendemos que utilizamos la proyección para liberarnos de la culpabilidad, olvidando que aquello que damos es aquello que vamos a recibir.

Cuando nuestra mente entra en este estado de comprensión, surge la *rendición* —que no se ha de confundir con la resignación—; nos entregamos y aceptamos cualquier cosa que surja. La rendición es la plena aceptación de lo que se muestra en nuestra vida. Pedimos Expiación parar liberarnos del error cometido y abrir nuestras mentes a otro nivel de percepción.

EL CUERPO

Dios no creó el cuerpo porque el cuerpo es destructible y, por consiguiente, no forma parte del Reino. El cuerpo es el símbolo de lo que crees ser. Es a todas luces un mecanismo de separación y, por lo tanto, no existe. El Espíritu Santo, como siempre, se vale de lo que tú has hecho y lo transforma en un recurso de aprendizaje.
—UCDM (T-6.V.A.2:1-4)

¿Para qué es el cuerpo? Para el ego, el cuerpo es un signo de identidad, se vale de él para sentirse diferente y especial. Para el ego, el cuerpo es su templo y, sobre todo, un baremo de comparación para hacerte sufrir.

El cuerpo es el hogar que el ego ha elegido para sí. Esta es la única identificación con la que se siente seguro, ya que la vulnerabilidad del cuerpo es su mejor argumento de que tú no puedes proceder de Dios.
—UCDM (T-4.V.4:1)

Recuerda que para el Espíritu Santo el cuerpo es únicamente un medio de comunicación.
—UCDM (T-8.VII.2:1)

Recordemos que el ego utiliza el cuerpo para demostrar la separación y que el E.S. lo utiliza para la unión de las mentes, que beneficia las relaciones interpersonales.

El nacimiento físico no es un comienzo; es una continuación.
—UCDM (T-5.IV.2:4)

Como sugiere esta frase, la reencarnación no es real, existe en el mundo de la ilusión. Como creemos en el tiempo, lo necesitamos para tener la oportunidad de reescribir nuestras vidas. Nos ofrece magníficas oportunidades de tomar nuevas decisiones. Si nuestras historias se repiten, no debemos olvidar que tomamos las mismas decisiones frente a los mismos problemas. De ahí la necesidad del tiempo y de la reencarnación.

En el *Manual para el maestro* de *UCDM* se plantea la pregunta: ¿Existe la Reencarnación?

En última instancia, la reencarnación es imposible. El pasado no existe ni el futuro tampoco, y la idea de nacer en un nuevo cuerpo ya sea una o muchas veces no tiene sentido. La reencarnación, por lo tanto, no puede ser verdad desde ningún punto de vista.

Como vengo diciendo y el *Curso* recalca, creer o no creer en ella no tiene ninguna relevancia. Vivimos en el mundo de la ilusión, en el que el tiempo se experimenta como real y absoluto, aunque está más que demostrado que es relativo. Como nuestro cuerpo está sometido a la entropía, debe morir, lo cual demuestra que no es real. Sencillamente es un vehículo para experimentarnos en este mundo de ilusión, donde persiste la creencia de que la separación es real. Por lo tanto, la clave sigue siendo la que estoy exponiendo a lo largo de este libro, a saber, que son las creencias las que conforman este mundo.

No debemos hacer algo para ir al Cielo, el Cielo está aquí y ahora, solo que una mente dividida no puede apreciarlo y este estado es el infierno.

No hay nada externo a ti. Esto es lo que finalmente tienes que aprender, pues es el reconocimiento de que el Reino de los Cielos te ha sido restaurado.
—UCDM (T-18.VI.1:1)

No estamos fuera de la Inteligencia Universal. Pensar que esto es posible es como pensar que el hígado se siente aislado del cuerpo. Una mente que se siente separada tratará al hígado, y esto es algo normal, pero no hay que olvidarse de tratar todo el sistema, y muchas veces nuestra mente no se considera parte de él. Una mente dualista cree que la mente es un producto del cerebro, cuando en realidad este es un órgano emisor-receptor de información. Es el filtro que condiciona la información que recibimos en todo momento.

El cambio de percepción por el que uno comprende que la causa está en uno mismo crea unas nuevas conexiones neuronales, que adaptan el cerebro a otros niveles de conciencia. La Expiación forma parte esencial de este proceso.

El Cielo no es un lugar ni tampoco una condición. Es simplemente la conciencia de la perfecta Unicidad y el conocimiento de que no hay nada más: nada fuera de esta Unicidad, ni nada dentro.
—UCDM (T-18.VI.1:5-6)

El cuerpo como carnada:

¿Para qué quieres proteger al cuerpo? Pues en esa elección radi-
ca tanto su salud como su destrucción. Si lo proteges para exhi-
birlo o como carnada para pescar otro pez, o bien para albergar
más elegantemente tu especialismo o para tejer un marco de
hermosura alrededor de tu odio, lo estás condenando a la putre-
facción y a la muerte. Y si ves ese mismo propósito en el cuerpo
de tu hermano, tal es la condena del tuyo. Teje, en cambio, un
marco de santidad alrededor de tu hermano, de modo que la
verdad pueda brillar sobre él y salvarte a ti de la putrefacción.
—*UCDM* (T-24.VII.4:4-8)

La *enfermedad* que vive en la mente, y que es la madre de
todas las enfermedades, se sustenta en la creencia de que todos estamos separados.

Mantenerse alerta contra esta enfermedad [de la mente] es la
manera de sanarla.
—*UCDM* (T-6.V.C.9:6)

Para el Espíritu Santo, el cuerpo solo es un medio de comunicación:

El ego se vale del cuerpo para atacar, para obtener placer y
para vanagloriarse.
—*UCDM* (T-6.V.A.5:3)

El cuerpo no te separa de tu hermano, y si crees que lo hace
estás loco.
—*UCDM* (T-21.VI.5:1)

Los síntomas físicos están muy relacionados con la genética,
y sobre todo con la epigenética, que estudia cómo los ambien-

tes afectan a nuestro ADN y recalca la importancia de nuestra percepción y del ambiente. Sobre todo, las experiencias emocionales que se han vivido crean una impronta que se transmite de generación en generación.

Las experiencias de los padres, incluso antes de concebir, influyen marcadamente tanto en la estructura como en la función del sistema nervioso de las generaciones posteriores.
—Brian Dias y Kerry Ressler

Diversos estudios recalcan la importancia de conocer las experiencias de nuestros padres, y en especial el ambiente emocional cuando nosotros somos concebidos.

Cuando nace el bebé, la experiencia emocional materna conforma la mitad de la personalidad del individuo.
—Doctora Nessa Carey

Para obtener más información, recomiendo al lector interesado consultar o leer mi libro *El arte de desaprender*[1]. Veamos un ejemplo real que tuve en una consulta y que está relacionado con las vocaciones que prácticamente todos tenemos. Le pregunto a mi consultante:

—¿Cuál es el recuerdo más impactante que has tenido?

Me responde diciendo:

—Tengo 11 años, mi padrino tiene varios camiones y mi primo y yo estamos lavando las llantas. Me despisté y un camión casi me atropella. Mi padrino me cogió por la pechera y me abofeteó.

Este trauma quedó grabado en su inconsciente, y los traumas, tal como explica y demuestra el doctor Peter Levine, tarde

---

1 Enric Corbera, *El arte de desaprender*, El Grano de Mostaza Ediciones, Barcelona, 2015.

o temprano se van a expresar, y una de estas expresiones son las vocaciones. De mayor, mi consultante se dedicó durante muchos años a la seguridad en los transportes internacionales. En la actualidad, se ocupa de las personas que están a punto de morir. La muerte es un viaje, un trance, sería como el viaje internacional más importante que todos vamos a realizar. Se trata de irse de este mundo a un mundo especial, y muchas veces no somos conscientes de que ese mundo especial tiene que ver con la conciencia con que emprendemos el viaje.

Veamos algunas reflexiones de mentes científicas con una conciencia abierta a todas las posibilidades:

Nuestros padres no se dan cuenta de que lo que dicen y lo que hacen se graba continuamente en la mente inconsciente de los niños.
—Dr. Bruce H. Lipton, *Biología de las creencias*

La evidencia científica, hoy en día, demuestra que al modificar nuestros pensamientos estamos modificando nuestra biología.
—Kiecolt-Glaser, McGuire & Robles, 2002; Cousins, 1989

Recomiendo al lector escuchar la charla de Manel Sans, doctor en medicina y cirugía por la Universidad de Barcelona, entre otros cargos, cuando nos dice:

Podemos decir que más del 90% de las enfermedades del ser humano, graves y no graves, son consecuencia de la mente. Hoy sabemos y conocemos el mecanismo por el que determinadas situaciones mentales condicionan una situación biológica y bioquímica tremendamente lesiva sobre el organismo, provocando enfermedades.
Hoy sabemos que, en una situación de estrés, que es cuando tenemos una agresión externa del tipo que sea, bacteriana, traumática, etc., nuestro organismo se dispone a afrontar esta agresión preparándonos para hacer dos cosas: huimos o lu-

chamos. Para poder hacer esto, tenemos que preparar nuestro corazón, nuestra respiración, nuestra musculatura, y todo esto se consigue gracias a la aportación del hipotálamo, que estimula la hipófisis a través de la hormona corticotropina de las suprarrenales y estas empiezan a producir catecolaminas, adrenalina y cortisol.

Todo esto es lo que prepara la respuesta neuroendocrina, y también el nervio simpático nos prepara [...] para vencer el obstáculo. Esto presupone un tremendo consumo de energía para el organismo, que lo deja agotado. Por eso, estas hormonas son rápidamente metabolizadas y eliminadas. Este estrés puede ser externo, pero también interno —señalándose la cabeza—, y puede estar provocado por un pensamiento.

Un pensamiento estresante repetido condiciona una secreción continuada de las hormonas mencionadas anteriormente. [...], hoy nuestra sociedad vive continuamente con un estrés tremendo [...] (pone el ejemplo de la guerra de Ucrania). [...] Hoy en día, los antidepresivos son el fármaco que más se prescribe. Si estas hormonas se liberan continuamente de forma persistente [...] actúan sobre el corazón provocando espasmos en las coronarias, y también alteran la respiración y el metabolismo, sobre todo el de los hidratos de carbono, predisponiendo a la diabetes o descompensándola. Asimismo, alteran el tubo digestivo y a nivel cerebral provocan insomnio, angustia, dificultad para concentrarse y pérdida de memoria.

Todo esto condiciona de una forma fundamental la alteración de nuestro sistema inmunológico. Nuestro sistema de defensa se inhibe y esto nos predispone a la enfermedad. Es más frecuente que las personas que están en un continuo estrés tengan trastornos de salud, como los diferentes infartos, problemas digestivos, infecciones, y cáncer. Todas estas enfermedades frecuentes tienen un sustrato mental. He tratado a muchos pacientes de cáncer y, al indagar en su vida personal, es muy frecuente ver que han vivido situaciones de estrés muy continuadas. Por eso aceptamos que más del 90% de las enfermedades tiene un sustrato mental.

Y el *Curso* nos lo aclara de forma meridiana, diciéndonos:

El pensamiento no se puede convertir en carne excepto mediante una creencia, ya que el pensamiento no es algo físico.
—*UCDM* (T-8.VII.7:4)

Está claro que el tipo de creencias que albergamos en nuestra mente condiciona nuestras respuestas emocionales frente a situaciones de estrés. Por eso, el objetivo del método de Bioneuroemoción —un método único— es alcanzar un estado de paz mental, de aceptación, al desarrollar una conciencia que percibe que todo está unido y que todo tiene que ver con una conciencia familiar y colectiva. No es lo mismo afrontar una situación estresante desde una conciencia dual que desde una conciencia de unidad. Este libro tiene por objetivo desarrollar la certeza de que cada uno de nosotros formamos parte de *algo* infinitamente más grande que nos sostiene, nos vivifica y nos permite vivir la existencia tal como la interpretemos. Aquí reside el tan manido libre albedrío. Cada uno de nosotros tiene la capacidad de decidir con qué mentalidad afronta las experiencias diarias, y nuestra elección fundamental es esta: escuchamos la voz del ego o escuchamos la voz del Espíritu Santo.

Cuando te sientas descorazonado, triste, sencillamente con falta de dicha, tienes que ser consciente de que esto es así porque así es como lo has decidido. Has tomado decisiones con falta de coherencia, has permitido que tu mente entre en la culpabilidad y el resentimiento. Pero no caigamos en el error de creer que hemos decidido en relación a dos o más opciones que nos puede ofrecer el mundo. No confundamos decidir con elegir. El ego elige entre varias opciones creyendo que son diferentes, cuando en realidad son lo mismo. Las elecciones del ego se basan en escoger una polaridad y rechazar la otra. Esto está muy lejos de ser correcto. Como ejemplo, valga el de una joven que ha tenido varias relaciones y siempre terminan dejándola o engañándola con otra mujer. Ella toma la decisión de que ya no la van a engañar más, y escoge la postura de no relacionarse con los hombres para evitar sufrir.

La auténtica decisión es la que se toma con la conciencia de que cada experiencia conlleva una información que habla de uno mismo. Tenemos que intentar quedarnos en silencio, procurando no prestar atención a la cacofonía del ego. El ego siempre trata de elegir una opción y rechazar la otra. Más bien, de lo que se trata es de comprender para qué repito esta experiencia, con la conciencia de que tiene que ver conmigo mismo. Entonces la decisión está entre elegir al ego o al Espíritu Santo. Esta es la auténtica decisión, pues si eliges al ego, escoges el victimismo y la culpabilidad. Si decides entregar tu experiencia al Espíritu Santo, sabrás lo que hacer, integrarás la enseñanza y te lanzarás a vivir sin miedo ni culpabilidad.

En el caso que expongo, la mujer está compensando una historia familiar. La experiencia se convierte en una oportunidad para liberarse y liberar al clan. Para empezar, tiene que preguntarse a sí misma: ¿en qué soy infiel a mí misma? ¿Para qué repito estas experiencias? El simple hecho de hacer este cambio radical de pensamiento, buscando la causa, produce una apertura de la conciencia a otras posibilidades. *Cuando hay apertura de conciencia, los cambios en tu vida ocurren solos.* El *Curso* nos lo deja claro:

Debo haber decidido equivocadamente porque no estoy en paz.
Yo mismo tomé esa decisión, por lo tanto, puedo tomar otra.
Quiero tomar otra decisión porque deseo estar en paz.
No me siento culpable porque el Espíritu Santo, si se lo permito, anulará todas las consecuencias de mi decisión equivocada.
Elijo permitírselo, al dejar que Él decida en favor de Dios por mí.
—*UCDM* (T-5.VII.6:7-11)

Para no perder el hilo, seguimos recordando conceptos. La *Rendición* es un estado de no-hacer, una no-búsqueda, un escuchar, un estado de presencia. Es saber que, en este estado de conciencia, te abres a una solución que está fuera de tu paradigma, fuera de tu percepción actual del problema. Dejas que el Espíritu te *inspire*, sabes que vas a recibir una respuesta y que siempre vendrá de la boca de tu *hermano*.

La dinámica de la rendición es la siguiente: acepto mi incomodidad, mi malestar, mis estados emocionales disfuncionales. Reflexiono, mantengo la calma, observo la experiencia y me pregunto ¿para qué?, ¿cuál es el tesoro oculto? Dejo que la Conciencia Universal me inspire. Sé que recibiré una respuesta. Si siento que esta no llega, seguiré profundizando en mí mismo, autoindagando con la certeza de sentirme conectado con el Todo. Mi elección ya está hecha: o estamos en el ego o estamos en Dios. El *Curso* lo deja claro cuando dice:

La proyección del ego hace que la Voluntad de Dios parezca ser algo externo a ti y, por lo tanto, que no es tu voluntad.
—*UCDM* (T-11.I.9:1)

Tienes miedo de saber cuál es la Voluntad de Dios porque crees que no es la tuya. Esta creencia es lo que da lugar a la enfermedad y al miedo.
—*UCDM* (T-11.I.10:3-4)

Si escoges escuchar la Voz del Espíritu Santo, verás lo que te dice el *Curso*:

El Espíritu Santo te dará la respuesta para cada problema específico mientras creas que los problemas son específicos.
—*UCDM* (T-11.VIII.5:5)

LA RESISTENCIA A SANARSE

La resistencia a sanarse siempre se sustenta en la culpabilidad y en la ausencia del perdón. El ego puede intentar perdonar, pero nunca olvida las viejas heridas. Gracias a esta actitud mental se perpetúa en el tiempo.

Recuerdo la historia de un joven que tenía una gran resentimiento contra su padre. Se puso muy enfermo. Su padre lo iba a ver cada día, se arrodillaba al lado de su cama y le pedía perdón una y otra vez. El hijo no se dignó a mirarlo ni una vez —me contaba la madre—, su cara expresaba rabia y odio contra su padre. El hijo prefería morir antes que perdonar. Una vez más, el *Curso* nos lo deja muy claro:

El que perdona se cura.
—*UCDM* (T-27.II.3:10)

Muchas veces, y esto es algo que sé por experiencia personal, estamos enfermos y no somos conscientes de dónde reside nuestra ira, nuestro enfado. Llegamos a pensar que la enfermedad tiene muchos factores, pero nos olvidamos de los estados disfuncionales como la rabia, la decepción, la culpa, el resentimiento en general, que tiene muchas caras.

Los enfermos siguen siendo acusadores. No pueden perdonar a sus hermanos ni perdonarse a sí mismos.
—*UCDM* (T-27.II.3:4-5)

El *Curso* nos invita a la reflexión cuando dice:

¿Es atemorizante sanar? Sí, para muchos lo es. Pues la acusación es un obstáculo para el amor, y los cuerpos enfermos son ciertamente acusadores.
—*UCDM* (T-27.II.1:1-3)

Y sigue con una aseveración que para muchos se vuelve totalmente indigerible:

Los que no han sanado no pueden perdonar.
—*UCDM* (T-27.II.2:1)

Nuestro método de Bioneuroemoción consiste en llevar al consultante a otro estado mental, que abrirá su mente a la Comprensión. Con esta actitud se producen cambios neurológicos que afectan a nuestro ADN.

El conflicto se mueve en la paradoja entre orden y desorden. La mente de la persona enferma está en desorden, precisamente para no afectar el orden que le rodea. Cuando ponemos nuestra mente en orden —asumiendo la causa de nuestro estrés mediante la autoindagación y siendo conscientes de que vamos a crear desorden a nuestro alrededor— nos abrimos a otros estados emocionales asentados en la coherencia emocional. Ya no engañaremos a los demás haciendo cosas que no queremos hacer. Hemos visto en el capítulo sobre las mentiras que *mentir mata*.

Tú estás en conflicto. Por lo tanto, es evidente que no puedes resolver nada en absoluto, pues los efectos del conflicto no son parciales.
—*UCDM* (T-27.IV.1:5-6)

No intentes resolver ningún problema excepto desde la seguridad del instante santo.
—*UCDM* (T-27.IV.3:1)

Recordemos:

El Instante Santo es aquel en el que la mente está lo suficientemente serena como para poder escuchar una respuesta que

no está implícita en la pregunta; una que ofrece algo nuevo y distinto.
—*UCDM* (T-27.IV.6:9-10)

La finalidad de todo aprendizaje es la transferencia, la cual se consuma cuando dos situaciones distintas se ven como la misma, ya que lo único que se puede encontrar en ellas son elementos comunes.
—*UCDM* (T-27.V.8:8)

Y teniendo siempre presente la letanía del ego:

"Tú eres la causa de lo que yo hago. Tu sola presencia justifica mi ira, y existes y piensas aparte de mí. Yo debo ser el inocente, ya que eres tú el que ataca. Y lo que me hace sufrir son tus ataques".
—*UCDM* (T-27.VII.3:1-4)

CONVERTIR LA ENFERMEDAD EN UN TESORO

La enfermedad, el problema, viene a curarte, viene a liberarte. Acógela, obsérvala, no la juzgues. Es un mensaje que te envía la Vida para hacerte adulto emocional y dejar de jugar al juego de la culpabilidad y del *pobre de mí*.

El *Curso*, en su lección diez, deja claro cómo vivir cada experiencia con una conciencia Advaita, con una conciencia de unidad.

Nada externo a ti puede hacerte temer o amar porque no hay nada externo a ti.
—*UCDM* (T-10.In.1:1)

Esta aseveración nos habla claramente de que todo está interrelacionado, conectado. La causa de nuestras experiencias está en nosotros, concretamente en nuestras mentes, sostenidas por nuestras creencias.

Somos arquitectos de nuestro propio destino.
—Einstein

Mi consejo es que tengas siempre presente: *Si cuestiono mis creencias al flexibilizar mis valores, se producirá un cambio de percepción y veré posibilidades donde antes veía barreras.* Según el doctor David R. Hawkins, estas son las actitudes que predisponen a la enfermedad:

- ¿Soy una persona aterrada por la culpa?
- ¿Acumulo ira, resentimiento y rencores?
- ¿Condeno la conducta de otras personas?
- ¿Me siento atrapado y sin esperanzas?
- ¿Me digo a mí mismo que probablemente todo me contagiará?
- ¿Me preocupa más mi estatus que la calidad de mis relaciones?
- ¿Tengo pensamientos de miedo a lo que me pueda pasar?

Veamos unas reflexiones del doctor Hawkins, quien superó un sinnúmero de enfermedades que padecía. Se sanó de todas, siendo un ejemplo clarísimo de lo que estoy exponiendo en este capítulo.

Toda la programación negativa y el condicionamiento temeroso estaba en la mente, y el cuerpo obedecía a la mente. Esta ley de la conciencia revocó la espiral de paranoia.
A medida que cada creencia interna era observada y entregada, todas las reacciones corporales negativas, las enfermedades y los síntomas desaparecieron. En otras palabras, no era la hiedra venenosa lo que causaba la reacción alérgica, sino la

creencia de la mente de que la hiedra venenosa era un alérge-
no. A medida que la mente dejaba su programación, las reac-
ciones del cuerpo se liberaron.
—David R. Hawkins, *Dejar ir*

Dejemos claro algo que para muchos —sobre todo para los que procuramos vivir desde la conciencia de unidad— es incuestionable: el Universo siempre responde a nuestras creencias.

Y según la reflexión del físico cuántico David Bohm, las experiencias que vivimos son las respuestas a nuestras percepciones.

Es posible que el universo no sea más que un holograma gigantesco creado por la mente.
—David Bohm (1917-1992)

Dicho de otra manera: el Universo conocido es solamente una posibilidad de entre una infinidad de universos. Cada uno de ellos responde a un nivel de conciencia, al nivel de vibración de las mentes que lo habitan.

El presente libro también trata de comprender que estamos alimentando unos programas sin ser conscientes de ello. Intentamos cambiar de programa buscando la curación, la paz o la abundancia dentro del mismo programa. Vivimos en la contradicción de buscar la curación, la paz o la abundancia en un programa en el que experimentamos la ausencia de estas cosas debido a que creemos en la pobreza. Esta creencia alimenta un sentimiento profundo de aislamiento y abandono. Hemos de proyectar nuestra mente en un universo paralelo donde las polaridades imprescindibles para conocernos a nosotros mismos estén integradas.

Es el momento de contar una historia en la que recojo un pensamiento de Buda:

Cada ser humano es el autor de su propia salud o enfermedad.
[...]

Para tener buena salud, encontrar la felicidad verdadera en la familia y traer paz a todos, el hombre debe primero controlar su propia mente. Si lo logra, habrá llegado a la iluminación, y toda la sabiduría y virtud vendrán naturalmente a él.

Veamos la historia y su análisis: tengo un amigo que tuvo que ser operado con cierta urgencia por un problema grave en los intestinos. La operación fue un éxito, aunque salvó su vida por poco. La otra cara —la fea— es que tiene metástasis. Tras el impacto emocional —le costó recuperarse unas semanas—, tenía claro que no tenía que luchar contra la enfermedad, tenía que comprenderla e integrar el mensaje que le traía. Le dejé muy claro que tenía que hacer tres cosas muy importantes:

- Tratar el cuerpo según le dijeran los médicos.
- Tratar el cuerpo mediante una alimentación adecuada.
- Tratar la mente mediante la autoindagación y la comprensión de sus proyecciones y percepciones. Era vital realizar la inversión de pensamiento y alejarse de la culpabilidad y el victimismo.

Este libro también va de esto, de sanar nuestra mente y del cambio de percepción. Va de comprender el poder que todos tenemos para cambiar nuestras vidas. Recordemos lo que nos dice la doctora en biología Natalie Zammatteo en su libro *El impacto de las emociones en el ADN*: "Si cambiamos nuestro ambiente emocional, podemos reescribir nuestra propia historia". Y esta transformación conlleva un cambio de percepción, que es el punto donde más se centra el *Curso*.

En el acompañamiento que realicé a mi amigo, él tomó plena conciencia de que su resentimiento hacia algunos aspectos de su vida en pareja, sobre todo la relación con el hijo de ella, tenía mucho que ver con lo que le estaba pasando. Comprendió que él veía un exceso —llamémosle positivo— de su esposa hacia su hijo y que él había tenido un exceso —llamémosle negativo— de ausencia de madre. Comprendió que los opuestos se atraen para complementarse, y que, de lo que vemos, lo que más nos molesta es la otra cara —la oculta—, que se expresa como rechazo o enfado. Él se callaba por miedo inconsciente a perder a su madre simbólica, que en este caso era su mujer. Y siguió observando que su esposa tiene una madre que se volcó sobre el hijo varón, dejándola a ella de lado.

Hagamos un receso y contemplemos cómo todo se complementa; aquello que nos atrae y que rechazamos está en nuestro inconsciente. Veamos:

- Por un lado, mi amigo tiene una madre ausente.
- Por otro lado, su esposa tiene una madre que apenas le presta atención.
- La madre de su esposa sobreprotege a su hijo y prácticamente se lo permite y se lo perdona todo. Ha criado y creado un inmaduro emocional.
- Su esposa repite la historia. Se ha volcado en su hijo, consintiéndole todo, criando y creando un inmaduro emocional.
- El hijo de su mujer ha tenido una relación en la que apenas se ocupaba de su propio hijo (papá ausente).
- El rechazo entre la nuera y la suegra —su esposa— era más que evidente.
- Para su inconsciente, su esposa está casada metafóricamente con su hijo y siente unos celos inconscientes.

Mi amigo ve este panorama desde una observación inocente, sin culpa ni victimismo. Decide respetarse ante una situación estresante, que curiosamente se dio en el preciso momento del diagnóstico de su enfermedad.

Hago un pequeño paréntesis: nada ocurre por casualidad. Parafraseando a Carl G. Jung, cuando no dejamos las decisiones en manos de nuestro ego, la vida se llena de sincronicidades.

Mi amigo habla con su mujer desde la paz interior y sin jugar al juego de la culpabilidad. Se respeta y respeta, abre su mente a las infinitas posibilidades. Yo le recuerdo: ahora no tienes que hacer nada, porque cuando uno toma conciencia, los cambios en su vida vienen solos.

La historia no está terminada, pues ahora es cuando empieza el proceso de transformación, y el primer obstáculo que hay que desbaratar es la resistencia que el ego va a interponer. Pero esto es la segunda parte de la historia.

Yo he vivido muchos milagros de curación y siempre están en uno mismo. Quiero recalcar que este aspecto mental es la esencia de la Abundancia.

Veamos algunas reflexiones de grandes mentes; Carl G. Jung nos dice:

Aquellos que no aprenden nada de los hechos desagradables de sus vidas, fuerzan a la consciencia cósmica a que los reproduzca tantas veces como sea necesario para aprender lo que enseña el drama de lo sucedido. Lo que niegas te somete, lo que aceptas te transforma.

Y Albert Einstein aclara:

Una mente que se abre a una nueva idea jamás volverá al tamaño original.

Llamo a este proceso *la alquimia de la Vida*, la transformación que todos podemos hacer cuando nos liberamos de la culpabilidad y el victimismo. También quiero dejar muy claro la conciencia con la que yo estoy hablándole y acompañándole.

No te pongas de parte de la enfermedad en presencia de un Hijo de Dios aunque él crea en ella, pues tu aceptación de que Dios reside en él da testimonio del Amor de Dios que él ha olvidado.
—UCDM (T-10.III.3:4)

La enfermedad es idolatría porque es la creencia de que se te puede desposeer de tu poder.
—UCDM (T-10.III.4:4)

También hemos de recordar que detrás de una enfermedad hay un estado emocional alterado, siendo el síntoma la parte visible que nos avisa de que hay que llegar al fondo de la cuestión.

La enfermedad no es sino la ira que se ha descargado contra el cuerpo para que sufra.
—UCDM (T-28.VI.5:1)

Como podemos ver, las creencias condicionan nuestras reacciones emocionales y nuestros comportamientos. Por lo tanto, la creencia de que estamos separados es la creencia fundamental que inicialmente alimenta el miedo y más adelante da lugar a la enfermedad. El *Curso* deja claro que debido a que nos sentimos separados —fuera del Edén— por ser pecadores, automáticamente nos sentimos abandonados, y por lo tanto culpables. No somos conscientes de que la culpabilidad debilita nuestra mente y nos predispone a la enfermedad. Recordemos que la culpabilidad es un sentimiento de enfado que nos va corroyendo y se va acumulando en nuestro inconsciente. Nuestro enfado, nuestra ira, nuestro resentimiento entristece el alma, intoxica la mente y enferma el cuerpo.

Los ídolos de la enfermedad son básicamente tres, a saber:

- Mi identidad, la creencia de que yo soy lo que pienso que soy. Me identifico con mi cuerpo y con mis creencias. Expreso mi identidad mediante razonamientos, opiniones y juicios.
- La creencia de que puedo atacar y ser atacado pensando que yo no tengo nada que ver con ello, o que mi ataque no me va a afectar. Pensamos que proyectar la causa fue-

ra nos convierte en inocentes. No somos conscientes de que lo que proyectamos se nos devolverá con creces.

- La creencia en el tiempo, esperando que él resuelva todos los problemas. Olvidamos que el tiempo, su poder, está en el aquí y ahora.

¿A quién entregas tu poder, tu tesoro? *Eres el pintor de tu vida, no le des el pincel a nadie.* Cuando esperamos que los demás cambien, cuando ponemos guiones en lo que deben hacer o dejar de hacer, esperando su aprobación, permitimos que ellos condicionen nuestra vida. Les damos el poder, nuestro poder, sencillamente porque hacemos y decimos cosas para conseguir que los demás cambien y de esta manera ser felices. Nada de esto ocurre, por supuesto, y entonces nos sumimos en el desánimo, en el enfado y en la actitud victimista.

Un último recurso, para alcanzar la salud en la plenitud de la palabra —de la cual no somos conscientes— es la enfermedad misma: la enfermedad viene para hacernos conscientes de que no nos respetamos, de que tenemos que cambiar y, sobre todo, de que se ha de producir el cambio de conciencia.

El *Curso* nos recuerda la relación de la enfermedad con nuestra valía. Es muy importante tener siempre presente la desvalorización, pues en ella se asienta la semilla de la enfermedad.

Cuando no te consideras valioso, enfermas.
—*UCDM* (T-10.III.6:5)

En este mundo la salud es el equivalente de lo que en el Cielo es la valía.
—*UCDM* (T-10.III.6:3)

Y también nos deja muy claro el camino de la curación:

*La curación es el resultado de usar el cuerpo exclusivamente
para los fines de la comunicación.*
—*UCDM* (T-8.VII.10:1)

Esta reflexión expresa claramente mi experiencia cuando,
estando muy enfermo, le dije al Espíritu Santo: dime qué tengo
que hacer. Y aquí estoy, comunicando, enseñando y transmi-
tiendo la actitud mental para desarrollar la conciencia de unidad, o mejor dicho, para dejar que Ella se exprese a través de
mí, que es algo que todos podemos hacer.

Seguimos incidiendo en algo fundamental: nos desvaloriza-
mos —enfermamos— cuando ponemos por delante de nuestras decisiones los deseos de otras personas por miedo a que
no nos acepten o dejen de querernos. Recomiendo leer mi libro *Curación a través de Un curso de milagros,* pues en él incido profundamente en estos aspectos clave de la enfermedad.
El presente libro tiene por objetivo tomar plena conciencia del
poder que todos tenemos, y conectarse con él es sinónimo de
Abundancia.

Vamos a seguir profundizando en el infierno de nuestra
mente y a entrar en la vida de un demonio que siempre surge
en ella. Para ello voy a escoger unas reflexiones de Anthony
de Mello, al que un servidor siempre ha considerado como un
mentor. Este demonio tiene un nombre: la depresión.

*En muchos casos (aunque no siempre), la depresión consiste en
no conseguir lo que se desea. Es lo contrario de la emoción. Si
buscas emociones, acabarás deprimiéndote. Es la otra cara de
la moneda. [...] Son las emociones las que provocan la depresión. Aunque está claro que la depresión también tiene causas
físicas. No estoy hablando de la felicidad en el sentido de las
diversiones, del placer. Estoy hablando de la felicidad de estar
por encima de las cosas. De no estar apegados a las idas y ve-
nidas de las cosas.*

Voy a comentaros una cosa más: cuanto más se lucha contra la depresión, más se agrava. No os resistáis al mal. Si os dan una bofetada, ofreced la otra mejilla.
—Anthony de Mello, *Redescubrir la vida*

Los dioses de la enfermedad siempre proyectan la culpabilidad, y cuando esto no nos satisface, nos adentramos en un *infierno* llamado depresión. Nos convertimos en un agujero negro que pretende atraer la atención de todo lo que nos rodea, principalmente de aquellas personas que creemos que son la causa. Personalmente conozco muy bien la depresión, estuve sumido en ella al menos un año. Me sentí profundamente abandonado, nada ni nadie me motivaba para salir de ese estado. Me sentía abandonado por Dios mismo y llegué a renegar de esta Energía Suprema.

Cuanto más ahondaba en esta creencia, más solo me sentía. Realmente era un muerto en vida. Creía que me había vuelto demente y que la locura se había adueñado de mí. Hasta que un día me dije: "Bien, si esto es así, me rindo, estoy dispuesto a morir y a hacerlo sin ningún tipo de remordimiento ni culpabilidad". Al día siguiente, sencillamente, era otra persona. Me rendí a la Voluntad, al hilo que sustentaba mi vida. Me pregunté: "¿Qué es la Vida? ¿Venimos a este mundo para morir y ya está? ¿Qué sentido tiene todo esto?".

Entonces, redacté estas frases que he explicado muchas veces y que están en mi libro *El soñador del sueño*:

Señor, hoy tomo plena conciencia de que estoy perdido. No sé cuál es el camino y menos el modo de recorrerlo. No creo que todo se centre en una especie de lucha. Por eso, Señor, hoy tomo la decisión de entregarte mi vida. Hoy sé que mi vida no me pertenece. Por eso decido que seas Tú quien la lleve, que la dirijas, que seas mi guía.

En ese preciso instante, mi mente se transformó, dándome cuenta y comprendiendo que:

No es lo mismo observar los acontecimientos como si estos no formaran parte de mí que observar los acontecimientos como si estos fueran una parte de mí mismo. Definitivamente, ¡no es lo mismo! De alguna manera, el mundo que vemos es el mundo que queremos ver.

La enfermedad surge cuando hay una desconexión entre cómo pensamos que deberían ser las cosas y cómo son realmente. Tiene que ver con lo que realmente escondemos y no manifestamos por miedo a no ser aceptados. Aquí se asienta nuestra incoherencia, y vamos albergando un resentimiento que tarde o temprano se manifestará en nuestro cuerpo.

La vida sigue su curso mientras nosotros estamos ocupados haciendo que las cosas ocurran. Si lo que queremos no se manifiesta en nuestra vida, nos frustramos y caemos en las garras de la depresión. Este estado emocional es el caldo de cultivo que deteriora nuestra mente y nuestro cuerpo, dejando a nuestra alma sumida en una tristeza existencial. En ese momento, estamos en el infierno, el lugar mental donde se vive la desconexión con la Divinidad, con nuestra esencia divina.

Si estás enfermo, te estás aislando de mí. Mas no te aíslas únicamente de mí, sino que te aíslas de mí y de ti.
—*UCDM* (T-8.IX.7:5-7)

Esta frase del *Curso* solo se puede comprender desde una mente que ya empieza a vivir desde la no-dualidad. La enfermedad surge básicamente cuando no prestas atención a tus sentimientos y emociones. Cuando los ocultas en el interior de tu inconsciente, haciendo lo que no quieres hacer, escuchando lo que no quieres oír y, sobre todo, dejando de ser asertivo, diciendo sí cuando quieres decir no. Podemos hacer esto porque nos explicamos historias que convertimos en verdad, alimentándolas con justificaciones y explicaciones que sirven de tapaderas. Tarde o temprano, el inconsciente se manifiesta en forma de síntoma, y como decía Buda:

Todo síntoma merece que se le preste atención.

Como vengo explicando, el sufrimiento y su hijo, el sacrificio, siempre están detrás de la enfermedad.

Solo enseño el sufrimiento y cómo transformarlo.
—Buda

El *Curso* enseña lo mismo: a encontrar la causa de tu sufrimiento y transformarlo para alcanzar la Paz Interior. El sufrimiento y el sacrificio son los ardides del ego para poder manipular a los demás y pretender que hagan nuestra voluntad. Cuando manifestamos nuestro dolor y sufrimiento en relación con cualquier episodio de nuestra vida, en ello yace oculto nuestro deseo de que los demás cambien.

Tu sufrimiento y tus enfermedades no reflejan otra cosa que la culpabilidad de tu hermano, y son los testigos que le presentas no sea que se olvide del daño que te ocasionó, del que juras que jamás escapará.
—UCDM (T-27.I.4:3)

La enfermedad da testimonio de la culpabilidad de tu hermano; [...] una forma de venganza que todavía no es total.
—UCDM (T-27.I.4:7,8)

Veamos una anécdota que nos cuenta Anthony de Mello en su libro *Redescubrir la vida*, para reflexionar un poco y abrirnos a la comprensión del poder que tenemos si aprendemos a utilizar la mente para establecer la actitud fundamental en la que se asienta nuestra abundancia:

Había un maestro zen que se decía que había alcanzado la iluminación. Un día, sus discípulos le preguntaron:
—Maestro, ¿qué conseguiste con la iluminación?
Y él les respondió:
—Pues os diré una cosa: antes de estar iluminado, yo solía estar deprimido, y después de estar iluminado, seguía estando deprimido.

Resulta chocante, ¿verdad? —nos dice de Mello—. Veréis, la depresión no cambió, lo que sí cambió fue la actitud del maestro con respecto a la depresión. No combates la depresión, no te disgustas por ella, no te irritas. Estás sereno, en esto consiste la diferencia.

Estamos alucinando constantemente. Según los expertos en neurociencia, nuestras neuronas trabajan para crear lo que denominamos experiencia consciente o consciencia. Los neurocientíficos determinan que los humanos construimos nuestra realidad a partir de alucinaciones. El doctor Anil Seth es un neurocientífico que afirma que estamos alucinando constantemente y a eso lo llamamos *realidad.*

Como puedes ver, querido lector, estamos entrando en las profundidades de nuestra mente inconsciente con la comprensión de que nada es verdad, solo son maneras de ver las cosas. La clave de la abundancia —una de ellas— es la actitud con la que hacemos frente a las circunstancias de la vida.

LA CURACIÓN. LA SANACIÓN DE LA MENTE

Toda curación es una liberación del pasado.
—*UCDM* (T-13.VIII.1:1)

La curación siempre debe empezar en nuestra mente. Debemos huir del sentimiento de culpabilidad y empezar a darnos cuenta de que siempre estamos proyectando la causa afuera. El *Curso* nos recuerda que tenemos hermanos por todas partes. Con ello quiere decir que siempre tenemos la oportunidad de conocernos, y sobre todo de conocer lo que ocultamos en nuestro inconsciente. Las personas que te rodean son los testigos de tu realidad. Son una magnífica oportunidad para conocerse a uno mismo.

Cuando te encuentres con alguien, recuerda que se trata de un encuentro santo. Tal como lo consideres a él, así te considerarás a ti mismo.
—*UCDM* (T-8.III.4:1-2)

Solo ellos pueden enseñarte lo que eres, pues lo que aprendes es el resultado de lo que enseñaste.
—*UCDM* (T-9.VI.3:2)

Atención a la siguiente frase, que expresa una verdad que se hace difícil de comprender, sobre todo desde una conciencia dual:

La curación no procede directamente de Dios, Quien sabe que Sus creaciones gozan de perfecta plenitud.
—*UCDM* (T-7.IV.1:4)

Nos ponemos enfermos porque hemos antepuesto a otros dioses, y la Inteligencia Universal no se puede oponer porque la Voluntad de Dios es que hagamos nuestra voluntad. Pero nos olvidamos de que podemos rendirnos y dejar que la Voluntad nos guíe y nos ilumine. El Espíritu Santo es el mediador cuando nos sentimos separados. Él se convierte en una especie de proyección —un cordón umbilical— que nos mantiene siempre conectados con nuestra Esencia Divina. Cuando nos sentimos enfermos, tenemos que pedir inspiración y dejarnos guiar con la conciencia de que siempre tendremos oportunidades para cambiar nuestra manera de ver y entender las experiencias.

Empecemos con unas frases que nos hagan reflexionar con relación a la enfermedad y la curación.

Curar es, por consiguiente, corregir la percepción de tu hermano y la tuya compartiendo con él el Espíritu Santo.
—*UCDM* (T-7.II.2:1)

Cuando el ego te tiente a enfermar, no le pidas al Espíritu Santo que cure al cuerpo, pues eso no sería sino aceptar la creencia del ego de que el cuerpo es el que necesita curación.
—*UCDM* (T-8.IX.1:5)

El cuerpo no tiene necesidad de curación. Pero la mente que cree ser un cuerpo, ciertamente está enferma.
—*UCDM* (T-25.Int.3:1)

Toda enfermedad tiene su origen en la separación. Cuando se niega la separación, la enfermedad desparece.
—*UCDM* (T-26.VII.2:1)

Curar un efecto y no su causa tan solo puede hacer que el efecto cambie de forma.
—*UCDM* (T-26.VII.14:2)

La curación es la manifestación de que nos hemos desapegado de cómo creemos que deberían ser nuestras relaciones y nuestras experiencias cotidianas. Es tener conciencia de que cada experiencia esconde un tesoro y una oportunidad para conocernos mejor siempre que seamos capaces de decirnos, y sobre todo de sentir, una frase del *Manual para el maestro*:

Con solo decir: «Con esto no gano nada» uno se curaría.
—*UCDM* (M-5.II.1:2)

La Curación es un pensamiento por medio del cual dos mentes perciben su unidad y se regocijan.
—*UCDM* (T-5.I.1:1)

La plenitud cura porque es algo propio de la mente. Toda clase de enfermedad, e incluso la muerte, son expresiones físicas del miedo a despertar.
—*UCDM* (T-8.IX.3:1-2)

Lo que debe sanarse es la creencia de la mente en el ego. Se trata de no querer cambiar el mundo, empezando por el particular de uno, sino, como diría el *Curso*:

No trates, por lo tanto, de cambiar el mundo, sino elige más bien cambiar de parecer acerca de él.
—*UCDM* (T-21.In.1:7)

El mundo no es el problema; en todo caso, el problema es cómo vemos el mundo y cómo queremos vivir en él. El mundo es un marco, una escuela para conocernos a nosotros mismos a través de lo que nos rodea.

LA ALQUIMIA DE LA VIDA

La sanación de la mente es un proceso alquímico, de transformación profunda, donde el plomo reside en la creencia de que los contenidos de nuestra mente inconsciente, de nuestra psique, son reales, y después tratamos de hacer algo. El oro de la mente es la plena expresión de la conciencia de unidad; el impulso que ha llenado mi vida es llevarla a las mentes que piensan *que tiene que haber otra manera de vivir en este mundo*. El desarrollo de esta conciencia de unidad nos impulsa a salir del sueño sustentado por el dolor, que se manifiesta en vivir con la conciencia de que la dualidad y la separación son reales. La mente dual piensa y siente que es la *tierra* que sustenta las raíces de la enfermedad. Una mente enferma vive por y para la separación. La alquimia la transforma y nos lleva a un estado de paz interior. En ese momento santo hemos hallado el Santo Grial y alcanzado la libertad emocional que sana nuestros vehículos: la mente y cuerpo.

La alquimia, como vengo explicando, es la integración de los llamados opuestos, que gracias a la comprensión los convertimos en complementarios.

No hay ningún Dios que esté enfadado. Solo existen el Amor y la Unidad, que vendrían a ser lo mismo. En el *Curso*, Jesús nos dice que el amor no es posible aquí (T-4.III.4), donde siempre se expresa de una persona a otra, o hacia un objeto o actividad. Lo que nos recuerda el *Curso* es que *Dios es el Amor en el que perdono* (L-46), y este es el significado del auténtico perdón.

Como vengo diciendo, la auténtica curación está en la mente, pero mucha gente —incluso una parte de la ciencia— en realidad no sabe qué es la mente. El *Curso* deja claro que la mente —la auténtica— no reside en el mundo del espacio/tiempo. La Mente es atemporal y no espacial. La física utiliza el término no-local, que significa que la mente no puede localizarse en ningún lugar. El *Curso* nos dice:

Dios no entiende de palabras, pues fueron hechas por mentes separadas para que las mantuvieran en la ilusión de la separación.
—*UCDM* (M-21.1:7)

Las palabras son una fabricación del ego para sentir que nuestras mentes están separadas. La Mente no tiene palabra. La lección 161 dice:

La condición natural de la mente es una de abstracción total.
—*UCDM* (L-161.2:1).

Esto quiere decir que nuestra mente concreta no ve las cosas como si fuesen una sola, sino que ve fragmentos del todo, pues solo de esta manera puede forjar el mundo que vemos.

Si de verdad quieres ayudar al mundo, lo primero que hay que hacer es sanarse a uno mismo. En nuestro método de Bioneuroemoción enseñamos que nadie puede acompañar a nadie a ningún lugar al que él no haya ido previamente. Es un método sencillo, pero muy difícil, pues darse cuenta de que la causa no está afuera sino en uno mismo al principio duele, y hay muchísima resistencia. Tarde o temprano esta resistencia se puede manifestar como un dolor físico. Por eso, lo primordial es sanar nuestra mente y poner en práctica uno de los Regalos del Reino, el que nos dice: "yo siempre te hablaré a través de tu hermano".

Cuando preguntes al Espíritu Santo qué debes de hacer en cualquier situación, recuerda que Él te hablará a través de tu hermano, en lo que el *Curso* llama un *encuentro santo*, y la respuesta que se te dará estará en consonancia con cómo lo consideres a él.

Tu hermano es el espejo en el que ves reflejada la imagen que tienes de ti mismo mientras perdure la percepción.
—*UCDM* (T-7.VII.3:9)

LA EMPATÍA

La empatía es una cualidad muy humana, pues nos permite ponernos en el lugar de los demás, experimentar su dolor y su alegría. La empatía nos permite establecer relaciones interpersonales, y según la utilicemos, nos puede llevar a hundir y hundirnos más en el dolor y el sufrimiento. Esta sería la empatía del ego; la alternativa es utilizar la empatía como nos enseña el Espíritu Santo, cuando nos dice que nos unamos a nuestro hermano y no a su sueño de dolor. Unirse al dolor no lo disminuye, al contrario, lo fortalece y nos enferma.

El ego consigue que, al unirte al sufrimiento de tu hermano, lo hagas tuyo, y al creer en él lo refuerces en tu vida. Entonces lo usas para unirte a tu hermano. Pero es una unión de separación, una unión de intereses, una unión para conseguir algo.

El *Curso* nos enseña que sentir empatía no implica unirte al sufrimiento de tu hermano, pues eso es precisamente lo que debes negarte a comprender. Unirte al sufrimiento de tu hermano hace que este aumente en su inconsciente, y que no vea la salida que la inspiración del Espíritu Santo le ofrece en su mente. La empatía que ofrece el Espíritu Santo es fortaleza y la que ofrece el ego es debilidad.

Recientes investigaciones sobre la neurología del cerebro han confirmado la existencia de neuronas espejo empáticas. Cuando experimentamos una emoción o realizamos una acción, se disparan unas neuronas específicas. Estas neuronas empáticas nos conectan con otras personas, permitiéndonos sentir lo que otros sienten. Este sistema es el que nos permite reflexionar sobre nosotros mismos.

Nada es externo. Esto no es una filosofía hipotética, es la propiedad básica de las neuronas espejo, que nos permite entendernos a nosotros mismos a través de otros.

La auténtica empatía se une a la persona y no a sus sueños. Transmite la información de que es fundamental un cambio de conciencia. Este cambio va desde la conciencia dual —la creencia de que todo está separado— a una conciencia de unidad —en lo que todo está interconectado y tiene su sentido—. Esta conciencia no-dual, también llamada Advaita en sánscrito, nos lleva a instaurar unas verdades absolutas que nos permitirán liberarnos de inquietudes y sufrimientos. Tengamos esto siempre presente:

Pensad como si todos vuestros pensamientos tuviesen que ser grabados a fuego en el cielo para que todo y todos los viesen. Y verdaderamente es así.

Hablad como si todo el mundo fuese un único oído, atento a escuchar lo que decís. Y verdaderamente es así.

Obrad como si todos vuestros actos tuviesen que arrojarse sobre vuestras cabezas. Y verdaderamente es así.

Desead como si vosotros mismos fueseis el deseo. Y verdaderamente lo sois.

Vivid como si vuestro propio Dios tuviese necesidad de vosotros para vivir su Vida. Y verdaderamente es así.

—El libro de Mirdad

Tú tienes muchos oídos, por eso no puedes oír. Si solo tuvieses uno que oyese y comprendiese, no exigirías pruebas. Hemos de recordar que la humanidad es solo una, y que todo el conjunto de hombres y mujeres convergen en una unidad llamada humanidad.

Unirse al sufrimiento del otro es la interpretación que el ego hace de la empatía, de la cual siempre se vale para establecer relaciones especiales en las que el sufrimiento se comparte [...] El Espíritu Santo no comprende el sufrimiento, y Su deseo es que enseñes que no es comprensible.
—UCDM (T-16.I.1:2,5)

La prueba más clara de que la empatía, tal como el ego la usa, es destructiva reside en el hecho de que solo se aplica a un determinado tipo de problemas y a ciertos individuos.
—UCDM (T-16.I.2:1)

EL PERDÓN

¿Por qué no perdonamos? Tenemos adicción al dolor y al sufrimiento. Culpar nos permite ser víctimas y reclamar a los demás que cambien para conseguir nuestro bienestar. Si perdonamos, creemos que perderemos nuestra inocencia, el apoyo social y los beneficios de mantener ciertas relaciones. Perdonar implica aceptar nuestras circunstancias y asumir la responsabilidad de cambiarlas.

Quien no se cuestiona a sí mismo no puede perdonar. Si siempre creemos que tenemos la razón, nuestra rigidez mental reforzará el sufrimiento.

El perdón expande tu percepción. Cuando perdonas a los demás y a ti mismo por lo que piensas que se hizo incorrectamente, te abres a ver lo que tú y los demás verdaderamente sois. Te abres para ver la belleza y la capacidad que tal vez pasaste por alto. Te vuelves más tolerante y abrazas la libertad y el amor.

Si no perdonamos, nos condenamos a repetir los mismos conflictos. El deseo de venganza contiene la promesa de un efímero bienestar. Creemos que impartimos justicia, cuando realmente solo imponemos nuestras limitaciones.

No perdonar siempre tiene consecuencias físicas y mentales:

- Depresión, ansiedad, baja autoestima, etc.
- Aumenta la hostilidad y la violencia, y empeora nuestras relaciones.
- Altera los ritmos del sueño y no podemos pensar con claridad.
- Incrementa la probabilidad de que aparezcan dolores crónicos y abuso de sustancias.

¿Cuáles son los beneficios del perdón? En el año 1999, la fundación John Templeton de EE. UU. inició la campaña de Investigación del Perdón, gracias a cuya financiación pudieron realizarse hasta un total de 950 estudios empíricos sobre el perdón. En ellos se estudiaron a través de protocolos científicos los efectos del perdón sobre el cuerpo y la mente. Y estos son los resultados:

- Fortalece el sistema inmunológico.
- Reduce el estrés y los niveles de neurosis.
- Mejora el estado de ánimo, el optimismo y la autoestima.
- Mejora el pensamiento crítico y la capacidad de solucionar problemas.
- Aumenta el autocontrol y la gestión emocional.
- Incrementa la empatía, la esperanza y la tolerancia.

A medida que la cantidad de miedo culpable y la energía que le acompaña sean negados, nos daremos cuenta de que las enfermedades físicas y los síntomas comenzarán a desaparecer.

La capacidad de amarnos en forma de aumento de la autoestima regresa, y con ella viene la capacidad de amar a los demás. Ser liberados de la culpa trae consigo una renovación de la energía vital. Esto puede ser observado dramáticamente en muchas personas que se convierten a través de la experiencia religiosa. La repentina liberación de la culpa a través del mecanismo del perdón es responsable de miles de recuperaciones de enfermedades graves y avanzadas. Si estamos o no de acuerdo con su concepto religioso es irrelevante. Lo importante a destacar es que el alivio de la culpa se acompaña de un resurgir de la energía de la vida, el bienestar y la salud física.
—Doctor David R. Hawkins

El perdón es un asunto psicológico, social y biológico. En él se da la verdadera conexión entre la mente y el cuerpo. [...] Aprender a perdonar a quienes nos hieren puede mejorar significativamente el bienestar psicológico y la salud física.
—Everett Worthington, doctor en psicología

El débil no puede perdonar. El perdón es un atributo de los fuertes y valientes.
—Mahatma Gandhi

No siempre es suficiente ser perdonado por alguien, algunas veces tendrás que aprender a perdonarte a ti mismo.
—William Shakespeare

Cuando escoges el perdón, no puedes olvidar la experiencia, el aprendizaje [...], luego viene la satisfacción de la paz interior.
—Viktor Frankl

Quien no perdona enferma físicamente, emocionalmente y espiritualmente.
—Papa Francisco

El secreto de la salvación no es sino este: que eres tú el que se está haciendo todo esto a sí mismo.
—UCDM (T-27.VIII.10:1)

Para terminar, me centraré en la experiencia del Dr. David R. Hawkins y la curación de sus múltiples enfermedades, una historia de sanación a través de la mente.

En su libro *Dejar ir*, el doctor Hawkins nos muestra una lista de sus múltiples enfermedades, que iban desde la migraña crónica a los ataques de gota, úlceras recurrentes, pancreatitis, artritis en la columna vertebral, bronquitis y tos crónica, problemas dentales y una larga lista de veintiséis enfermedades. Nos cuenta que sus amigos hacían apuestas de hasta cuándo duraría en este mundo. No pensaban que pasase de los cincuenta y tres años de edad.

Se hizo una pregunta, que para mí es clave: "¿Cómo puede tener tantos problemas físicos un hombre de éxito, muy formado y profesional, que opera creativamente en el mundo, que lleva una vida equilibrada, que se ha psicoanalizado a fondo y con experiencia en muchas modalidades médicas?". Ciertamente soportaba una gran carga de trabajo, pero la equilibraba con ejercicio físico y trabajos creativos. Por si fuera poco, hacía meditación, practicó la autohipnosis, la macrobiótica y un largo etcétera.

Nos cuenta que, en un momento dado, investigó y aplicó en la vida diaria el mecanismo de entrega de *Un curso de milagros*. Aplicó a fondo los ejercicios, cuya técnica aliviaba la culpa mediante el mecanismo del perdón.

Empezó a sacar la basura acumulada en el inconsciente. Tomó conciencia de que cada sentimiento y pensamiento negativo está asociado con la culpa, y que esta es tan generalizada y omnipresente que se la reprime constantemente. Tomó conciencia de que sentimos culpa cuando tenemos un pensamiento crítico contra alguien —proyección—. La mente juzga y critica al mundo todo el tiempo, sus acontecimientos y sus gentes. La culpa misma engendra sentimientos negativos, y estos también engendran culpa. Esta combinación mortal nos arrastra a todos hacia abajo y crea la enfermedad y la infelicidad.

Asimismo, nos cuenta que descubrió el menosprecio por los sentimientos, sobre todo por los de victimismo. Poner a la luz sus sentimientos fue un trabajo duro, pero al final se reconcilió con ellos. Su cuerpo empezó a mejorar, hasta que un día se le presentó una crisis en forma de diverticulitis. Entonces tomó una decisión fundamental: se entregó del todo. Canceló creencias y conceptos; en definitiva, *se rindió* a la providencia, al Espíritu Santo, desarrollando la técnica de *dejar ir,* que es la esencia de *Un curso de milagros.*

El Dr. Hawkins, hombre de éxito, por fin encontró su tesoro, el que todos tenemos en lo más profundo de nuestra cueva, que está protegida por unos dragones que se alimentan de nuestras creencias, de nuestras razones, de nuestras verdades.

Un día le preguntaron cómo era posible que se hubiera curado de todas estas enfermedades y que aún llevara gafas.

Esta misma pregunta me la hicieron a mí, y la verdad es que, al tomar conciencia de ello, mi vista mejoró muchísimo. Uso gafas porque tenía una degeneración de la vista. Apliqué el perdón en mi vida y mi vista dejó de degenerarse y recuperé casi dos dioptrías, quedándome en el punto en el que sigo ahora, años después. Actualmente me he hecho varias revisiones y todos los especialistas me han dicho que tengo unos ojos muy sanos y jóvenes para la edad que tengo (70 años). El doctor Hawkins nunca pensó que llevar gafas fuera una enfermedad, entonces se las quitó y al cabo de un tiempo tomó conciencia de que uno ve aquello que quiere ver.

Un curso de milagros inspiró al doctor David R. Hawkins su técnica de *dejar ir,* y lo mismo me ha ocurrido a mí con el método de la Bioneuroemoción. En esencia, este método consiste en desarrollar la conciencia de que todo está interrelacionado, y de que nuestras circunstancias, sean cuales sean, tienen su raíz en la culpa inconsciente, el victimismo y la proyección como recurso para liberarnos de lo que nos duele. Desarrolla la comprensión de que todo lo que te rodea habla de ti mismo, y de que no hay que ir a lugares remotos para encontrar la *iluminación* y el despertar. Dejemos de proyectar la culpa, dejemos de jugar al pobre de mí, dejemos de poner en los demás la causa de nuestros problemas. Empecemos a desarrollar la autoindagación con una mente libre de culpa, con una mente inspirada como la Mente del Espíritu Santo. Entreguemos nuestros miedos, nuestras inseguridades y rindámonos a la Vida. Pongamos nuestra voluntad al servicio de la Gran Voluntad, tal como yo hice en su día y expresé en mi libro *El soñador del sueño*.

La Abundancia que tanto buscamos está en nosotros, lleva nuestro nombre. Todo comienza cuando hollamos el sendero al que se le puede llamar *El camino de la entrega*. ¡¡¡Gracias!!!

RECAPITULANDO

- En nuestra mente hay dos voces, y por ello nuestra mente está dividida. Una parte está gobernada por el ego y la otra por el Espíritu Santo. Nosotros tenemos la capacidad de escoger a qué voz creemos necesario escuchar.
- Tener miedo de la Voluntad de Dios es una de las creencias más extrañas que la mente humana jamás haya podido concebir *(UCDM,* T-9.I.1:1).
- Te encuentras en una situación imposible únicamente porque crees que es posible estar en una situación así *(UCDM,* T-6.IV.10:1).
- Actualmente la evidencia científica demuestra que, al modificar nuestros pensamientos, estamos modificando nuestra biología.

- El pensamiento no se puede convertir en carne excepto mediante una creencia, ya que el pensamiento no es algo físico (*UCDM*, T-8.VII.7:4).
- La *Rendición* es un estado de no-hacer, una no-búsqueda, un escuchar, un estado de presencia.
- Nada externo a ti puede hacerte temer o amar porque no hay nada externo a ti *(UCDM*, T-10.In.1:1).
- Cada humano es el autor de su propia salud o enfermedad (Buda).
- "Una mente que se abre a una nueva idea jamás volverá al tamaño original" (Einstein).
- Cuando no te consideras valioso, enfermas *(UCDM*, T-10.III.6:5).
- Solo enseño el sufrimiento y cómo transformarlo (Buda).
- Toda curación es una liberación del pasado *(UCDM*, T-13.VIII.1:1).
- La curación no procede directamente de Dios, Quien sabe que Sus creaciones gozan de perfecta salud *(UCDM*, T-7.IV.1:4).
- Curar un efecto y no la causa tan solo puede hacer que el efecto cambie de forma.
- El mundo no es el problema, en todo caso el problema es cómo vemos el mundo y cómo queremos vivir en él.
- Si de verdad quieres ayudar al mundo, lo primero que hay que hacer es sanarse uno mismo.
- Unirse al sufrimiento del otro es la interpretación que el ego hace de la empatía, de la cual siempre se vale para establecer relaciones especiales en las que el sufrimiento se comparte *(UCDM*, T-16.I.1:2,5).
- Quien no perdona, enferma físicamente, emocionalmente y espiritualmente (Papa Francisco).

CAPÍTULO IX

El despertar

El descanso no se deriva de dormir sino de despertar.
—*UCDM* (T-5.II.10:4)

Descansarás cuando comprendas que dos siempre conforman la unidad.
—Enric Corbera

INTRODUCCIÓN

Me dirijo a los buscadores espirituales, entre los cuales me encontraba hace algún tiempo, creyendo que había que hacer algo especial y diferente para iluminarme y despertar. Hasta que un día fui plenamente consciente de que esta era la mayor argucia del ego para mantenernos ocupados haciendo un sinnúmero de cosas —todas ellas inútiles— a fin de sentirnos especiales y, por tanto, diferentes.

David Carse, en *Perfecta, brillante quietud* lo deja meridianamente claro cuando dice:

Lo realmente singular de los personajes denominados buscadores espirituales, esos que dicen querer despertar, es que, a la vez que afirman tal cosa, emplean inconscientemente casi todo su tiempo y energía en hacer activamente cuanto pueden para impedir el despertar. [...] Los buscadores hablan de des-

pertar y de iluminación, pero casi ninguno tiene la menor idea de lo que está diciendo.

David R. Hawkins, en su libro *Dejar ir*, nos dice que "hacer el circuito" es la mayor pérdida de tiempo en el camino hacia el despertar.

LA APERTURA DE LA MENTE

Como muchos han dicho, "liberarse de los pares es el Reino de los Cielos en la Tierra". Esta frase resume la esencia del despertar. Cuando vives en la separación, eres pobre. Cuando decides comprender que las polaridades, u opuestos, se complementan y se necesitan como la noche al día, emprendes el camino que te llevará al despertar. Aquí reside el tesoro que tanto anhelamos.

Se ha hablado y se habla mucho del despertar. Cuando el ego lo explica, el despertar es posible, pero muy difícil. Se inventa multitud de *maneras* de lograrlo. Le aconsejo, querido lector, leer las primeras páginas del libro de David R. Hawkins, *Dejar ir*. Él fue capaz de desgranar, por así decirlo, casi todas las estrategias del ego para conseguir la iluminación.

No hay nada a tu alrededor que no forme parte de ti. Contémplalo amorosamente y ve la luz del Cielo en ello.
—*UCDM* (T-23.In.6:1-2)

Puesto que crees que estás separado, el Cielo se presenta ante ti como algo separado también.
—*UCDM* (T-25.I.5:1)

Para despertar hay que cerrar la brecha que hemos puesto entre nosotros. El *Curso* lo llama *la clausura de la brecha*, dejándonos claro que se mantiene abierta cuando decidimos que nuestro hermano es nuestro enemigo.

No hay tiempo, lugar ni estado del que Dios esté ausente. No hay nada que temer.
—*UCDM* (T-29.I.1:1-2)

En cambio, seguimos aislándonos de Dios y teniendo miedo de Su Justicia. Para conservar este miedo en nuestra mente, el ego nos hace sentir especiales, diferentes y, como consecuencia, creer que estamos separados. El cuerpo no nos separa, lo que nos separa son las creencias que albergamos en nuestro inconsciente y que experimentamos en nuestra vida. El *Curso* nos recuerda que:

Tú no puedes despertarte a ti mismo. No obstante, puedes permitir que se te despierte.
—*UCDM* (T-29.III.3:2-4)

Esta reflexión del *Curso* deja claro que uno no puede despertar sin experimentar primero la separación y luego la unidad, que se da cuando nuestra mente comprende que nuestro hermano no es un enemigo. Más bien, se convierte en nuestro salvador. Cuando nuestra mente permite que se la ilumine gracias a la Santa Comprensión, el despertar ya es posible e inevitable.

Empieza un proceso alquímico, un estado de desprendimiento de la identificación, y no percibimos nada que no tenga relación con nosotros. Desaparece la distinción entre sujeto y objeto. No hay un *yo* y un *tú*. Todo es una interacción del Ser que se manifiesta por doquier, creando un mundo onírico que llamamos real, cuando en realidad es solo ilusión. Esta ilusión, cuando la vivimos como realidad, se convierte en nuestro sueño. ¿Quién no ha vivido esta experiencia? Estamos durmiendo y tenemos sueños en los que a veces nos sentimos felices, otras apesadumbrados, y otras sufrimos pérdidas o simplemente estamos perdidos. Cuando despertamos, nos decimos: "¡Uuuffff, menos mal que esto ha sido un sueño!", o "¡Qué sueño tan bonito he tenido!".

Vivimos esta experiencia cuando despertamos del sueño al que llamamos vida real. Lo primero que vamos a percibir —o mejor dicho, sentir profundamente—, es que los valores del mundo son insustanciales y que, si los defendemos, nos pueden hacer daño. No se trata de *pasar* del mundo.

Esto es algo que resulta complicado explicar, pues las palabras solo sirven en el mundo dual, son símbolos de símbolos y nos alejan de la realidad. Las palabras siempre son interpretadas, y siempre inspiran más palabras que expresan lo contrario de las primeras. El mundo habla y habla, vive en un debate continuo. Todos creen tener razón, y la verdad es que esto es así: todos tenemos nuestras razones que convertimos en verdades. Hasta que un día nuestra percepción cambia y nuestra mente acoge otras razones.

Para alcanzar la Verdad hay que vivir un proceso de deshacer, de soltar el sentimiento de *creer que tenemos razón*. Se produce una explosión en tu mente, nada tiene sentido, y de repente ves el sentido de todos los acontecimientos. Desaparece la necesidad de convencer a nadie de nada. Vivimos en un mundo onírico que creemos real. Oímos en nuestra mente unas palabras indelebles: *el mundo no es real, pues, de serlo, ciertamente Dios sería cruel*. Nuestro mundo real es como una mancha de aceite encima de unas aguas cristalinas y puras. Las aguas sostienen las gotas, al igual que la Mente Divina sostiene todos nuestros sueños.

Al despertar, ves el mundo igual que antes, no te identificas con nada de una manera especial. Hay cosas que te gustan y otras que no. Lo que sí hay es ausencia de juicio; no hay necesidad de convencer a nadie de nada. Escuchas, sobre todo escuchas, y hablas cuando se te pregunta, sin necesidad de convencer. Despertar implica que estás en un sueño y que lo experimentas para conocerte y reconocer tus experiencias de vida con sus verdades, que ahora ves como efímeras. Tienes la certeza de que sigues en el sueño llamado realidad, pero, de hecho, lo que ocurre es que ves el mundo real. Sigues viendo el mundo como siempre, sigues viendo su locura, su demencia. Ves las manipulaciones de ciertos sectores para controlar a la humanidad, ves el egoísmo de las guerras, el sufrimiento y el dolor que causan las vanidades y el deseo de poder. En ese momento, entras en un estado de silencio y te conviertes en el auténtico Observador. Proyectas en el mundo la Inocencia Esencial que todos y cada uno tenemos. Recuerdas las palabras de Jesús: hasta que no seáis como niños —inocencia— no entraréis en el Reino de los Cielos.

En este Instante de Liberación, cuidas tus palabras, cuidas tu percepción, el silencio es tu mejor salvaguarda. Solo hablas para ayudar a tus hermanos a despertar, con absoluto desprendimiento del deseo de convencer a nadie. Usas tu cuerpo como medio de comunicación, tal como indica el *Curso*. Pides al Espíritu Santo inspiración y Percepción Verdadera. Te dejas guiar, pues ya no hay necesidad de ir a ningún sitio. Allí donde estás es donde debes estar, y te entregas a la experiencia de compartir aquello que hace que las personas se acerquen a ti.

Para despertar, por lo tanto, tienes que dejar de juzgar.
—*UCDM* (T-29.IX.2:5)

No abrigues ningún juicio, ni seas consciente de ningún pensamiento, bueno o malo, que alguna vez haya cruzado tu mente con respecto a nadie.
—*UCDM* (T-31.I.13:1)

Vamos a bajar la frecuencia de vibración de nuestra mente para aterrizar en otros pensamientos más cercanos a la densidad del mundo. Vamos a observar algunas argucias del ego.

Hay una frase de *Alicia en el país de las maravillas*, de Lewis Carroll, que dice:

A veces me olvido de que todo esto es un sueño.

Todo buscador corre el riesgo de quedarse atrapado en los *regalos* que ofrece el mundo de la ilusión, que creemos real. Mantenerse alerta es quizás el mejor ejercicio mental para saber estar en este mundo sin caer en sus garras. El ego nos mostrará una y mil maravillas, prometiéndonos la felicidad. Él solo pretende retardar nuestro despertar utilizando muchas argucias; recordemos algunas de ellas:

- La carencia y el miedo a ella es su primer mandamiento.
- Si tú tienes, yo no tengo. Recalca la importancia de sentirse en deuda.
- Vive de la creencia de que te pueden hacer daño.
- Adora el sufrimiento, y para él sufrir es amar.
- Está convencido de que tu percepción siempre es verdad y de que tienes razón.
- Pretende cambiar a los demás y evitar que le cambien.
- El ego vive del miedo, sobre todo del miedo a Dios, que es la mayor locura.

Despertar implica tener siempre presentes estas argucias del ego y sus posteriores razonamientos para mantenernos atados a su mundo. Una de las frases lapidarias que utiliza el ego es: *cada uno es como es.* Propone esta forma resultona de no querer cambiar y, si es posible algún cambio, que lo haga el otro. Cuando estoy en una conversación e incido en la importancia de ser conscientes de que "no vemos las cosas como son, sino como somos", y de repente me sueltan esta frase, sé que tengo que callarme. Si sigo hablando, también caigo en la trampa del ego: el que tiene que cambiar es el otro.

El único cambio posible está en uno mismo. Para conseguirlo tenemos que aprovechar cada circunstancia de la vida para conocernos, pues las circunstancias vienen a nosotros gracias a nosotros mismos. No olvidemos que somos los creadores de nuestro destino. El ego nos hace creer que el destino es como una espada de Damocles que siempre está encima de nuestra cabeza, presta a atravesarnos. Muchas veces nos preguntamos: ¿cuál es mi destino? La respuesta es simple: sus catalizadores son tus pensamientos, creencias y verdades.

Para despertar hay que tener muy presente que no vemos las cosas en su sentido absoluto, pues desconocemos las causas intrínsecas que impulsan al alma cuando viene a este mundo. Nuestras percepciones y, por lo tanto, nuestros pensamientos, nunca son neutros. Esto también lo vemos en el *Curso*:

No ves cosas neutras porque no tienes pensamientos neutros. El pensamiento siempre tiene lugar primero, a pesar de la tentación de creer que es al contrario. El mundo no piensa de esta manera, pero tú tienes que aprender que así es como piensas tú.
—*UCDM* (L-17.1:2-4)

El ego espiritual quiere cambiar el mundo. Esto es una alucinación, porque al intentarlo da realidad al mundo. El único cambio posible está en cada uno de nosotros. Este cambio será factible en la medida en que seamos conscientes de que el mundo que llamamos real es fruto de nuestra vibración de conciencia. Con ello estoy sugiriendo que, cuando tú cambias, cambias tu percepción, y ves en los demás lo que ellos no pueden ver en sí mismos debido a sus creencias limitantes sustentadas en la separación. Esto es un acto de amor, pues te unes a lo que es verdad en tu hermano y no compartes su *sueño*, su realidad.

Haciendo esto nos convertimos en observadores conscientes y desarrollamos las siguientes actitudes mentales:

- Cada momento es único. Es un instante de creación.
- Este instante único nos permite conocernos a nosotros mismos.
- No vivas con la mente llena de preocupaciones.
- El accidente, el problema, es la enseñanza.
- Encuentra el amor en lo que haces, siempre dando lo mejor de ti mismo.

Para despertar, o para crear este estado, el crisol de este proceso tan crucial, lo primero que tenemos que hacer es dejar de contarnos historias que justifican lo que estamos haciendo en nuestras vidas. Hay que soltar las historias del ego, pues las convertimos en verdad.

Despertarás a tu propia llamada, pues la Llamada a despertar se encuentra dentro de ti.
—*UCDM* (T-11.VI.9:1)

El estado de despertar nos lleva a vivir en este mundo sin que nos afecten sus políticas, sus opiniones ni sus puntos de vista, pues todos ellos, juntos y por separado, siempre buscan la confrontación, por muy sutil que esta sea. De esta manera, encontramos un equilibrio entre los mundos internos y externos.

El *Curso* también nos recuerda que en el momento en que decidimos mirar dentro y transformarnos en observadores del observador —ego—, el camino se va a convertir en una gran dificultad, pues el ego colectivo se va a oponer a lo que percibe como una gran amenaza a su existencia, y sobre todo a su pérdida de control. Este camino empieza a aparecer en nuestras vidas cuando hacemos un acto supremo de amor: empezamos a dejar de lado todo juicio.

El mundo que veo no me ofrece nada que yo desee.
—*UCDM* (L-128)

Cuanto más te aproximas al sistema de pensamiento del ego, más tenebroso y sombrío se vuelve el camino. Sin embargo, hasta la pequeña chispa que se encuentra en tu mente basta para iluminarlo. Lleva esa luz contigo sin ningún temor, y valerosamente enfócala a los cimientos del sistema de pensamiento del ego.
—*UCDM* (T-11.In.3:5-7)

Anthony de Mello nos diría:

¿Sabes cuál es el signo del que ha despertado? Que se pregunta a sí mismo: "¿Estoy loco o son los demás los que lo están?". Esta es la auténtica señal del despertar.
Estar despierto es aceptarlo todo, no como ley, no como sacrificio ni como esfuerzo, sino por iluminación.

Las características del despertar son:

- Vivir con otro nivel de Conciencia. Una mente abierta a infinitas posibilidades. Saber —no creer— que cada uno está interconectado con todos y con todo.
- Saber que todo está relacionado, que no existe la casualidad ni la buena o mala suerte, que las sincronías son un medio de comunicación.
- Saber que nuestros pensamientos, sobre todo nuestros juicios, crean circunstancias a las que llamaremos nuestro futuro.
- Que la Inteligencia Universal siempre te está hablando y lo hace a través de los demás.
- Que todo es información y que esta se manifiesta siguiendo las leyes cuánticas. Según ellas, el acto de observación es un acto de creación. Todo se complementa, las polaridades se encuentran gracias al principio de resonancia.

- Nada queda oculto. El Universo, la Inteligencia Universal, lo escucha todo, lo recoge todo y lo manifiesta en nuestras vidas. Estar dormido es creer que estas experiencias son el destino. No hay destino. Solo el que estamos creando de forma inconsciente, en el estado de hipnosis también llamado ilusión.

Reflexión:

La realidad no es otra cosa que la capacidad que nuestros sentidos tienen de engañarse.
—Albert Einstein

Cuando empiezas a apropiarte de estos pensamientos y de esta forma de percibir, entras en un proceso de deshacimiento. Las barreras que habíamos erigido se desploman, nos sentimos aturdidos. Llegas a pensar que te estás volviendo loco hasta que ves que el mundo es una locura. Deseas marcharte de él, pero hay algo en tu interior que te dice: ahora es el momento de estar en este mundo. El mundo necesita mentes que vean lo único que es real en esta locura: t*odos y cada uno somos Hijos de Dios.* Nada más y nada menos. Todos somos actores viviendo una *realidad* que solo existe en nuestra mente, que está dormida por la hipnosis de la separación.

Surge el deseo de *apearse* de este mundo, pero comprendes que eso no es posible, pues nada puede desprenderse del Uno. Entonces, unas palabras vibran en tu mente:

Aquieta tu alma, ¡oh, hijo mío!, pues solo tienes que hacer algo muy simple: estate en este mundo. Sé los ojos para que la Esencia que lo sostiene Todo pueda ver a través de ellos. Este estado permitirá el deshacimiento del mundo, pues cuando haces esto, te conviertes en un salvador, en la chispa divina que todos tienen en su corazón.

Volvamos a aterrizar en el mundo dual con otra conciencia. La Bioneuroemoción es una inspiración. Surgió de esta locura de culpar a los demás como la causa de mis problemas. Surgió para llevar a la conciencia individual que la causa siempre está en uno mismo, y que nuestras vidas son oportunidades de sanar nuestras heridas emocionales y las de nuestros ancestros. El objetivo es alcanzar el estado de libertad emocional, que nos permite estar en este mundo sin querer cambiar a nadie. Ya no creamos guiones, ya no deseamos cambiar a nadie. Nos convertimos en observadores conscientes y cuidamos el alimento que damos a nuestra mente. No vemos programas basura, pues al hacerlo les estamos dando fuerza y *realidad*. No escuchamos la paranoia de la lucha política. Cuidamos la Naturaleza, sostenemos nuestro entorno con una mente que se está liberando de las garras de la culpabilidad y de creer que tenemos razón. Cada vez más, nuestra mente se va quedando en silencio. Sabes, por fin sabes, que no puedes convencer a nadie.

¿Cómo reconoceremos a estas personas? Está escrito: "Por sus obras los conoceréis", y veréis que estas personas no quieren reconocimiento alguno.

En este proceso de deshacimiento, antes de llegar a los umbrales del Despertar, las primeras fases son dolorosas y oponemos gran resistencia. Puedo corroborarlo viendo las dificultades que tienen nuestros alumnos cuando les enseño la importancia de la inversión de pensamiento. Voy a poner un ejemplo simple para entenderlo mejor:

—¿Qué es lo que más te molesta de lo que percibes en tu pareja?

—Que es muy egoísta.

Desafío:

—No entiendo lo que quieres decir con que es muy egoísta.

—Pues que primero piensa en él, segundo piensa en él y, si le queda algo de tiempo, quizás, con suerte, me pregunta.

La consultante aclara:

—Aaaah, y no me digas que yo soy egoísta, pues siempre estoy pensando en los demás.

Le aclaro y termino la inversión de pensamiento diciéndole:

—Sí que eres muy egoísta, lo eres contigo misma, no te tienes nunca en cuenta, priorizas a los demás antes que a ti. Vives la vida de los demás y no vives la tuya. Tu pareja está en la otra polaridad, ambos estáis juntos para aprender. Él —tu marido—, para pensar más en los demás, y tú, para pensar más en ti misma. Déjale espacio, empieza a vivir aspectos que has abandonado, deja de sufrir y de querer cambiar a los demás. Entonces y solo entonces abrirás la mente a observar otras posibilidades.

Todo lo expuesto se puede resumir en una frase del *Curso*, que deja muy claro cómo vivir en la dualidad desde la conciencia de unidad:

Puedes pasar por alto los sueños de tu hermano. Puedes perdonarle sus ilusiones tan perfectamente, que él se convierte en el que te salva a ti de tus sueños.
—*UCDM* (T-29.III.3:4-5)

Cuanto antes reconozcamos que todos estamos dormidos, antes empezará el proceso de despertar. Por eso estoy haciendo una incursión en nuestras maneras de ver y entender la vida. Todos somos egoístas. Nuestras acciones buscan el bienestar psicológico o espiritual, esto no importa. El bien es de un orden superior cuando no sabes que lo estás haciendo. Se nos dijo: que tu mano derecha no sepa lo que hace la izquierda. También está escrito: tu necesidad de ayudar indica tu petición de ayuda. Con la ayuda a los demás buscamos suplir una carencia interior que proyectamos al exterior. También está escrito: tú no puedes ayudar a nadie porque no sabes lo que realmente necesitas. Muchas veces creemos hacer un acto bueno y al final resulta todo lo contrario. Con ello no quiero decir que no debamos hacer actos caritativos o aportaciones a un proyecto como, por ejemplo, el de mejorar el bienestar de unos niños que viven en situaciones de desprotección o insalubridad. No hay egoísmo cuando dejas que las cosas sucedan a través de ti. Cuando estás despierto, no hay un *yo hacedor*. Lo que ocurre se hace a través de ti. No hay nadie imprescindible porque no hay un *yo* separado de los otros *yoes*.

Pongamos un ejemplo clarificador: imagina que te encuentras en una situación que no has buscado conscientemente. Digamos que te encuentras en ella, sin más. Estás atendiendo a una persona que ha tenido un accidente. *Estar despierto no es sentir que tú estás haciendo algo, sino que algo se está haciendo a través de ti.*

VIVIR EN LA INCERTIDUMBRE

Saber vivir en la incertidumbre es el paso fundamental para que tu mente se calme, no haga proyectos y se rinda a la Vida. Vivir en la incertidumbre es sabiduría.

Hay dos modos de encarar la incertidumbre: la aceptación o la resistencia. Aceptar significa permitir que los hechos se desarrollen a nuestro alrededor y reaccionar ante ellos sin suprimirlos. Resistir significa tratar de cambiar los hechos, apartándolos de lo que realmente son. La aceptación es saludable, porque te permite anular cualquier tensión; la resistencia es insalubre, porque acumula residuos de frustración, falsas expectativas y deseos no cumplidos.

La Incertidumbre permite que suceda lo desconocido y lo recibe de buen grado, como fuente de crecimiento y comprensión.

A la mente le cuesta mucho aceptar la incertidumbre. Teme el cambio, la pérdida y la muerte. Esta actitud mental permite que el estrés afecte al cuerpo. Nuestro cuerpo, nuestra biología, está perfectamente preparada para vivir el presente. Al permitírselo, gracias a que sabemos vivir en la incertidumbre, facilitamos su sanación. La mente ya no vive en el control, ya no busca respuestas concretas. Tiene la certeza de que todo lo que la Vida le vaya mostrando tiene su razón de ser. Con esta actitud de vivir en la incertidumbre, estamos sembrando las semillas que algún día nos llevarán a despertar. Vivir el aquí y el ahora crea un estado que nos lleva a despertar.

LAS RELACIONES INTERPERSONALES: TIERRA SANTA

Las relaciones interpersonales son las puertas de la enfermedad —infierno— o de la salud —cielo—. Hay una manera de ser felices en las relaciones que consiste en utilizarlas para el fin que les es propio, y no para el que tú les has dado. Sin relaciones nunca llegaríamos a conocernos. El ego establece relaciones especiales, que básicamente consisten en proyectar en el otro mis necesidades esperando que me las resuelva. La relación santa comprende precisamente lo que expongo: gracias al otro yo sé qué tengo que sanar.

La mayoría de las personas inician relaciones con sus miras puestas en lo que puedan sacar de ellas, en lugar de en lo que pueden aportar.

Las relaciones son sagradas porque proporcionan la más grandiosa oportunidad de la vida —en realidad, la única oportunidad— de crear y producir la experiencia de tu más elevado concepto de ti mismo/a. Las relaciones fracasan cuando consideras que son la más grandiosa oportunidad de crear y producir la experiencia de tu más elevado concepto del otro.
—Neale Donald Walsch, *Conversaciones con Dios*

Tengamos siempre presente que, cuando el mundo me abruma y los resentimientos me tientan, me siento físicamente más pesado y atrapado por la vida cotidiana; también soy más vulnerable a las enfermedades.

Cuando nos enojamos, estamos pidiendo al otro que cambie. Cuando nos irritamos estamos pidiendo algo.
—Jon Mundy

Tengamos presente que los aspectos de nuestra vida son metáforas de lo que ocurre en nuestro interior. No tengamos miedo de cambiar de trayectoria en nuestro viaje. La prosperidad es una forma de vivir y de pensar. Nuestras relaciones son un tesoro, pues nos permiten ver el lado oscuro de nuestra mente.

Cuando te sientas enfermo, recuerda que el gran sembrador del universo nos envía ideas constantemente en forma de oportunidades y mensajeros. En toda relación:

El Espíritu Santo ve la situación como un todo. El objetivo establece el hecho de que todo aquel que esté involucrado en la situación desempeñará el papel que le corresponde en la consecución del mismo.
—UCDM (T-17.VI.6:4-5)

La relación de amor especial es el arma principal del ego para impedir que llegues al Cielo.
—UCDM (T-16.V.2:3)

Las relaciones se convierten en Tierra Santa cuando comprendes que son un regalo del Cielo para poder comprender tu dolor, y de esta manera liberarte de la culpabilidad y del victimismo. El *Curso* las llama relaciones santas, pues este es su propósito fundamental: conocerte a ti mismo a través del otro y alejarte del infierno de la dualidad. De esta manera hacemos descender el Cielo a la tierra.

LA COMPRENSIÓN, EL CAMINO A
LA SANTA COMPRENSIÓN

La experiencia de la Comprensión apenas se puede explicar porque sencillamente se manifiesta. Es como si de repente ves que aquello que creías que era verdad no lo es, y no sabes por qué. Muchas personas confunden la Comprensión con entender. El entendimiento, o la capacidad de entender cualquier cosa, es un acto puramente mental; hay un razonamiento que responde a las preguntas: ¿cómo?, ¿cuándo?, ¿de qué manera?... El entendimiento nos lleva a realizar acciones puramente conductuales, esperando que, al cambiar una conducta, los que nos rodean van a cambiar también. En mis consultas, seminarios y cursos, muchas veces me han dicho: "yo he cambiado, pero mi pareja sigue haciendo lo mismo". Este pensamiento está muy lejos del estado de Comprensión.

Según mis experiencias, cuando una persona Comprende, en su cara se produce un cambio radical, sus ojos no miran nada, y a veces les caen un par de lágrimas. La persona cambia su respiración, incluso el tono de su tez. A la pregunta de: "¿cómo te sientes?", la respuesta es siempre la misma: "en paz". La Comprensión pertenece al alma, el entendimiento a la mente.

La persona que experimenta la Comprensión se libera, de una manera literal: *está liberado aquel que es capaz de ver a través de la ilusión de los opuestos.*

En Bioneuroemoción, nuestro objetivo es este estado de Comprensión. Cuando una persona ve a través de los opuestos, desaparece el sentimiento de culpabilidad. Por eso lo llamo libertad emocional. Este estado es clave para la Paz Interior, que es el objetivo fundamental del *Curso.*

En el dicho 22 del evangelio apócrifo —llamado el quinto evangelio— de Tomás Dídimo, queda perfectamente claro:

Jesús ve a infantes que están mamando. Y dice a sus discípulos: estos infantes que maman se asemejan a los que entran en el Reino. Los discípulos le preguntan: así, ¿al convertirnos en infantes entraremos en el Reino? Jesús les dice: cuando hagáis de los dos uno, y hagáis el interior como el exterior y el exterior como el interior, y lo de arriba como lo de abajo; y cuando establezcáis el varón con la hembra como una sola unidad, de tal modo que el hombre no sea masculino ni la mujer femenina, cuando establezcáis un ojo en el lugar de un ojo y una mano en el lugar de una mano, y un pie en el lugar de un pie y una imagen en el lugar de una imagen, entonces entraréis en el Reino.

En estos párrafos estoy hablando de la comprensión, pero lo hago en relación a una *luz* que atraviesa nuestra mente cuando la resquebrajamos al cuestionarnos nuestras percepciones, nuestras verdades. ¿Por qué digo esto? La razón es que, si la Comprensión entrase de repente en nuestras mentes, nos volveríamos locos, perderíamos la razón. Por este motivo la Comprensión ira iluminando nuestras mentes cuando vayamos haciendo pequeñas aberturas en nuestra mente atrapada en la dualidad. A medida que la luz de la Comprensión, la Santa Comprensión —la no dualidad— va iluminando nuestra mente, todas las resistencias, los baluartes construidos por la mente dual, van desmoronándose, y solo entonces despertamos.

Cuando Comprendemos, se hace evidente que no hay una identidad con la cual mostrarse, no hay un tú. Por lo tanto, no hay nadie a quien liberar.

Una característica primordial del despertar es la rendición a la completa aceptación de lo que acontece en nuestras vidas como un despliegue de nuestra conciencia. Dicho de otra manera, ser plenamente conscientes de que nada ocurre por casualidad.

El fundamento de la Santa Comprensión es que el tú no existe. Esta reflexión nos lleva a comprender una frase de Jesús:

Solo aquel que pierda su vida la hallará.
—Mateo 16:25

El *Curso* nos lo recuerda:

Es imposible que el Hijo de Dios pueda ser controlado por sucesos externos a él. Es imposible que él mismo no haya elegido las cosas que le suceden.
—*UCDM* (T-21.II.3.1-2)

Y todo lo que parece sucederme yo mismo lo he pedido, y se me concede tal como lo pedí.
—*UCDM* (T-21.II.2:5)

La Comprensión te lleva de un estado de discordia a otro de concordia. En este momento de paz interior, empieza otro proceso crucial para mí: la trascendencia. Tu toma de conciencia, tu comprensión, te lleva inevitablemente a la auténtica experiencia del perdón. Es este momento ya no hay nada que perdonar, porque solo hay una causa, y lleva tu nombre. Este estado de liberación trasciende la información acumulada en tu inconsciente familiar y en el colectivo. De repente, se manifiesta el milagro: no hay nadie ahí afuera y en ese momento florece La Compasión. De la Comprensión al Perdón, a la Trascendencia, a la Compasión.

De acuerdo con la interpretación del ego, "Castigaré los pecados de los padres hasta la tercera y cuarta generación" es una aseveración especialmente cruel. Se convierte simplemente en un intento por parte del ego de garantizar su propia supervivencia. Para el Espíritu Santo, la frase significa que en gene-

raciones posteriores Él todavía podrá reinterpretar lo que las generaciones previas habían entendido mal, anulando así la capacidad de dichos pensamientos para suscitar miedo.
—*UCDM* (T-5.VI.8)

El gran obstáculo es la resistencia a vivir en la conciencia de unidad, que es lo mismo que vivir el presente. Recordar viejas heridas nos atrapa en la conciencia dual, que es precisamente lo que quiere el ego. Como diría Ken Wilber:

La comprensión de esta resistencia secreta es la clave fundamental de la iluminación.

En este estado ves que es imposible que nunca te falte nada, sencillamente porque eres la expresión aquí en la Tierra de lo que siempre Es.

Una pregunta lógica que uno puede hacerse es la siguiente: "¿Qué puedo hacer para ver y comprender mi resistencia?". Para mí solo hay una respuesta: "Indagar en tu percepción con la actitud mental de que no vemos, estamos ciegos espiritualmente hablando".

Este es el objetivo de nuestro método de Bioneuroemoción. Tratar de acompañar a nuestro consultante a tomar conciencia de que no ve las cosas como son, sino como él o ella es. Consideramos que este es un logro clave para hacer un cambio de conciencia. De hecho, está escrito que, cuando se produce un cambio de conciencia, los cambios en la vida vienen solos, pues son el resultado de un cambio de vibración, y por lo tanto de información. Al final, uno se da cuenta de que no hay que hacer nada.

La Comprensión, aunque puede ser aprendida, no puede ser enseñada.
—David Carse, *Perfecta, brillante quietud*

LA TRANSFORMACIÓN

Transformar es el proceso de arreglar algo a través de su opuesto. Es la percepción sanada, la percepción perfecta, como nos diría el *Curso*. No hay juicio, solo plena comprensión. Esto genera cambios en nuestro sistema nervioso, en nuestros sentimientos. Nuestras emociones fluctúan entre el miedo y el valor; y la percepción, entre las limitaciones y la receptividad a lo inesperado.

Nuestras emociones cobran sentido. Son pura energía que nos moviliza y nos pone donde nos corresponde en la Naturaleza. No hay juicio alguno, cada experiencia es un reto que nos impulsa a conocernos mejor. El perdón cobra su auténtico sentido porque no existe el juego diabólico de la culpa.

El síntoma es una parte esencial en toda transformación. Nos lleva a la autoindagación, a la reflexión, dándonos la oportunidad de provocar un cambio fundamental en nuestro Ser. Cuando esto ocurre, el sistema nervioso recupera su capacidad de autorregulación.

La polaridad esencial es entre el cielo y el infierno. El cielo es la expansión y el infierno la contracción. Cuando los unificamos, el trauma se cura y lo hace con suma delicadeza. El maestro Kybalión, cuya obra conozco, lo expresa claramente en estas reflexiones:

Todo fluye dentro y fuera; todo tiene sus mareas. Todas las cosas suben y bajan; el balanceo del péndulo se manifiesta en todas las cosas. La medida del balanceo hacia la derecha es la medida del balanceo hacia la izquierda; el ritmo compensa.

Nuestras vidas son como ríos. Las corrientes de nuestras experiencias fluyen a través del tiempo con ciclos periódicos de tranquilidad, perturbación e integración. Nuestro cuerpo es el margen del río de la vida, y la energía fluye a través de él.

Cuando estamos traumatizados, se produce una desorganización en cómo procesamos la información. Entonces el organismo pierde fluidez. Ese es el momento de la Transformación, que requiere cambios, y algunas de las cosas que tienen que cambiar son nuestros recuerdos.

No debemos olvidar que nuestros recuerdos son interpretados y se van modificando con el tiempo, a medida que nos vamos haciendo mayores. Aquí se asienta el fundamento del método de Bioneuroemoción. Se trata de llevar a la persona a recuperar sus recuerdos y a recordarlos con otra mente; una mente que ha desarrollado la comprensión gracias a un cambio de percepción. Esto es imposible si no integramos las polaridades, pues al hacerlo nos liberamos de nuestros juicios, y por ende de sus consecuencias, muchas veces dolorosas.

Sabemos que hay leyes que afectan a la curación física, pero hemos de tener presente que también hay leyes que llevan a la curación mental. He visto milagros de curación sin una explicación física. Solo cabe pensar que existe una Sabiduría innata y natural que mantiene el orden en la Naturaleza y el Universo, a la cual todos tenemos acceso.

La ley de polaridad nos permite renegociar nuestros traumas. Es fundamental comprender que, sin las polaridades, no existiría la vida. Y la enfermedad es anclarse en una de ellas esperando que la otra desaparezca.

Tenemos que reescribir nuestras vidas. Para ello, tenemos que transformar nuestros recuerdos con la alquimia que realiza nuestra mente cuando encuentra la línea divisoria entre las polaridades, comprendiendo que la Vida no sería posible sin este baile esencial.

En este instante de pura transformación, alcanzamos el nivel de máxima expansión, y se manifiesta la transformación del plomo en oro. La vida sigue igual, pero ya no es lo mismo. Esta Transformación es el cénit de nuestra existencia aquí en la Tierra.

Y este es el regalo que me hago y os hago:

[...] comparte tu abundancia libremente y enseña a tus herma-
nos a conocer la suya. No compartas sus ilusiones de escasez, o
te percibirás a ti mismo como alguien necesitado.
—UCDM (T-7.VII.7:7-8)

RECAPITULANDO

- Liberarse de los pares es el Reino de los Cielos en la Tierra.
- En el despertar ves el mundo igual que antes, pero no te
identificas con nada de una manera especial.
- Todos somos actores viviendo una *realidad* que solo
existe en nuestra mente, que está dormida por la hipnosis de la separación.
- Liberado es aquel que es capaz de ver a través de la ilusión de los opuestos.
- Una característica primordial del despertar es la rendición a la completa aceptación de lo que acontece en
nuestras vidas como un despliegue de nuestra conciencia.
- La Comprensión pertenece al alma, el entendimiento a
la mente.
- Tu toma de conciencia, tu comprensión, te lleva inevitablemente a la auténtica experiencia del Perdón.
- De la Comprensión al Perdón, a la Trascendencia, a la
Compasión.
- No debemos de olvidar que nuestros recuerdos son interpretados, y se van modificando con el tiempo a medida que nos hacemos mayores.

EPÍLOGO

La abundancia de todas las cosas

Dios es el Espíritu de infinita abundancia; el Poder que continuamente está dando. Esta es la Esencia que alimenta y sostiene la Creación. Su Amor no puede ser comprendido. Solamente podemos ver, vivir y sentir retazos de Él. Nuestra mente dividida y sometida al miedo solo puede ver atisbos de esta infinitud. Esta palabra Amor no puede ser comprendida por nuestras mentes encerradas por los bastiones de nuestra pobreza mental, ni sostenida por creencias inmemoriales que nos atan al miedo a la pobreza, a la enfermedad y a la muerte. Tres estados inconcebibles para el Espíritu que lo sostiene Todo y da la Vida a cada parte de este Todo que es Él Mismo.

La Unidad es solo eso: Unidad. Y en su infinito Amor da a cada parte de Sí Misma el mismo Poder: vivirás, te expresarás, sentirás en la medida en que la mente particular de cada parte sea capaz de desarrollar la conciencia de unidad. No hay mayor regalo que *el poder de elegir quién quieres ser en cada instante de tu vida.*

Atraemos a nuestras vidas aquello a lo que tenemos más miedo. Ese miedo es pobreza. Está sustentada en la creencia de que te puede llegar a faltar algo. No somos conscientes de que nuestra mente dividida busca atesorar riquezas, que se acumulan apolillándose.

La ley de la prosperidad es: cuando sobrevenga la adversidad, la desgracia transitoria, no te dejes arrastrar por ella, sino sácale el mejor partido posible. No cedas a la protesta, no pierdas el tiempo en quejas inútiles. Aquieta tu mente, entrega cualquier cosa que creas que puedes hacer y pide inspiración.

Está escrito: "Es más difícil que un rico entre en el Reino de los Cielos —dijo el Maestro, que sin tener nada lo tenía todo—, que un camello pase por el ojo de una aguja".

Acumular tesoros te atrapará y te encadenará a este mundo, a este valle de lágrimas, desgracias, muerte y miseria. Acumular riquezas en este mundo te ata a él y no te permite vislumbrar la auténtica riqueza: el conocimiento de las leyes y fuerzas gracias a las cuales cada necesidad queda satisfecha en el momento oportuno.

"Al que tiene se le dará más y al que no tiene se le quitará hasta lo que tiene". Esto no se refiere a posesiones materiales, sino al estado mental. Si vives atrapado en los valores del mundo, eres pobre y se te quitará lo poco que tengas. Si vives con la conciencia de unidad, con la certeza de que se te proveerá todo lo que necesites para hacer tu labor en este mundo, se te dará más.

Cada instante de nuestra vida es un instante de creación. No lo perdamos en lamentos y deseos mundanos. Somos parte de un Poder Infinito. Estamos hechos a Su imagen y semejanza, y tenemos el don de decidir quién queremos ser a cada instante.

Cuando sientas la tentación de lamentarte, aquieta tu mente, y decide de nuevo. Los pensamientos son un poder oculto de energía incalculable. Dirígelos con rectitud y prudencia. Dios no derrama sus dones sobre cualquiera, pues todos son llamados y son pocos los que se eligen a sí mismos. La llamada nos dice: aquello que hagas al más pequeño de tus hermanos, me lo estas haciendo a mí. Yo Soy la Luz que da Vida a Todos. Yo solo os puedo dar aquello que pedís. Si me pedís abundancia, en realidad me estáis pidiendo abundancia de pobreza, pues vuestra petición vive en el pensamiento de carencia. Cada uno es parte de la Abundancia, su esencia natural.

Si das lo mejor de ti mismo, recibirás lo mejor de Mí Mismo. Yo Soy la Luz que alumbra tu oscuridad para que me veas. Tu vida es un regalo del Amor, no lo desperdicies con quejas y lamentos. Los valores de este mundo te pueden hacer daño y te lo harán. No porque tengan el poder de hacerlo, sino porque tú les das ese poder.

Quién alcanza y vive plenamente en la conciencia de unidad, llamada Inteligencia Universal, Dios, Verdad Suprema... se convertirá en un bienhechor para la humanidad. De esta manera el Cielo se trae a la Tierra o, más bien, la Tierra se eleva al Cielo. ¡¡¡Gracias!!!

Referencias bibliográficas

Braden, G. (2007). *La matriz divina*. Hay House Inc.

Braden, G (2010). *La Curación espontánea de las Crencias*. Málaga: Sirio

Carey, N. (2013). *La Revolución Epigenética: de cómo la biología moderna está reescribiendo nuestra comprensión de la genética, la enfermedad y la herencia*. Barcelona. Biblioteca Buridán.

Caspi A, Moffitt T. (2006). *Gene-environment interactions in psychiatry: joining forces with neuroscience*. Nat Rev Neurosci 7:583–590.

Carse, D. (2009). *Perfecta, Brillante Quietud*. Madrid. Gaia Ediciones.

Canault, Nina. *¿Cómo pagamos las faltas de nuestros antepasados? El inconsciente transgeneracional*, [en línea], formato pdf. Disponible en: http://bioconde.files.wordpress.com/2012/01/cc3b3mo-pagamos-las-faltas-de-nuestrosante-pasados.pdf

Corbera, E. (2015). *El Arte de desaprender*. Barcelona. El grano de Mostaza.

Corbera, E. (2013). *Curación*. Barcelona. El grano de Mostaza

Corbera, E. (2016). *Yo soy Tú*. Barcelona. El Grano de Mostaza.

Corbera, E. (2013). *El Observador en Bioneuroemoción*. Barcelona. El Grano de Mostaza.

Corbera, E. (2021). *Crisis: ¿estás preparado para crecer?* Barcelona. Grijalbo.

De Mello, A. (2012). *Redescubrir la Vida.* Madrid. Gaia ediciones.

De Mello, A. (1988). *Autoliberación interior.* Argentina. Vida Nueva.

De Mello, A. (2011). *Despierta.* Madrid. Gaia Ediciones.

Krishnamurti (1995). *Sobre el Conflicto.* Barcelona. Ed. Edaf.

Miller, P. (2013). *Vive el Milagro.* Barcelona. El Grano de Mostaza.

Mundy, J. (1994). *Descubriendo Un curso de milagros.* Madrid. Dilema.

Mundy, J. (1994). *Lección 101 de Un curso de milagros.* Barcelona. El Grano de Mostaza.

Manin Morrissey, M. (1999). *Construye tu campo de sueños.* Barcelona. Ediciones Obelisco.

Choppra, D. (2002). *Cuerpos sin edad, mentes sin tiempo.* Madrid. Suma de letras.

Donald Walsch, N. (1979). *Conversaciones con Dios.* Argentina. Ed. Grijalbo.

Ruiz, M. (2010). *El quinto acuerdo.* Barcelona. Ed. Urano.

Ruiz, M. (2006). *Los cuatro acuerdos.* Barcelona. Ed. Urano.

Michael Talbot, J. (2007). *El universo holográfico.* Barcelona. Palmyra.

McTaggart, L. *El experimento de la Intención.* Málaga. Sirio.

Wilber, K. (1991). *La conciencia sin fronteras.* Barcelona. Ed. Kairos.

Fundación para la paz interior (1992). *Un curso de milagros.*

Lipton, B.H., (2010). *La biología de la transformación: cómo apoyar la evolución espontánea de nuestra especie.* Madrid. La Esfera de los Libros.

Damasio, A. (2005). *En busca de Espinoza. Neurobiología de la emoción y los sentimientos.* Ed. Crítica.

Damasio, A.(1996). *El error de Descartes: la razón de las emociones.* Andres Bello.

Trine, R.W. (1992). *En Armonía con el Infinito.* Barcelona. Obelisco.

Johnson, R.A. (2010). *Aceptar la sombra de tu inconsciente.* Barcelona. Ed. Obelisco.

Jung, C.G. (1984). *El hombre y sus símbolos.* Caralt.

Jung, C.G. (2009). *Arquetipos e inconsciente colectivo.* Paidós Ibérica.

Ford, D. (2010). *El secreto de la sombra.* Barcelona. Ed. Obelisco.

Korzybski, A. Science and Sanity: An Introduction to Non-aristotelian Systems and General Semantics (1933, 1947).

Lipton, B. & Bhaerman, S. (2009). *La biología de la transformación: cómo apoyar la evolución espontánea de nuestra especie.* La Esfera de los Libros.

Verssyp, T. (2005). *La Dimensión Cuántica.* Barcelona. Verssyp.

Grof, S. (1999). *La mente holotrópica.* Barcelona. Ed Kairos.

Zohar, D. (1990). *La conciencia cuántica.* Barcelona. Plaza & Janes editores.